本书受安徽财经大学著作出版基金资助

中国社会养老保险财政负担研究

周凤珍　武玲玲　著

中国财经出版传媒集团
中国财政经济出版社

图书在版编目（CIP）数据

中国社会养老保险财政负担研究／周凤珍，武玲玲著.—北京：中国财政经济出版社，2018.6

ISBN 978-7-5095-8218-3

Ⅰ.①中… Ⅱ.①周… ②武… Ⅲ.①社会养老保险-财政收支-研究-中国 Ⅳ.①F842.612

中国版本图书馆CIP数据核字（2018）第082005号

责任编辑：段　钢　　　　　责任印制：刘春年
封面设计：孙俪铭　　　　　责任校对：李　丽

中国财政经济出版社 出版

URL：http：//www.cfeph.cn
E-mail：cfeph@cfeph.cn
（版权所有　翻印必究）
社址：北京市海淀区阜成路甲28号　邮政编码：100142
营销中心电话：010-88191537　北京财经书店电话：64033436　84041336
北京财经印刷厂印装　各地新华书店经销
710×1000毫米　16开　14.5印张　270 000字
2018年6月第1版　2018年6月北京第1次印刷
定价：58.00元
ISBN 978-7-5095-8218-3
（图书出现印装问题，本社负责调换）
本社质量投诉电话：010-88190744
打击盗版举报热线：010-88191661、QQ：2242791300

前 言

在20世纪80年代末90年代初，我国开始了经济体制的大转型，由计划经济体制转变为市场经济体制，为了与之相适应，企业职工养老保险制度也进行了改革。经过十几年的不断摸索，我国社会养老保险制度基本完成了由政府财政全部包揽的模式转变为财政只承担最后"兜底"的责任，费用主要由企业和个人共同分担的筹资模式。制度实施以来，虽然企业缴费率高居不下，但社会养老保险始终存在大额赤字而且赤字逐年加大，已经成为系统性的财政负担。另外，企业职工社会养老保险制度与机关事业单位养老保险制度"双轨制"运行，不利于全社会人力资源的优化配置，不利于社会主义市场经济体制的完善。财政资金是公共资源，用于支持社会养老保险应尽量保证公平和负担规模可控。

养老金受到一系列复杂因素的影响，例如，缴费年限、退休年龄以及退休后的预期寿命等，而且这些因素都是不确定的；在几十年的工作生涯和漫长的退休岁月里，许多事情会发生变化，如收入水平、人口结构等，甚至养老保险法律法规自身也会发生变化。因此，对于远期养老保险总支出费用很难准确预计，收支平衡受到多种因素的挑战，政府履行对退休人口待遇的承诺，常常不得不增大财政支持的力度。就我国的社会养老保险财政负担而言，其规模到底有多大？在制度建立之初，中外专家学者纷纷测算中国从现收现付制转向部分积累制转轨的隐性债务规模，各方测算结果悬殊，况且我国社会养老保险制度本身还不定型，处于不断调整的过程之中，所产生的财政负担更难以测算准确。因此，本书的重点放在通过建立理论模型分析财政负担形成的机理，以及财政负担凸显出来的各种问题并提出化解对策。

首先，阐述了财政支撑社会养老保险制度的理论基础，包括对社会养老保险及其财政负担等相关概念的含义进行界定，公共财政在社会养老保险制度中应承担的责任、公平与效率的评价原则以及制度的可持续发展理论等。

其次，从纵向上对我国社会养老保险制度发展的历史回顾，从横向上介绍和分析世界上其他国家的典型做法以资借鉴。我国企业职工的社会养老制度历史变迁的过程，大致经历了20世纪50～80年代中期的财政全包的国家保障阶段，以及80年代中期以后到现在财政兜底的社会养老保险制度探索和发展阶段；机关事业单位养老保险制度也经历了数次微调，但财政包揽全部养老金的路线基本没有改变；近年来"新农保"和"城居保"的建立，开启了我国社会养老保险基本全覆盖的新篇章。从国际上看，社会养老保险财政负担机制模式，大体有财政全包型、财政配比出资型和财政对缺口兜底型三种类型，具体制度设计和运行的经验值得我们借鉴。例如，社会养老保险制度首先以公平原则优先，另外，瑞典的名义账户制或许可以给我国解决当前制度困境以重要启示，为了公平及财政负担可控，财政出资应当明确化，而且缴费与领取金额要合理适当。

再次，透析我国现行社会养老保险财政负担中凸显出的问题。"新农保"和机关事业单位养老保险存在财政负担是正常的，企业职工社会养老保险年年产生巨额财政负担是非正常的，按照制度的设计不应该出现系统性财政负担。从理论模型上看，即便不挪用个人账户资金和财政拨款也应该能做到养老金的足额发放，可是现实

前言

中不仅挪用了个人账户基金，财政每年还给予大量补贴才能维持制度运行。因此，有必要探究企业职工社会养老保险出现系统性财政负担的原因、后果以及化解等一系列的理论问题，分别从公平、效率、可持续发展等多个侧面审视现行社会养老保险制度的运行状况，剖析财政负担形成的机理及其不良后果，社会养老保险各群体享受的公共财政资源存在较大的差距，严重影响了财政资源的最优配置，这是制度设计存在缺陷所致。

最后，按照公平优先财政负担可控的原则，设计了优化我国社会养老保险财政负担机制的改革方案。具体思路是：第一，辨析我国社会养老保险制度下一步改革方向的选择问题，为了促进社会公平和劳动力资源的优化配置，必须结束目前社会养老保险制度的碎片化状态。第二，设计统一的新型社会养老保险制度，寻求体现国家、雇主与雇员责任分明的各方按比例出资的养老制度，创新财政负担机制以把控财政负担规模和促进社会公平。中国可以借鉴国外不管是公务员还是事业单位雇员都需要个人缴费的做法，改革现行社会养老保险，将机关事业单位与企业的养老制度并轨，全民养老保险制度一体化，养老金缴费纳入统一的制度平台，建立个人缴纳和单位缴纳的制度，不管哪个群体都采用个人缴费与单位缴纳相结合的模式，国家财政也拨付一部分资金进入缴费平台。第三，估算新方案可能产生的财政负担，并与现行制度的财政负担进行比较，并分析新方案的可持续性，同时提出了实施优化改革方案需要的配套措施与改革步骤，以及关于进一步提升财政资金在社会养老保险领域使用效率和公平性的新思考。

作者

2018年2月

目　　录

第1章　导论 ………………………………………………………… 1
　1.1　选题的背景与意义 ……………………………………………… 2
　1.2　国内外相关研究文献综述 ……………………………………… 5
　1.3　研究方法和框架结构 …………………………………………… 16
　1.4　可能的创新与不足之处 ………………………………………… 20

第2章　社会养老保险财政负担的一般分析 ……………………… 23
　2.1　政府对养老责任的介入 ………………………………………… 24
　2.2　社会养老保险财政负担相关概念界定 ………………………… 27
　2.3　社会养老保险财政负担的理论基础 …………………………… 39
　2.4　社会养老保险的财政责任分析 ………………………………… 53

第3章　我国社会养老保险制度的历史回顾 ……………………… 57
　3.1　企业职工社会养老制度的历史变迁 …………………………… 58
　3.2　机关事业单位退休养老制度调整与改革 ……………………… 67
　3.3　农村与城镇居民社会养老保险制度的建立与发展 …………… 72

第4章　现行社会养老保险财政负担分析 ………………………… 81
　4.1　企业职工社会养老保险财政负担解析 ………………………… 82
　4.2　机关事业单位职工社会养老保险的财政负担 ………………… 114

4.3 城乡居民社会养老保险的财政负担 …………………………………… 122
4.4 目前社会养老保险财政负担凸显的主要问题 …………………………… 125

第5章 国际社会养老保险财政负担模式比较与借鉴 ……………………… 133
5.1 财政全包型改革：从免费到缴费 ………………………………………… 134
5.2 财政配比出资型：负担规模可控 ………………………………………… 139
5.3 财政兜底型：负担沉重 …………………………………………………… 147
5.4 启示与借鉴 ………………………………………………………………… 151

第6章 优化社会养老保险财政负担机制改革方案设计 …………………… 159
6.1 社会养老保险制度改革方向选择 ………………………………………… 160
6.2 改革方案设计的目标、原则和内容 ……………………………………… 162
6.3 改革方案实施后的财政负担预测分析 …………………………………… 179
6.4 优化改革方案下财政负担能力的可持续性分析 ………………………… 184
6.5 改革方案实施的配套措施与步骤 ………………………………………… 188

第7章 进一步提升社会养老保险中财政支出公平与效率的思考 ………… 201
7.1 城乡居民基本社会养老保险可采用"城保+福利"模式 ……………… 202
7.2 城镇职工社会养老保险筹资模式改革思考 ……………………………… 204

参考文献 ……………………………………………………………………… 212

中国社会养老保险
财政负担研究

Chapter 1

第1章 导　　论

1.1 选题的背景与意义

1.1.1 研究问题的提出

在 20 世纪 80 年代末 90 年代初，我国开始了经济体制的大转型，由计划经济体制转变为市场经济体制，为了与之相适应，养老保险制度也不得不改革，经过专家论证最终设计出了"统账结合"的缴费式城镇职工社会养老保险制度，其中社会统筹账户采用现收现付制而个人账户则采用完全积累制，所以也称为"部分积累制"。经过十几年的不断摸索改革，我国社会养老保险制度基本完成了由政府全部包揽模式，转变为政府只承担最后"兜底"责任，费用由企业和个人共同分担的筹资模式，这种权利与义务相结合的制度，一定意义上兼顾了公平与效率。但制度实施以来，社会养老保险制度始终与赤字相伴，而且赤字表现为逐年扩大的趋势。一般而言，在制度设计之初就没有明确财政筹资责任的缴费型社会养老保险，应该追求财务上的制度内自我平衡，政府只有在遇到"非常时期"时才会为了维护国家安全与信誉而承担应负的最后责任[①]，否则就说明制度设计有问题。如果财政每年总要出资弥补缺口，已经成为必定会出现的系统性现象，而且不是制度设计的原初计划，这就是不应该出现的"非正常"现象，这种系统性财政负担产生的原因一般是来自制度本身，说明制度的设计、制定或执行过程中某些环节存在问题。如果养老金缺口只在偶尔的年份才会发生，即需要政府财政出资的情况并不经常发生，表现出无规律的随机性特点，这种情况应属于非系统性的财政负担，一般是由于受某些不确定的偶然因素影响才导致保险正常资金平衡被打破，这是正常现象，即"非常"时期需要财政补贴才是"正常"现象。

在我国的城镇职工养老保险制度设计中，并没有明确筹资中财政的出资

---

① 蔡向东. 统账结合的中国城镇职工基本养老保险制度可持续性研究［M］. 北京：经济科学出版社，2011：155 – 159.

比例，只是明确发生特殊情况时负有"兜底"的最后责任，因此，在该制度的正常运行中，应该表现为非系统性而不应该是系统性的财政负担，而现实情况是出现了系统性的财政负担，而且负担规模和增长幅度越来越大，制度的运行已经离不开财政，甚至可以说已形成对财政过度依赖的态势。1998年以来，各级财政用于社会保障支出增长快于同时期财政支出增长的速度，而用于资助养老保险制度支出的速度还要快于用于社会保障支出的速度，这种正常时期不能正常运转的状况是不正常的，而且社会养老保险制度是一个长期持续的过程，如果每年必须依靠政府财政的支持才能维持，那么长此以往下去必将拖累财政而成为政府的沉重负担，随着人口老龄化的到来，财政也将会不堪重负而风险重重，这样下去绝不是长久之计。随着人口老龄化与高龄化，养老保险制度对财政的依赖也会越来越强烈，现在政府大约每年至少应拿出财政收入的5%来填补养老金缺口。

向统账结合转轨的目的之一是减轻国家财政的养老负担，但实际上国家负担不仅没有减轻，反而加重了，且随着养老金缺口的放大，财政的养老保险负担成了"无底洞"。之所以出现这种局面，主要是因为制度至少存在两个先天性缺陷或者说是两个先天性原因。首先，在我国基本社会养老保险制度建立之初，就要面对由养老金制度转换而带来的巨额老账旧账。制度建立之前就已经退休的那些领取养老金的"老人"，之前没有个人账户的积累，现在他们所有的养老金均由社会统筹账户支付，这是造成养老金缺口的先天性原因之一。其次，制度的碎片化是现行养老保险制度存在的先天性缺陷。目前，城市中就有四大养老保险群体：公务员、事业单位、企业和城镇居民。其中公务员和事业单位群体已经实现了养老金的全覆盖，养老金源于财政。企业职工养老保险以个人缴费和单位缴纳相结合，保障水平较前二者都低，覆盖面也存在问题。

制度设计的不同群体养老保险制度的分散性与独立性，导致不同群体的制度差异性及其管理的分散性，不利于整合资源统筹共济，不利于劳动力的自由流动，还造成群体间养老待遇的相互攀比，使我国养老金制度的财务收支难以科学测算，多数省份每年都存在大量养老金支付缺口，依靠财政"实缺实补"才得以维持下去。这样，不仅存在制度的可持续性及其财政负担的问题，还会引起社会不公平问题。

人口老龄化不断加剧和养老保险制度的覆盖面不断扩大的双重作用下，要保证现行社会养老保险制度的可持续性，养老金支出对公共财政的压力也将随之不断增大。社会各界都普遍认为，靠财政输血的社会养老保险制度是不健康的。公共财政要负责的应该是公共养老金，职业、身份、贡献的不同在养老金上的差别，不应由财政埋单，财政支出应该体现其"公共性"，而且要有明白账，因为任何公共支出应该公开公正。享受财政补贴均等化既是公共服务均等化下追求社会公平公正目标的体现，又是公共财政"公共性"的重要体现。通过均等化的公共服务，无论城乡或地域差异，全体居民都能享受大体均等的生存和生活条件，有利于实现全社会福利最大化。那么，财政在养老金上的支出当同此理。原来的制度成了制造不平等的根源，自造差别（城镇职工与其他群体的制度）又自补差别（农村和城镇居民养老的救济性福利性），使财政的养老负担日渐加重且看不到出路，因此首先应当从制度上理顺，以制度抑制养老基金赤字的扩大。

从社会养老保险制度的经济社会效应看，中国在低收入水平下进入人口老龄化社会，而且老龄化的速度很快，未富先老已成为严峻的现实。随着家庭小型化、人口流动化，传统家庭养老功能日渐式微，老龄人口基数大，对社会养老保险的需求越来越大，政府建立社会养老保险制度已为现代社会所必需，然而我国现行制度缴费率过高使有些制度外的人想参保却无力缴费，而替代率偏低又使部分制度外的人不愿进入。现在经济发展越来越全球化，国际市场的竞争越来越激烈，如果社会养老保险制度规定企业缴费率太高，势必影响企业产品原有的价格优势进而损害企业的市场竞争能力和发展潜力。

我国经济正处于快速发展时期，需要和谐稳定的社会大环境，而以发挥维护社会公平和社会稳定作用的社会养老保险制度，其自身在各社会群体之间却制造了更多收入分配的不公平，使本来收入差距过大的社会问题更为严重，对于社会稳定极为不利，而且养老待遇几乎涉及每个社会成员的切身利益，大家普遍比较敏感，稍有不公就非常容易引起社会的不满情绪。

1.1.2 研究意义

养老问题从来不只是一个经济问题，法国不断升级的罢工事件，像流行病一样在欧盟国家蔓延，而其背后所反映的却是欧洲高福利社会和养老模式的种种困境。面对社会养老保险财政负担的种种担忧，不禁会问：我国社会养老保险制度为什么会产生财政负担？这些财政支出是公平的吗？财政在社会养老保险中的出资应如何定位？财政负担如何控制？

显然，如何进一步改革完善社会养老保险制度，是摆在我们面前迫切需要解决的重大问题。本书在考察我国社会养老保险制度演进历程和财政负担的发展趋势的基础上，认为不断扩大的养老金差距，主因在于不同群体之间分隔开来的养老体制安排，相互之间缺少系统一致的设计。

（1）理论意义。

通过深入研究以及借鉴国外养老保险制度的经验做法，从理论上回答了社会养老保险为什么会产生系统性的财政负担，并通过建立精算模型以定量的方式考量制度的可持续性，考查相关制度参量取值的合理性，从公共财政的视角分析整个制度体系存在的主要问题，以期为我国建立公平而有效率的、可持续的社会养老保险制度提供理论支持。

（2）应用价值。

一是通过对我国社会养老保险财政负担的详尽分析和分类，对于我国社会养老保险的财政负担是否合理及其对社会公平产生的负效应可以有更加深刻的认识；二是透过财政负担更加深入挖掘出我国社会养老保险制度体系的深层次问题，有助于我国社会养老保险制度体系的改革、建设和发展；三是在较为充分研究的基础上，整合各种群体的养老制度，构建城乡统一而又有差别的养老保险体系改革方案，缩小不同群体间养老待遇的差距，优化了财政出资机制，明确财政的出资比例，有助于改善制度的公平性并有效控制财政负担的规模，对实践部门决策有一定的参考价值。

1.2 国内外相关研究文献综述

国外针对中国社会养老保险财政负担的相关研究成果比较少，关于中国社会养老保险模式的探讨方面的居多；国内研究文献，根据中国目前社会养老保险制度体系可以分为三个大部分：一是城镇企业职工社会基本养老保险财政负担；二是城乡居民社会养老保险制度，即新型农村社会养老保险（简称为"新农保"）和城镇居民养老保险（也简称"城居保"）的财政负担；三是机关事业单位社会养老保险财政负担。

1.2.1 国外学者研究状况

国外学者关于中国社会养老保险财政负担的相关研究，主要是世界银行曾经对我国养老金隐性债务问题进行过一些研究。1996 年，世界银行在三支柱框架下，通过对我国 1995～2050 年的人口、劳动力、工资增长和 GDP 等指标的预测，测算我国隐性养老金债务规模为 19176 亿元，其中，"老人"的隐性债务为 6813 亿元，"中人"的隐性债务为 12363 亿元。2000 年世界银行再次进行预算，结果总规模达 74780 亿元；2005 年 5 月，世界银行又公布了一份关于中国未来养老金收支缺口的研究报告，在这份报告中指出，按照目前的制度模式和一定假设条件下，2001～2075 年，中国社会基本养老保险的财务收支缺口将高达 9.15 万亿元[①]。Felix Salditt、Peter Whiteford 和 Willem Adema（2007）认为尽管中国政府一直努力扩大城镇企业职工社会养老保险覆盖面，但城镇职工参保率依然低于 50%，还需要加强便携性和强化管理才能创造出一个更具有可持续能力的真正的全国性的养老保险系统，这也需要中央和地方政府共同努力。Martin Feldstein（1998）认为中国社会养老保险未来需要面对两个重要问题：一是改进制度设计和制度执行；二是对目前个人不缴费的群体要转变制度安排，即中国仍要对制度设计加以改进或过渡到一种新的制度安排[②]。Lindbeck（2004）在对统账结合模式进行肯定的同时，强调必须高度重视待遇给付水平的合理设计。John Williams（2004）分析了中国社会养老保险模式从统账结合向个人账户名义制转换的优势和劣势，对中国社会养老保险制度的进一步改革具有重要的参考价值；另外，世界银行在其一份

---

① 赵馨. 项怀诚警示养老金体系，未来缺口高达 9.15 万亿 [EB/OL]. http://politics.people.com.cn/GB/1026/3793001.html. 2005 - 10 - 23.

② Martin Feldstein. Social Security Pension Reform in China. NBER Working Paper, 1998 (11)：4 - 5.

第 1 章 导　　论

报告《养老金改革——名义账户制的问题与前景》（2005）中，分析了俾斯麦式现收现付养老保险制度国家引入名义账户制的可行性问题，认为转制成本是个巨大的障碍，因此，该种类型的国家向强制性积累制转型并不是一个可选方案，为转制成本筹资是个巨大的障碍，但名义账户制可以成为一个把微观经济激励和现收现付模式相结合的可行思路，这些研究都对中国养老保险改革提供了有价值的建议。① Richard Herd, Samuel Hill 和 Yu-Wei Hu（2010）认为，由于低生育率和寿命的延长，中国人口老龄化速度加快，伴随年轻劳动力向城市转移，农村老人更加需要社会养老保险，但不同的制度分隔、农保待遇水平过低以及政府公共部门养老的特殊规定，使劳动力流动受阻，至少便携性受到限制，2005 年进行了一些参数改革，覆盖到灵活就业人员，无论农村还是城市养老金逐渐下降的趋势都难以维持老年生活；而且农村养老的财政负担主要来自地方财政，资金不太充足，应该由中央财政多承担一些责任，因为如果由地方财政负担主要部分可能会造成"新农保"的不可持续性；也要不断提高统筹层次缩小城乡差距。Steven Dunaway 和 Vivek Arora（2007）认为中国社会养老保险需要采用新的改革路径，建立一个新的全国性的养老保险体系，中央和地方政府合理分配财政负担，越早越好。

当然有些学者，虽然没有针对性地研究中国的隐性债务问题，但是提供了一些思路支持。例如，Robert Holzmann、Robert Palacios 和 Asta Zviniene（2004）指出工资增长差异以及替代贴现率在研究模型预算隐性债务时是重要的影响因素②；Cremer（2000）从人口、财政和政治角度研究了养老保险制度的改革，以及基于世代交叠模型的养老金替代率和最低养老金问题；Robert Holzmann, Richard Paul Hinz 和 Mark Dorfman（2008）指出养老保险制度改革，政府要负起长期的信用责任，提高执行能力，改革是需要政治条件支撑的；Zvi Bodie（1990）认为每个国家的政府在社会养老保险中都扮演重要的角色，

---

① Richard Herd, Samuel Hill and Yu-Wei Hu. Economic Survey of China 2010: Providing greater old-age security [EB/OL]. http://www.oecd.org/china/economic survey of china 2010 providing greater old-age security.htm#Add_info.

② 胡宏伟等.中国养老财政支出与负担研究述评 [J].广西经济干部学院学报, 2011（10）: 7-14.

他对养老金和财政改革的关系做了研究,尤其是 DB 型的社会养老保险计划,由于存在投资和通货膨胀的风险,而且人均寿命也在不断增加,因此替代率风险在增加;Martin Feldstein(2002)认为现收现付制转为基金制是减轻社会养老保险财政负担的必然趋势。

1.2.2 国内学者研究文献综述

(1)城镇企业职工社会养老保险财政负担。

我国城镇企业职工社会养老保险制度改革研究,20 世纪 90 年代主要集中于养老制度模式,即选择现收现付制或部分积累制抑或是完全积累制的模式选择问题的争论方面。1993 年十四届三中全会确定"统账结合"的部分积累制之后,便开始个人账户大小的论证和争论;1997 年确定个人账户规模并统一制度模式,研究的中心转移到对个人账户是否要做实的选择问题,如果做实个人账户,则保值增值又成为新的难题,如果虚账处理则担忧难以应对未来的人口老龄化高峰。① 宋晓梧领导的课题组,以 1997 年全国统一企业职工基本养老保险制度为评估时点,在一定的假定条件下,计算出了 10 种不同的隐性债务规模数据,其间相差数倍,最小为 18301 亿元,最大为 119353 亿元,"统账结合"养老金制度是可行的,只要政府承担全部债务;劳动部社会保障研究所何平主持的课题,把 1999 年设为评估时点,预测中国未来 50 年养老金收支情况,得出结论是:如果个人账户实账积累,且社会统筹账户和个人账户分开运行管理的前提下,则社会统筹基金将在未来 25 年间出现收不抵支的情况,总缺口为 1.8 万亿元,年均 717 亿元;如果延长退休年龄,赤字运行年限将缩短至 11 年,总缺口降至 0.86 万亿元;如果按现行退休年龄(58/55/48)即男性、女干部和女工人的退休年龄分别按 58 岁、55 岁和 48 岁推算,赤字运行年限将延长 28 年,年均 1030 亿元,总缺口扩大至 2.88 万亿元。由冼懿敏带领的课题组,设定 2001 年为评估时点,设计了 12 个测算方案,

---

① 蔡向东. 统账结合的中国城镇职工基本养老保险制度可持续性研究[M]. 北京:经济科学出版社,2011:80-81.

检测中国基本社会养老保险制度2001~2075年75年跨度的财务可持续性，在假定我国未来经济持续高速增长的情况下，以1997年为基点，测算的隐性债务规模约占2001年GDP规模95933亿元的141%，养老金收支缺口约占95%，需要缴费率为37%；以2000年为基点测算的养老金隐性债务规模约占2001年GDP的132%，收支缺口约占64%，所需缴费率为35%，因此，该课题组认为，在财务平衡上，现行养老保险制度无论是社会统筹部分还是个人账户部分都不具有可持续性。

转轨成本、隐性债务以及养老金缺口一度是与城镇职工社会养老保险制度改革相伴出现的高频词。新中国成立至市场经济改革之前，我国社会养老保险制度筹资模式是国家养老，职工无须缴费当然也就没有建立个人账户，随着市场经济体制的改革，养老保险制度也改革为缴费制，制度转换不得不对参保人群进行分类以分别处理。因此，依据新制度实施之前是否退休或是否已参加工作，将职工分为"老人""中人"和"新人"三类，"老人"就是新制度实施之前已经离退休的职工，"中人"就是在新制度实施前已经参加工作的职工，"新人"则是新制度实施以后才参加工作的人，然后分别按照"老人"老办法、"中人"过渡办法、"新人"新办法的区别对待。学者普遍认为计划经济时代国家采取的是"高福利、低工资"政策，职工工资的很大一部分已经以税收的形式上交给国家或者留在企业中凝结为企业的固定资产，所以财政理所当然应该解决"老人"的养老金问题，"中人"在养老制度改革前也和"老人"一样领取低工资，财政也应该担负起充实他们的个人账户的责任。因此，"老人"的养老金和"中人"在制度改革前个人账户的"空账"填补的财政支出构成政府的转制成本。当在职职工缴纳的养老保险费用不足以弥补退休人员的养老金支出时，即出现养老金支付缺口，由此便产生了养老金隐性债务。

如何解决企业养老金制度改革过程中出现的养老金隐性债务问题，刘翠霄（2003）和王利军（2006）等学者认为养老保险隐性债务的责任当然应由政府承担，政府要加大对养老保险的财政投入力度；然而卢驰文（2008）认为并不是所有的隐性债务都是政府的责任，解决的方式要分别处理，统筹账户基金的隐性债务可以通过代际转移自行解决，个人账户的隐性债务可以由财政出资；黎民和曾永泉（2004）依据博弈理论分析后认为，政府和企业在承担隐性债务问题方面存在博弈行为，政府通过提高企业缴费率把自身责任转嫁给企业，而企业一般不愿承担过多责任，因此企业选择逃避缴费导致瞒缴、少缴、漏缴行为非常普遍，这样政府选择一次性转移支付的方式解决隐性债务比较理性，但会增加财政支出负担与压力。

目前学者的研究更多集中于对养老金支付能力的预测和解决资金缺口的制度微调方面，建议加强管理提高投资收益率或者增加缴费率，以及延长退休年龄和调整计发比例等增收减支的具体措施，来增强制度自身的财务平衡能力而相应减轻政府财政的负担。

除了讨论隐性债务的解决办法之外，一些学者开始对中国养老金隐性债务的规模进行了测算，不同学者根据自己对隐性债务的解释提出各种不同的测算模型并测算出各种数据。社会保障课题组（2008）通过建立两个模型对社会养老保险的收支情况进行测算，其中第一个模型是人口预测模型，根据人口的死亡率和生育率以及生育政策的假设测算出2050年以前的人口结构，以此为基础建立第二个预测模型，即社会养老保险的收支平衡模型，预测结果是现行社会养老保险制度自身难以持续，2030年前后将用尽历年积累余额而入不敷出。申曙光、彭浩然（2009）测算出，[1] 在工资增长率8%、折现率4%的条件下，"老人"和"中人"的隐性债务总规模分别为28977亿元、87511亿元；在工资增长率4%、折现率6%的条件下，"老人"和"中人"的隐性债务总规模分别为22713亿元、37745亿元；在工资增长率和折现率都是6%的条件下，"老人"和"中人"的隐性债务总规模分别为23758亿元、47806亿元。王利军根据个人账户做实的辽宁省试点方案设计模型，在假定覆盖面和遵缴率为100%的理想条件下，[2] 预测的结果显示2025年以后养老金收支缺口骤然加大，达到3508.49亿元，2040年达到高峰值为8741.38亿元，此后逐年下降。基于现实条件下预测的数据会更大，至少会比理想条件下预测的结果高出20%~30%。张勇、陈耕云（2008）认为人口预期寿命是不准

---

[1] 申曙光，彭浩然. 中国养老保险隐性债务问题研究 [M]. 广州：中山大学出版社，2009：54-55.

[2] 王利军. 中国养老金缺口财政支付能力研究 [M]. 北京：经济科学出版社，2008：81.

确的，以此预测的养老金也是不准确的，因此设计精算模型时尽可能精细化，把死亡率和性别等均作为模型的参数。除了城镇企业职工基本社会养老保险产生财政负担之外，机关事业单位的养老金由政府包揽当然也产生财政负担，也是一笔不小的财政支出。另外，人口老龄化、通货膨胀等经济社会因素以及社会养老保险制度实施过程中的管理因素都会影响每年的财政负担额。

关于如何应对我国社会养老保险的财政负担问题，基本有两种思路：其一，一些学者的观点是在现行制度内想办法，如加强管理的基础上对制度参数进行微调。可以采取延长退休年龄、扩大制度覆盖面或提高缴费率等具体措施。唐钧认为目前阶段我国的就业形势不允许延长退休年龄，但有效遏制比较泛滥的不规范提前退休现象是必要的。至于扩面问题，王小春、陈鸿雁（2009）以及刘翠霄（2003）认为扩大养老保险覆盖面可以减轻财政支付压力，因为扩面可以冲淡养老金支付的短期压力，避免老龄化和制度转轨对财政支付的压力重叠，但扩面可能会产生长期内的养老金支付负担问题，当然从全民福祉的角度应该尽可能扩大制度覆盖面。2009年我国将农民工群体覆盖到社会养老保险制度内，纳入城镇企业职工养老保险模式中，刘玮玮（2010）根据农民工群体的特点设计精算模型，对农民工养老保险2050年以前每年的收支状况进行测算，结果表明，2010～2040年不会给财政带来太大负担，但在2050年以后情况会发生变化，出现收不抵支的情况，所以农民工参保在短期内可以起到缓解养老金压力的作用，但长期会给财政造成一定的负担。另外，从社会养老保险基金收益率的角度，建议调整养老保险基金的投资组合，由于银行存款利率一般难以弥补通货膨胀的损失，所以银行存款只是名义上安全，实质是亏损，要将部分养老保险基金投资于收益较高的股市和公司债券，养老保险基金闲置期较长的部分资金，应该投资于收益稳定的基础产业；其二是重新设计养老保险制度，对现行制度进行深刻变革，彻底解决当前出现的一系列问题，综合考虑政府、企业和个人的出资缴费问题，例如，根据近几年郑秉文的养老金发展报告可以看出，养老金缺口主要是个人账户未全部做实的问题，如果个人账户实行名义账户制，养老保险的收支基本相抵。因此，一批学者主张把个人账户的制度设计由"实"转"虚"，并从多个角度进行了论证。

就不同地区研究的情况看,曹艳春、路锦非(2010)从制度整合视角研究了上海养老保险制度,分析镇保和农保全部转化为城保可能对财务平衡的影响,结论是制度整合不会产生过大的财政负担。"不考虑上海已有养老保险基金账户盈余或赤字的前提下,若考虑历年的累积结余,上海市自2046年出现财政赤字,到2050年累积赤字金额达1.39万亿元"。郭永芳对安徽省城镇职工基本养老保险基金2011~2030年数据进行了测算[1],预测结果是2026年以前存在结余,结余最大值可达513.96亿元,此后逐年消耗结余直到2030年结余耗尽而收不抵支。

(2) 城乡居民社会养老保险财政负担。

"新农保"制度自2009年开始实行试点,并于2012年年底基本覆盖全国范围,城镇居民社会养老保险制度也相继展开。城乡居民社会养老保险制度通过政府补贴机制建立起来,多数学者认为目前政府的财政支持是必要而可行的。何春玲(2009)、陈淑君(2009)分别依据公共财政和马克思的社会分配扣除理论,论证"新农保"的公共品属性,并提出"社会保障基金需要在社会产品分配给个人之前做储备性的扣除,这是中国财政分配的理论基础",从现实可行性方面看,刘昌平(2009)、曹文献(2009)都认为中国政府具备推动"新农保"充足的财力,这一点也在实践中得到证明。继2009年新型农村社会养老保险试点后,赵湘平(2010)指出不解决城镇无业居民的养老问题,中国政府将会面临严重的社会压力,从2011年7月1日,城镇居民养老保险在全国层面的试点开始推行,2014年2月7日,国务院总理李克强主持召开国务院常务会议,决定合并新型农村社会养老保险,在全国范围内建立统一的城乡居民基本养老保险制度。

刘昌平、殷宝明(2010)通过模型评估不同的补贴方式,张时飞(2009)静态估计了城乡社会养老保险制度覆盖面达到100%时所产生的财政负担是每年1420亿元[2],从估计方法看比较笼统,但毕竟可以作为一个大致的参考。

---

[1] 郭永芳. 城镇职工基本养老保险制度财务平衡与可持续性研究[J]. 经济问题, 2011(7): 122-125.

[2] 张时飞. 加大政府财政投入 加快发展养老服务业[J]. 社会福利, 2009(8): 19.

米红、王鹏（2010）引入有限财政理论实证研究了"新农保"制度财政投入的省、市、县三级政府资金分担问题，并通过仿真技术估计财政对"新农保"的补贴将在2029年左右达到峰值。贾康等（2000）认为中央和地方政府在养老保险补助上，要坚持权利与义务相统一的原则分担各自的责任，谁管理谁负有补助责任；现阶段我国的养老保险基金大多处在"省级统筹"及以下层次，即养老保险收支和结余资金都由省、市、县政府管理，也就是说省、市、县级政府享有支配和使用养老保险资金的权利，中央政府尚未管理一分钱，那么社会养老保险补助的责任应首先由省、市、县政府承担起来，中央政府可以给予一部分贫困落后的省市以养老保险补助专款以帮助这些落后地区建立起社会养老保险制度，如果将来养老保险基金实行全国统筹，中央政府统一管理全国养老保险基金时，那么养老保险补助的财政责任就应由中央政府完全承担起来。

（3）机关事业单位养老保险制度转轨的财政压力。

在城镇企业职工社会养老保险制度改革之后，张勇（2008）、秦建国（2007）提出现行机关事业单位社会养老保险制度缺乏激励机制，与企业职工群体的养老待遇差别过大；翟方杰提出机关事业养老保险制度改革直接关系到构建社会主义和谐社会的战略目标的实现。因此，近年来机关事业单位职工的养老保险制度改革问题一直是社会热议的焦点，改革应该尽早提上日程，机关事业单位养老保险制度转轨的财政压力主要来自新旧养老金制度整合与接续时所需支付的改革成本。

机关事业单位养老保险制度的改革方案应该怎样，对财政产生多大的转轨压力等问题，学者们也进行了研究。杨燕绥、胡乃军（2010）提出了公务员养老金的三元组合建议，即基础养老金和部分职业养老金以及廉政奖励养老金，支付责任由财政承担。李国华（2005）认为机关事业养老保险制度改革应以有利于社会养老保险体系的统一为原则；谢赟慧（2006）认为机关事业养老保险应归入企业职工体系，可以有利于劳动力流动而缓解财政压力；张水辉、黄峻等学者认为公职人员不需要再另行设计一套方案，基本社会养老保险全国统一逐渐消灭制度的"碎片"是改革的基本目标之一，因此机关事业单位养老保险采用企业基本养老保险制度的基本框架即可，当然方案还要结合公职人员职业的具体特点而具体拟定,在统一的基本前提下给予一定的必要特殊政策。卢驰文(2008)分析了机关事业单位向企业职工养老保险模式转轨的财政压力,根据 2005 年的统计数据估算机关事业单位养老保险制度转轨可能产生的财政负担。周凤珍(2013)按照平滑过渡的原则设计待遇给付结构,通过建立精算模型测算转轨给财政造成的压力,推算的结果表明机关事业单位职工与企业职工的养老保险制度待遇水平相差越大,转轨过程中产生的财政压力也越大,而且机关事业单位在职职工的工资越高,财政压力也越大。根据 2009 年数据测算表明养老转轨的财政压力不算大,而且并轨将有利于增进社会分配的公平性和应对人口老龄化的一系列制度改革,社会效应大于经济意义。

2008 年部分地区对事业单位社会养老保险制度实行改革试点,郭永芳(2013)从公平视角对改革方案进行了剖析,指出公平是每个国家、社会和个人追求的目标,而目前事业单位养老保险制度改革试点方案,未能体现公平的原则。首先,未将机关一同纳入改革范围,导致机关与事业、企业之间的养老保险差距存在起点上的不公平;其次,基本养老金的计发比例没有考虑受教育年限等人力资本投资的价值;再次,事业单位内部"老人老办法、新人新办法"差别处置办法,将造成"老人"和"中人"养老待遇的巨大差距,这是结果的不公平,建议将机关和事业单位一同纳入养老保险制度改革范围,基础养老金的计发要考虑个体所受教育年限等因素,妥善解决"老人"和"中人"之间的养老待遇水平问题,并以职业年金制度体现高素质人才的价值[①]。

1.2.3 简要评述

伴随着城镇企业职工社会养老保险支付缺口逐年扩大的趋势,社会各界对社会养老保险财政负担的担忧日甚,学者对社会养老保险财政负担的研究

---

① 郭永芳. 事业单位养老保险制度改革:基于公平的视角[J]. 山东财政学院学报,2013(3):72—77.

也日渐精细，考虑的因素逐渐接近现实。但综观国内外的相关研究发现，目前有关我国社会养老保险财政负担的研究缺乏系统性和综合性，尚需进一步开拓并完善。

首先，国内外学者关于中国社会养老保险模式的可持续性以及转制成本或政府隐性财政负担的研究较多，而对于社会养老保险的综合财政负担进行系统性研究的很少，从养老金缺口的规模预测和调整制度自身的参量改善养老金收不抵支的现状方面的研究思路较多，从财政学角度对社会养老保险的财政支持方式以及支出效果的评估研究还远远不足。中国社会养老保险制度的运行已十多年了，应该根据它当下表现出的"症状"进行诊断，即研究应该进入新阶段而不应该总抱着制度实施之初的"转制成本""隐性负担"等不放，这些都是前一阶段研究的主题，现在面临的问题不同了，仅就城镇职工社会养老保险而言，每年财政补贴社会统筹账户将近2000亿元，必须要回答"财政补贴，去哪儿了""是制度设计存在问题还是制度执行存在问题？"等。

其次，在社会养老保险中，每年财政支出4000亿元左右，产生了怎样的社会效应？对于社会公平和效率有怎样的影响？下一步如何通盘考虑进行改革完善等，学者们系统性的研究也不多。在财政资金属于公共资源，社会养老保险制度是公共政策，科学的公共政策在实施之前需要进行多方面的效果评估，不仅要满足养老政策的可持续性，更要考虑给财政带来的潜在风险性，以及由此产生的社会公平和经济效率等方面，下一步改革的方案设计需要通盘考虑，不能"头痛医头，脚痛医脚"，既要考虑目前的制度框架基础又要具有前瞻性，而不囿于现有框架的约束，要把经济公平和社会公平以及经济效率和社会效率兼顾起来。当前社会强烈不满的是社会养老保险"碎片化"导致的养老待遇不公平问题，罗尔斯指出公平是社会持续合作的动力基础，不公平的社会制度其分配结果也肯定是不正义的。对于社会保障来说，其制度的设计应把保障社会公平作为首要原则和检验标准，打破社会成员的身份藩篱，把各社会群体的养老保险制度纳入一个体系之中，可以更有效地将其待遇差距限制在同一个系统内部的差别范围内，这样会更好地维护社会分配的公平与正义。

最后，很少有学者预测"城居保"和"新农保"带来的财政负担，这一块财政负担的预测和比较还是个应该纳入社会养老保险财政负担研究体系中的空白地带。关于机关事业单位社会养老保险改革，还仅见于少量零散的学术论文，缺乏系统而全面的研究，仍需进一步探讨。

1.3 研究方法和框架结构

1.3.1 研究方法

（1）规范分析法。认真研读社会养老保险制度相关文献资料，仔细搜寻国内外学术界对相关问题的最新研究成果。运用公共产品理论、公平与效率和可持续发展理论等，作为财政的社会养老保险支出理论依据，分析社会养老保险的资金来源，并判断现行社会养老保险制度运行的状态是否正常以及财政负担是否合理。

（2）定量分析法。依据社会养老保险制度运行的理论基础，运用数学模型以及数理统计的方法进行定量分析，根据现行社会养老保险制度可持续运行所必需的制度参量，估算制度转型后的各种参量取值以及转型前后财政负担规模等进行测算和分析。

（3）比较分析法。本书的数据主要来自国家统计局、财政部、人力资源和社会保障部、主要媒体网络以及相关统计年鉴，笔者对所搜集的文献和数据资料进行了加工深入挖掘，对不同制度不同群体的相关方面进行对比以便透彻地分析问题。

1.3.2 研究思路及框架

从实物和经济社会发展的角度看，其实不存在所谓社会养老保险的"转制成本"或"隐性债务"之类的问题，因为人类社会川流不息地继续着，无论怎样都是在职者养退休者，不管是家庭养老还是社会养老，也不管是转制之前还是转制之后。退休一代的养老金总是由年轻的正在工作的一代创造的经济价值来支付的，只是资金流动的路线或环节有些差别而已。

养老金受到一系列复杂因素的影响，为了满足依靠养老金生活者的需要，养老保障资金必须是充足的，以确保养老金的发放。但是，缴费年限、退休年龄以及退休后的预期寿命都是不确定的，在悠悠几十年的工作生涯和漫长的退休岁月里，许多事情会发生变化，如收入水平、人口结构等，甚至养老保险法律法规自身也会发生变化。因此，对于远期养老保险总支出费用很难准确预计，收支平衡受到多种因素的挑战，对退休人口履行待遇承诺，常常不得不依靠提高缴费率或求助于财政。就企业职工社会养老保险而言，财政的社会养老负担有多大？在制度建立之初，中外专家学者纷纷测算中国从现收现付制转向部分积累制转轨的隐性债务规模，测算结果在1万亿元到13万亿元之间，其中比较集中的倾向有两个：一个是有3万亿元，另一个是有9万多亿元[1]。这样一来，我们不禁要问：养老金缺口能算清楚吗？有没有必要弄清楚到底是多少？理论上讲，预测养老金缺口需要依靠完备的历史数据和未来发展的各项参数，但我国历史数据是不全的，对未来经济发展的参数预测又是不确定的，不同的数据预测的结果自然不同，这也就不可能对养老金未来缺口做出清楚准确的精算。可见，现实的测算结果和理论分析表明，养老金缺口要准确弄清楚是不可能的，也就是说没有必要弄清楚，因为客观条件决定了弄不清楚。没有什么必要把根本就弄不清楚的缺口试图算出一个清楚的数目，对缺口能有一个基本的认同就可以了，且不说许多未来不知的变数就足以改变原本认为很精确的测算结果，就是制度本身还不定型，现在还处于不断调整的过程之中。因此，本书的重点没有放在财政负担规模的测算方面，而是放在解析现行社会养老保险制度的财政负担中暴露出来的各种问题。从理论模型上看，农保有财政负担、机关事业单位有财政负担都是应该的，企业职工社会养老保险不应该出现财政负担，至少不应该出现现在这样的系统性财政负担，即便不用个人账户的钱也能做到，可是现实中为什么不仅挪用了个人账户基金，而且还需要财政大量补贴才能维持呢？有必要探究

---

[1] 赵福昌. 有中国特色的养老金体系研究［M］. 北京：经济科学出版社，2009：155.

企业职工社会养老保险为什么会出现系统性财政负担以及怎么解决等一系列的理论问题。研究的基本思路如图1-1所示。

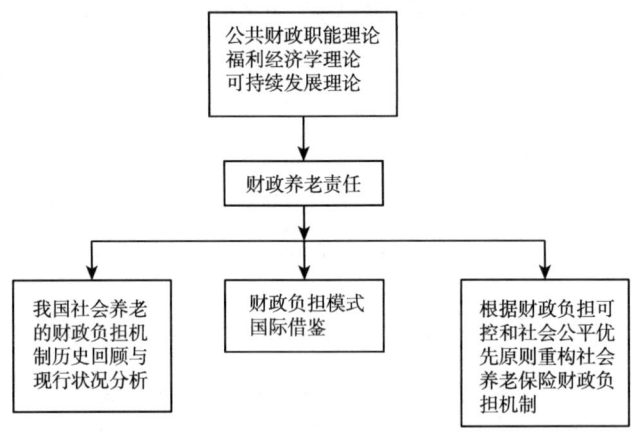

图1-1 本书研究的基本思路

具体研究框架结构如下：正文共分为六章，第1章为导论，第2～第6章为本书的主体部分。其中，第2章为理论部分，第3～第5章为基本分析部分，最后一章为制度设计。

第1章，导论。介绍本书的研究背景与意义、研究成果综述、研究方法、研究创新点与不足之处等。

第2章，社会养老保险财政负担的一般分析。首先介绍了社会养老保险制度的相关概念，并对财政负担的含义进行了界定；其次阐述了建立社会养老保险制度的理论基础，包括公共财政在其中应承担的责任理论、公平与效率理论、可持续发展理论等，也包括养老制度自身的基本平衡理论，如生命周期假说、代际交叠模型。

第3章，我国社会养老保险制度的历史回顾。首先介绍了企业职工的社会养老制度与财政负担历史变迁的过程，大致经历了20世纪50～80年代中期的财政全包的国家保障阶段，以及80年代中期以后到现在财政"兜底"的社会养老保险制度探索和发展阶段；其次介绍了机关事业单位养老保险制度的调整与改革历程；最后介绍了农村社会养老保险制度的演变历程，尤其是近年来的"新农保"和"城居保"的建立，开启了我国社会养老保险基本全

第1章 导　论

覆盖的历史。

第4章，现行社会养老保险财政负担分析。首先分析我国企业职工社会养老保险财政负担现状，企业缴费率为20%，是国际平均水平的2倍，个人账户空账，还需要财政的大量补助才能维持养老金的当期发放，而且替代率逐年下降，这是不正常的，继而着重解析了社会养老保险财政负担产生的原因，并应用计量工具模型对未来财政负担数值进行预测；其次对比分析了机关事业单位职工社会养老保险财政负担，从理论上将其分解为超额负担、越位负担与正常负担，同时还论述了该制度产生的引致财政负担；再次简单分析了农村和城镇居民社会养老保险的财政负担；最后重点阐述了财政视角下现行社会养老保险制度存在的问题，分别从公平的角度、效率的角度、可持续发展的角度，审视现行社会养老保险制度的运行状况，剖析财政负担形成的机理及其不良后果，社会养老保险各群体享受的公共财政资源极度不公平，严重影响了财政资源的最优配置，这是制度设计存在缺陷所致。

第5章，国际社会养老保险财政负担模式比较与借鉴。从国际上看，社会养老保险财政负担机制模式，大体有财政全包型、财政配比出资型和财政对缺口"兜底"型三种类型，具体制度设计和运行的经验值得我们借鉴。例如，社会养老保险制度首先以公平原则优先，另外瑞典的名义账户制或许可以给我国解决当前制度困境以重要启示，为了公平及财政负担可控，财政出资应当明确化，而且缴费与领取金额要合理适当。

第6章，优化社会养老保险财政负担机制改革方案设计和第7章进一步提升社会养老保险中财政支出公平与效率的思考，对社会养老保险财政负担机制优化改革方案进行了设计。首先辨析了我国社会养老保险制度下一步改革方向的选择问题，为了促进社会公平和劳动力资源的优化配置，必须结束目前社会养老保险制度的碎片化状态；其次设计了统一的新型社会养老保险制度，寻求国家、雇主与雇员责任分明的养老制度，创新财政负担机制，同时设计了新的改革方案实施需要的配套措施与改革步骤，机关事业单位与企业的养老制度并轨一体化，养老金缴费纳入统一的制度平台，建立个人缴纳和单位缴纳的制度，不管哪个群体都采用个人缴费与单位缴纳相结合的模式，国家财政也拨付一部分资金进入缴费平台，国外不管是公务员还是事业单位雇员，都需要个人缴费；最后估算了新方案可能产生的财政负担，并与现行制度下的财政负担进行了比较，同时分析新方案的可持续性。

1.4　可能的创新与不足之处

1.4.1　本书可能的创新

（1）关于社会养老保险的研究，社会保障学界一般集中于社会养老保险制度的研究，财政学界一般着眼于社会养老保险制度转型的成本及隐性债务方面进行研究。本书把社会保障学与财政学相结合，系统探讨了现实实践中社会养老保险财政负担产生的机理、政府财政责任介入的深度及介入方式，因此在选题上具有一定的新意。

（2）从财政学视角分析了我国现行社会养老保险凸显出的主要问题，又从社会保障视角提出重构社会养老保险制度解决问题的对策，跳出财政学界纠缠于所谓"隐性债务""转制成本"等关于社会养老保险研究的思维定势，其实这是养老制度改革之初需要讨论的问题，历史实践已经进入了一个新阶段，现在已不是最初阶段，可以全面观察到制度的运行状况。本书立足当下着眼于现实，在审视并思考现行社会养老保险运行状态的基础上，分析社会养老保险财政负担的形成机理及经济和社会效应，进而提出怎么办的改革方案构想。如养老保险制度"碎片化"的长期运行将导致的社会不公平问题，尤其是"双轨制"日益堪忧，现在和未来公共财政之于社会养老保险"怎么办"等，经过系统地梳理从理论上进行了比较充分的分析；毫无疑问，在社会保障领域，首先应坚持公共财政支出公平优先的原则，其次才兼顾效率，为此社会养老保险的财政负担机制必须进行进一步优化，建立不同社会群体统一的基本社会养老保险制度平台，结束制度碎片化状态，使每位社会成员都能平等享受公共财政资源，这对于实现公平而有效率且具有可持续发展的社会基本养老保险目标具有重要意义。

（3）以企业职工社会养老保险为参照，对现行机关事业单位社会养老财政负担进行了深入剖析，将其分解为正常负担、越位负担、超额负担，并且分析了双轨制带来的财政负担，可以使人们更加深入地认识社会养老财政负担产生的内在机理以及制度碎片化对社会公平的破坏与危害，期望有助于促使当局早下决心破除群体利益障碍进行制度统一整合。

1.4.2 本书可能的不足之处

（1）由于相关数据条件所限，对于社会养老保险财政负担的预测或预警难免粗糙，不够精确。考虑到我国正处于城市化和养老保险"扩面"的进程中，而且外界环境包括计划生育政策等变化较大，社会养老保险制度也处于不断完善的过程之中，测算期间跨度不宜太长，因此本书预测数据的目标期多选择在 2030 年以前。另外，各国社会养老保障制度不同，可以完全借鉴得比较少，因此参考的国外文献不多，另外对地区性差别因素的考查还有待完善。

（2）改革社会养老保险制度，优化财政负担机制的新方案设计，在系统性和具体可操作性方面还有待进一步全面思考。

（3）未来可深入研究的方向与内容：政府间养老保险的财政负担分担问题还有待深入研究。理论上各级政府均有义务承担社会养老的财政负担，如果全部由地方政府承担，不仅其财政支付能力有限而且各地实力差别太大，养老待遇水平的巨大差别必然会加剧社会的不公平，如果仅依靠中央政府财政投入，则会掩盖当地特有的养老差别问题，养老财政投入缺乏针对性。如何合理分配中央和地方财政的责任是值得进一步研究的课题。

另外，还可以借鉴美国战略与国际研究中心围绕财政与养老金开发的全球老龄化准备状态（GAP）指数，结合中国国情对中国养老财政支出的评估指标体系研究，更加科学地测算并分析目前我国社会养老保险的状态对财政的影响以及进行财政支出可能产生的社会效应。

第2章　社会养老保险财政负担的一般分析

2.1 政府对养老责任的介入

2.1.1 东西方文化的社会养老诉求

在人的一生中，人人都有可能遇到老年、疾病、失业、自然灾害等各种风险，这种人人都可能遇到的基本生活风险，也被称为社会风险。当人们遭遇困难时，首先有来自家庭成员之间相互提供的，包括物质、服务和精神慰藉等方面的生活保障机制，即家庭保障。在自然经济条件下，通常主要依靠家庭抵御人的生、老、病、死等风险，但家庭保障的能力毕竟是非常弱小的，随着风险的变化和社会经济的发展，人们不得不扩大范围寻求家庭以外的互助组织共御风险。在中世纪，欧洲出现基尔特制度，即由职业相同者基于相互扶助的需要而组成的团体，一方面维护行业的利益，另一方面对其会员的死亡、火灾、疾病或盗窃等灾害尽享互助共济，同时海上贸易催生了商业保险形式的诞生，至此人们遭遇风险时可以依靠的保障基本有来自家庭、互助组织和商业保险三个方面。而年老，是几乎人人都可能会遇到的人生风险，当人到了老年失去劳动能力无法养活自己时，就产生了如何养老的问题。首先，由家庭为老年人提供的基本生活养老功能，称为家庭养老，它是由家庭成员提供养老资源的养老方式和养老制度。在我国家庭养老通常被解读为由子女供养并且更多的是指来自儿子的赡养，因此有了"养儿防老"的古训。我国《宪法》就明确规定"父母有抚养教育子女的义务，成年子女有赡养扶助父母的义务"。其次，商业保险公司的人寿保险项目，通过投保人与保险公司签订合同，以人的生命或身体为保险对象，在被保险人交纳了一定的保险费以后，双方约定确定的领取养老金的时间，在被保险人年老退休或保期届满时，由保险公司按合同约定，从一定的年龄开始支付被保险人相应额度的养老金，在工业革命以后，政府建立了强制性的社会养老保险制度。

政府介入养老责任，从西方文明发展进程来看，起源于14~16世纪文艺复兴和17~18世纪启蒙运动的天赋人权论。从实践的角度看，天赋人权思想转化成了客观的政治法律制度,如个人作为社会劳动者参与社会、经济、文化生活方面的权利,各国政府都制定并实施了保障社会成员就业、劳动条件、劳动报酬、社会保障、文化教育等各项权利的法律或制度。从社会养老来说,每个人的首要权利是生命权利,任何社会成员都有生存下去的权利,也就意味着当一个人不论任何原因陷入贫困,发生生存危机时,有从国家和社会获得帮助以维持生存的权利。生存权的确立,首先要求政府负起保证社会成员基本生存权的责任,为社会成员的生存安全提供基本保护,维护人格尊严。社会养老保险制度是政府保障老年社会成员生存权的基本手段,老年风险几乎是每个劳动者每个社会成员都将可能遇到的人生风险,当社会成员年老时会丧失劳动能力、失去工作机会时,政府应该依法提供社会养老保险金给予基本生活保障,否则大量的老年人就会因没有收入而面临生活困难。从东方文明发展进程看,中国古代的《礼记》中《礼运·大同篇》就有"不独亲其亲,不独子其子;使老有所养,壮有所用,幼有所长,鳏寡孤独废疾者皆有所养"的理想,以及《墨子》的"必使饥者得食,寒者得衣,劳者得息"的思想,这些都表达了朴素的社会养老理念。

在现代国家中,已经把生存权视作一个公民最基本的权利,毫无疑问是必须得到国家和社会的保证,尤其是在工业化和现代化的国度里,传统的自给自足的生产方式和生活方式被破坏,土地对养老的保障不复存在,一般认为导致人们老年贫困的因素中,来自社会的因素大于个人因素。所以政府介入社会成员的养老责任是其义不容辞的社会义务。

2.1.2 经济、政治和社会发展的客观要求

任何社会都存在弱势群体,在自然经济条件下,这些弱势人群主要依靠家庭其他成员来保护,由家庭承担其保障责任,尤其是人到老年需要家庭提供物质、服务、精神慰藉等。因此,在农业社会,因基本的社会保障制度缺乏导致人们趋向于建立大家庭增加人口,而且家庭本身拥有一定的耕地、牧场、果林等农牧业生产资料,自然可以为其成员提供就业的基本保障。进入工业化社会之后,人们越来越走出家庭到外面的社会去就业,

其养老方式也随着就业方式的变化而相应调整，由于城市居民的家庭没有土地，也就没有土地保障，而且社会进入工业化之后，家庭规模不断缩小，大家庭一步步缩小成只有一对夫妇和他们的孩子组成的"核心家庭"，这样，家庭的保障功能自然就削弱了。另外，从工业化的历史发展过程来看，随着机器大生产的生产方式变革，工业化时代迅速推进，一方面工业化大生产需要占用土地，导致部分农民被迫失去土地；另一方面工业化大生产吸引部分农村劳动力到城市就业，出现部分劳动力自愿性地失去土地，流向城市的人口不断增加，人口城市化与工业化同步推进，流入城市的大部分人口失去了土地保障，当这些城市中的劳动力群体因年老退出劳动力市场时，他们的养老问题就只能依靠政府和社会解决。因此，政府建立社会养老保险制度是时代的客观要求。

工业化带来机器大生产，在社会化大生产条件下，产生了工人阶级，工人们可能会遭遇各种个人无法应对的诸如养老、医疗以及工伤、失业等社会性的系统风险。资本主义发展到19世纪后半期，一方面资本家对工人的剥削和压迫变本加厉，工人阶级的相对贫困问题越来越严重；另一方面，经济危机周期性地频繁爆发，绝对贫困人口迅速增加。剥削、贫困和生存无保障激起了工人阶级的愤怒和抗争，工人运动风起云涌，罢工、游行、示威、起义此起彼伏，严重危及了资产阶级政权的稳定。如何缓解社会矛盾，维护资产阶级统治，成为摆在资本主义国家政府和社会面前的一大难题。为了安抚贫穷的无产阶级，现代意义上的社会养老保险制度就是在这样一个政治环境较为典型的德国产生了，通过社会保险的实施可以化解这些风险并防范可能由此导致的社会危机，从而为经济与社会的可持续发展创造稳定的经济与社会环境。

工业化时代很自然地需要政府建立起相应的社会保险制度，如果工业化国家仍然只有农牧社会中的救灾济贫政策，则工业社会所带来的各种职业风险与社会风险便不可能得到化解；社会保险是工业化进程的必然产物，工业社会使机器大生产取代了手工生产后，不仅直接增加了劳动者的职业伤害风险与失业风险，而且使农业社会里被视为个人风险的疾病和养老等也演变成了群体性的社会风险。在这样的背景下，仅仅依靠传统的慈善事业或者有限

第 2 章 社会养老保险财政负担的一般分析

的救济措施根本不可能解决劳动者的后顾之忧。因此，必须寻求新的社会化保障机制，社会保险制度因其能解决劳动者在职业伤害、失业、疾病医疗、养老等方面的诸多后顾之忧，并调和劳资矛盾，很自然地成为各国政府的首选。

2.2 社会养老保险财政负担相关概念界定

2.2.1 社会养老保险的定义

社会养老保险，也称为基本社会养老保险，是由政府依法制定统一政策以保障广大退休人员基本生活水平为目标的一种带有强制性的养老保险制度，由于它的举办主体是政府，因此政府负有维持制度持续平稳运行的责任，在这一层次养老保险的筹资中，政府一般会有相应的财政支出。基本社会养老保险、补充养老保险和个人储蓄性养老保险，共同构成具有社会意义的养老保险体系，也被称为养老保险体系的三根柱子（three pillars），其中基本社会养老保险是基本层次。

在实行现代社会保险制度的国家中，一般在政府强制实施的国家养老金制度或者说基本社会养老保险之外，还有由工作单位或者说雇主建立的补充养老保险年金计划以及个人储蓄性养老保险。企业或单位为了增加凝聚力，调动员工的积极性，吸引优秀人才加盟，稳定现有员工队伍留住人才，一般在力所能及时都会为全部或部分员工设立所谓职业年金计划，根据员工的贡献，设计具有差异性的年金计划，以激励员工努力工作多做贡献。职业年金就是用人单位在参加国家基本养老保险的基础上，为进一步提高职工退休后的生活水平，在国家政策指导和监督下实施的一种养老保险项目，是基本养老保险之外的补充保险。在国外，职业年金也简称企业补充养老保险，在我国，学界把工作单位举办的补充养老保险分为企业年金和职业年金两个并列子项目；所谓企业年金是指企业在依法参加基本养老保险的基础上，为了给本企业职工提供一定程度退休收入保障，据自身经济实力自愿为其职工建立的补充养老保险制度，是在国家宏观指导下由企业内部自行决策执行的。企业年金既不是严格意义上的社会保险，也不是商业保险，而是一项单位福利制度，是用工单位人力资源管理、薪酬福利管理的重要组成部分，是单位自愿而非强制实行的。企业年金的责任主体是单位及其职工，因此，单位及其职工承担因实施企业年金计划所产生的所有风险，国家一般会对一定额度内的缴费给予免税优惠政策。与企业年金相对应，我国学界关于职业年金的概念含义，是指针对公职人员的补充养老保险，由政府为公共部门的职工设立的补充养老计划，或者更具体地说，所谓职业年金主要是指为机关事业单位在编工作人员设立的补充养老保险项目（以下的职业年金如无特殊说明均指此含义）。政府为公职人员在基本养老金基础上建立的职业年金补充养老计划，其实质与企业年金一样，目的都是为保障退休后生活水平不受影响，避免基本养老保险不足时所带来的生活水平的下降。因此，简要地说，企业年金就是由企业自愿为职工设立的补充养老保险，职业年金是政府以工作单位或雇主身份为其职工即公职人员设立的补充养老保险，在制度属性上两者相同。大多数国家的补充养老金制度，都没有社会基本养老保险的强制性，一般是雇主自愿设立的而且缴费由雇主和雇员共同承担，积累的基金由市场化运营，缴费和运营收益中会享受国家一定的免税优惠政策。个人储蓄性养老保险是由个人根据其收入状况，自愿参加、自愿选择经办机构的一种补充保险形式。对于企业年金或个人储蓄性养老保险，一般政府不负有出资责任，只是在一定的限度内给予税收优惠和出台管理政策。

基本社会养老保险与单位补充养老保险和个人储蓄养老保险两个层次的最大区别是政府的强制性和政府承担的责任不同，企业年金及个人储蓄性养老保险等补充养老保险，由于不是政府的强制行为，政府没有义务为其负担任何支出，能对政府产生一定财政支出压力的是基本社会养老保险制度。因此本书只针对中国基本社会养老保险制度的财政负担展开研究，后面为了行文方便，也常常用"社会养老保险""基本养老保险"或"养老保险"指代"基本社会养老保险"含义，如果没有特别说明均指此意。另外，从严格意义上来说，中国机关事业单位工作人员退休金制度，是由财政拨款维系的退休金制度,并没有体现出"保险"的基本特征,不应该称为养老保险制度,但为了行文上的统一,书中也使用机关事业单位养老保险等相关术语表述。

2.2.2 社会养老保险与商业养老保险的区别

随着工业化大生产带来的经济社会变化产生了商业保险,并随着国家职能的扩延,维护公民安全是国家义务的基本思想指导下,建立了以政府为主体依法建立的具有福利性的国民基本生活保障系统——社会保障,社会保障一般包括社会保险、社会救助、社会福利、军人保障和补充保障等几项内容,国家的信用度和能力比任何一个私营性质的社会保障组织都高,由国家来管理社会保障事务,可以更好地降低成本,因此,社会保障得到了社会大众的普遍认同,从世界各国的情况看,社会越发展,社会保障程度也越高。社会保险是社会保障的主要内容,它是国家通过立法强制实施,并通过雇主、雇员或两者共同缴费筹集资金,当劳动者暂时或永久丧失劳动收入时提供基本生活保障的一种保险制度;在我国现阶段,社会保险的内容包括五大险种:养老保险、医疗保险、失业保险、工伤保险、生育保险。所以社会保障、社会保险与社会养老保险之间的关系如图2-1所示。

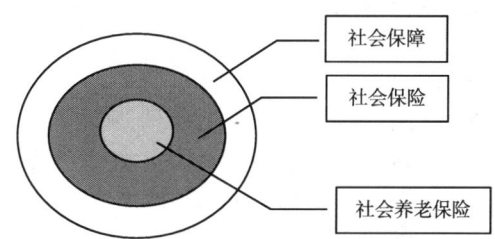

图2-1 社会保障、社会保险与社会养老保险的关系

社会保险是在商业保险的基础上建立起来的,商业保险产生的历史较早,为社会保险制度的出现提供了重要的制度和技术方面的基础。社会保险与商业保险都开办了养老保险,它们之间有一些共性但本质上存在区别,如表2-1所示。

表 2-1　　　　　　社会养老保险与商业养老保险的差异比较

项　　目	商业养老保险	社会养老保险
①主体	商业保险公司	政府
②目的	取得经济效益，获得利润	保障社会的稳定与发展
③保险对象	单个的人，自由选择保险公司，保险公司也要筛选投保者	全体劳动者（全国性或地方性的），强制性的
④保险关系建立的根据	订立保险合同	国家法规
⑤待遇水平	一般由投保人根据个人的经济需要及负担能力来确定，缴纳的保险费越多，给付水平就越高	一般是根据法定标准确定，多属基本保障性质，保障的水平较低
⑥保险费的来源	保险费完全由投保人缴纳	通常由政府与企业两方或者政府、企业和个人（雇员）三方共同负担
⑦实施原则	个人公平	社会公平
⑧受益人资格	参保者本人或其指定或法定继承人	参保者本人

可见，社会养老保险与商业养老保险是两种不同的社会化风险保障机制，两者满足人们不同层次的需要各有特点，它们都是人类社会抵御年老生存风险的保障机制，可以在共生中不断发展。

2.2.3　社会养老保险模式分类和基本术语介绍

2.2.3.1　养老保险替代率

养老金替代率，泛泛地说，是指劳动者退休时的养老金领取水平与退休前工资收入水平之间的比率。它是衡量劳动者退休前后生活水平差异的基本指标之一，是评价一个国家或地区养老保险制度保障水平的重要指标，也是养老保险基金平衡的基本变量之一。通常情况下，社会经济的发展水平、养老金的计发办法以及养老金的增长机制等是影响替代率高低的几个基本因素。一般常用平均替代率和目标替代率两个指标来衡量养老金待遇的高低。平均替代率，即全体退休人员的人均养老金与同期社会平均工资（全体在职职工的人均工资）的比率；目标替代率，是指养老金制度设计的退休（包括离休、退休、退职，下同）人员年人均养老金与在职人员人均工资的比值。根据研究问题的不同，可采用不同的比率来说明个人、企业、行业、地区以及全国养老金替代率的均值和变动状况。如果没有特殊说明，以下的替代率一般指某一来源的养老金与社会平均工资相比的比率。

另外，本书为了评价现行城镇职工社会养老保险财政负担是否应该存在的需要，在制度规定的待遇计发办法下，根据资金收支平衡的原理，进一步提出"缴费替代率"和"待遇缴费率"两个概念。其中，缴费替代率是指当前制度规定的缴费率下所应该能够支撑的替代率，待遇缴费率是指维持当前实际替代率待遇所需要的缴费率。

2.2.3.2 基本社会养老保险模式

所谓模式是指某种事物的标准形式或使人们可以照着做的标准样式。养老保险因养老风险的普遍性、复杂性、多因素影响性以及各国国情差异性等，决定了其模式的多样性。各国的养老保险的模式也不是一成不变的，养老保险改革实践的摸索也在不断丰富着养老保险模式。到目前为止，从世界上现有养老保险制度来说，根据养老保险的责任承担机制，养老保险划分为政府负责型、自我负责型、混合责任型等模式；根据受益人是否付费分为缴费型和非缴费型；根据享有养老金的依据，养老保险可划分为普遍生活保障模式和收入关联模式；根据财务筹资机制，养老保险主要有现收现付、完全积累（FF）、部分积累三种模式；根据基金运行管理机制，养老保险又分为社会统筹、个人账户以及统账结合模式；根据待遇确定方式，养老保险分为给付确定模式（DB）、缴费确定模式（DC）以及"DB+DC"混合模式等。总之，根据不同的标准，养老保险制度可以划分出不同的模式组。

（1）按照养老保险覆盖面划分。

在社会保障制度建立的过程中，有两种指导原则：一种是贝弗里奇的普遍性国民保险原则，以此为指导思想建构的为普遍保障养老保险制度模式；另一种选择性原则，是俾斯麦式养老保险制度建设的基本原则，强调职工所得的养老金待遇同个人工作状况相联系，并取决于养老保险缴费额的多少，由此形成的养老保险制度被称作工作关联模式养老保险。因此，根据养老保险的覆盖面,可将养老保险划分为普遍型养老保险制度和选择型养老保险制度。普遍型的养老保险制度通常以国民年金的形式存在。在这种模式下,所有国民甚至外来移民,都可以在达到一定年龄之后,享受养老保险金的待遇,与个人就业状况没有关系。政府通过税收和财政预算来为国民提供养老金,政府对养老保险事务实行直接管理并严格监督。选择型养老保险强调权利与义务相对应,筹资模式一般是由政府和单位或雇主以及个人多方共同分担缴费或筹资责任,以工薪劳动者群体为主要对象而不覆盖全体国民。

(2) 按照养老保险财务平衡模式划分。

养老保险财务平衡模式到目前为止有三种:即现收现付制、完全积累制和部分积累制。现收现付制(pay-as-you-go)不考虑资金储备,在职工缴纳的养老保险费,直接用于支付已退休职工的养老金,等到这些职工到达退休年龄时,政府再通过下一代职工缴纳的养老保险费支付他们的退休金,如此延续下去。政府只需要从当年或近二三年的社会保险收支平衡角度出发,测算出当年或近几年退休人员所需要发放的养老金,以此确定一个适当的费率标准,分摊到在职缴费的人员身上,向企业与个人征收社会保险费(税),当年筹集当年使用,收支差额由财政弥补,实现年度收支平衡。其特点是以支定收,操作方便管理成本相对较低,养老金不受通货膨胀和利率波动的影响。一般实行初期因支出规模小而费(税)率较低,以后则会随着支出规模的不断扩大而提高,实质上体现着养老保险负担的代际转移。财务平衡数理模型可以简单表示为:

$$养老金收入 = 在职职工工资总额 \times 缴费率$$
$$= 缴费职工人数 \times 缴费职工平均工资 \times 缴费率 \quad (2.1)$$
$$养老金支出 = 退休职工人数 \times 平均养老金 \quad (2.2)$$

根据收支平衡原理,即:养老金收入 = 养老金支出,可以得出:

$$缴费率 = \frac{平均养老金}{缴费职工平均工资} \times \frac{退休职工人数}{缴费职工人数}$$
$$= 平均养老金替代率 \times 制度赡养率 \quad (2.3)$$

其中,平均养老金替代率是平均养老金与缴费职工平均工资之比,表示养老金占在职职工工资的比例;制度赡养率是退休职工人数与缴费职工人数之比,反映一个在职人员供养几个退休人员。而养老保险制度的抚养比是指参保职工人数和离退休人数的比值,抚养比高说明制度负担轻,抚养比低则说明制度负担重。由数理模型可以看出,现收现付模式受人口年龄结构影响较大,因此,抵御人口老龄化的能力相对较弱。

完全积累制(fully funded)是一种国家强制的个人储蓄计划,以远期纵向平衡为原则的养老保险资金筹集模式,追求长期内的收支平衡,个人退休后领取的养老金总量应与整个投保期积累的养老基金总量(包括缴费金额和投资收益或利息)保持平衡,即:

$$\text{工作期间历年缴费积累额(包括投资收益)} = \text{退休期间历年养老金领取额} \tag{2.4}$$

这种模式只涉及个人生命周期内的长期财务平衡,并不涉及代际转移支付,具有抵御人口老龄化的能力,但受资本或金融市场环境影响较大,基金保值增值压力大存在贬值风险,由于积累的跨期长而对基金的运营和管理水平要求较高。

部分积累制(part-funded),亦称为部分基金制或混合制、阶梯制,是把现收现付制与完全积累制结合起来,一部分采用现收现付制,用于统筹互济;另一部分采用完全积累,用于个人自我积累,以激励个人缴费的积极性。一般是在满足测算的当年或近几年养老保险支出需求的缴费率基础上,把缴费率稍微提高一点,以留出一定的储备金积累起来供未来的支出需要。

尽管现收现付制与完全积累制均有着自己的特点与长处,但单独采用又都存在着难以逾越的困难。从理论上说,部分积累制能兼顾现收现付制与完全积累制的优点,并且克服两者的缺点。例如,可以避免完全积累制缺乏社会共济性的缺点,又能激励缴费;还可以有一定的资金储备,缓解现收现付应对人口老龄化的弱点,把上述两种模式的特点结合起来,部分基金现收现付另一部分基金完全积累,就出现了部分积累模式。

(3)按照养老保险基金管理方式划分。

筹集起来的养老保险基金如何管理,是所有基金无记名统一支配还是各有其主，由此衍生出社会统筹账户与个人账户以及社会统筹与个人账户相结合三种模式。社会统筹账户，即把筹集到的养老保险基金纳入一个账户，由管理机构根据有关规定统筹支配使用，其最大特点是高度发挥了社会保险风险共担的社会功能，该账户的财务平衡模式一般是现收现付制；个人账户，即养老保险缴费记入个人账户实行名义或实账积累，当个人具备领取养老金资格时，再按照有关规则予以计发。这种模式对于激励个人缴费具有一定的作用，但没能体现风险共担的社会保险功能，该账户如果实行实账积累一般会带来较大的保值增值压力；社会统筹与个人账户相结合，这是中国政府的一种模式，其具体制度安排是社会统筹与个人账户同时并存分别记账，单位缴费全部进入社会统筹账户实行现收现付，个人缴费全部进入个人账户实行完全积累，待遇计发时由两个账户进行结构性组合。当然，这种模式建立的时间不长，其效果还有待实践和时间的检验。对于账户的设计模式，又分为实账账户和名义账户。名义账户（NDC）模式的筹资模式是现收现付制，基金运行管理采用的是"名义"或"模拟"的个人账户，即并非实账积累。通过"名义账户"制，瑞典在基本不付转制成本的基础上，完成了从现收现付制向积累制的平稳过渡。实践证明，"名义账户"具有较强的生命力，现已成为养老保险模式大家族中的重要成员。

(4) 按照养老保险收支确定原则划分。

按照养老保险收支确定原则，可分为给付待遇确定模式和缴费确定模式。待遇确定模式即 DB 模式（defined benefit, DB），是先确定养老保险金的给付标准，再测算养老保险的缴费水平的以支定收模式；缴费确定模式，即 DC 模式（defined contribution, DC），是先根据各种相关经济变量确定一个比较稳定的缴费标准，缴费可以完全或部分计入缴费者的个人账户，将来缴费者领取的养老金就根据其账户中积累的基金额计发的以收定支模式。

一个国家特定的养老保险制度无论在筹资模式、待遇确定模式、资金运行模式还是管理模式上都有多种选择，正是各国的选择不同，才使各国的养老保险制度样式纷呈，各具特色。世界上没有哪一个国家的养老保险制度是完全一样的，即使基本构成、管理与监督模式一样，制度的具体设计也可能不一样。但是在这众多模式中，筹资模式是最基本的核心模式，一个国家养老保险制度的建立，首先考虑的应是筹资模式，筹资模式的选择是战略性的。而实现筹资模式的路径可以有多种，具体选择哪一种，则要根据各自的具体国情。只有筹资模式、运行管理模式和待遇给付模式的选择都是正确的、配置是合理的，养老保险制度才可能是可持续的。否则，无论哪一方面存在偏差，养老保险制度都可能导致不可持续。

2.2.4 社会养老保险财政负担的含义

(1) 社会养老保险财政负担含义。

从养老保险制度起源看，现代养老保障是欧洲100多年前由中央政府对行业互助会等自发制度进行"招安"而建立起来的，是没有国家财政补贴的，它的本来面目是由雇主和雇员双方缴费构成，一般资金来源主要是雇员和雇主，因此，从起源上说社会养老保险应追求财务的自我平衡和可持续性。

现代社会养老保险制度乃至整个社会保险制度体系的发动者和构建者是政府，这就意味着政府应当对启动的每项社会保险计划提供资金支持，社会养老保险制度也不例外，国家应当保证社会养老保险的基本支出，财政是养老待遇支付的最后承担者，当收不抵支时，财政要出资弥补赤字，社会养老保险收支的变动直接影响到财政收支的变动，财政是最后的责任人，负有管理社会养老保险资金的责任，所以社会养老保险资金与政府财政存在密切的互动关系。当然，通常社会养老保险的理想目标是收支能够实现"自我平衡"，不需要财政补贴就能够顺利地正常运转。

从"保险"本意的角度来看，社会保险与商业保险的基本原理没有什么太大的区别。商业养老保险可以实现"可持续"和"自我平衡"，因为其保险标的是一个买卖双方约定的金额，而这个金额实际上是保险公司事先通过精算确定的。几十年以后，当发生养老金给付时，保险公司只要按保险合同的约定兑现就行，至于约定的金额的购买力究竟如何，商业养老保险并不需要负有责任。从理论上说，政府在养老保险上的支出可以减少到零，但社会养老保险一般做不到，因为社会养老保险的支付必须要保证一定的生活水平，至少要保障老年人的基本生活，而从开始缴费到领取养老金的几十年间，难免会有通货膨胀等多种社会经济因素影响养老金的购买力,加上人口老龄化趋势,政府必须为之担保,即通过财政对社会养老保险进行再保险,这是可预见的政府责任。因此,当政府没有筹到足够的资金支付许诺的养老金时,财政必须拨款用于社会养老保险金的支付,或者在设计社会养老保险制度筹资机制时就规定财政的出资比例。目前世界各国的社会养老保障制度与财政的关系大体分为两种,即国家财政补贴型和没有财政补贴型。欧洲大部分国家离不开国家的补贴,而美国等则根本无需财政补贴。大多欧洲国家战后以来实行慷慨的福利制度,国家不得不从少到多、从小到大、从弱到强地逐渐介入和拖累进来,最终成为法定的第三方出资者(除雇主和雇员之外),否则就无法正常运转,有的国家由此陷入债务危机。但以美国为代表的养老保障制度各项参数较为科学合理,1935年建立制度至今始终收支平衡,略有盈余,不但国家没有支付一分钱,而且目前的自我累积盈余已高达2.6万亿美元,占全球基本养老保险基金的近一半;并且,其缴费率平均比欧洲主要国家低一半还多,参保人负担很小。如此看来,社会保险并不意味着更多的财政补贴,也许靠财政输血的制度是不健康的。所以政府对社会养老保险并非一定要有财政支出,财政对社会养老保险"缺口"的补贴,似乎是财政的一种多余的"负担",而且,目前我国实行多轨制的养老保险制度,机关和事业单位职工的养老金全部由财政包揽,无需个人缴费,这与企业职工的缴费型社会养老保险相比,似乎财政也背上了不该承担的那部分费用;为了描述中国政府在社会养老保险方面的这种从无到有、从少到多、从不该承担到现实背负的财政支出情况,没有找到更恰当的词,于是,取用"财政负担"一词。

从中国现阶段的情况来说,社会养老保险财政负担的具体含义,是指政府在城镇企业职工社会养老保险、城乡居民社会养老保险,以及机关事业单位职工退休金方面的全部财政支出;当然,政府作为机关事业单位职工的"雇主",机关事业单位退休职工的养老金,有一部分是政府作为雇主而产生的正常财政支出,为了分析方便,机关事业单位退休职工养老金的所有财政支出,都包括在中国社会养老保险财政负担的含义中,但在书中分析其合理性及公平性等必要的章节里,会区分正常财政负担与非正常财政负担。

事实上,就普遍情况而言,社会养老保险必须要有财政补贴才能维持其

第 2 章 社会养老保险财政负担的一般分析

可持续性，这是由它的特性决定的，因为它受到多方面社会经济因素的制约，自身常常难以完全平衡。多种经济或社会因素，例如，人口老龄化、通货膨胀、待遇水平要随社会平均工资水平调整以保障参保者的基本生活水平，以及基金征缴及管理存在漏洞等，都有可能导致社会养老保险收支出现缺口，一旦出现收支缺口，财政必须出资弥补，"实缺实补"以保证足额发放，这是政府不可推卸的政治责任；那么，这些财政资金到底去哪儿了，值不值得，会产生哪些经济社会效应，怎样进一步优化配置等问题就会摆在面前，从这个意义上说，社会养老保险财政负担的研究将可能是永恒的话题。

（2）社会养老保险财政负担的计算口径。

中国社会养老保险财政负担主要由财政发放的机关事业单位退休职工养老金、城乡居民社会养老保险基础养老金以及弥补城镇企业职工社会养老保险"缺口"三部分组成，机关事业单位退休职工养老金和城乡居民社会养老保险基础养老金这两个部分，所产生的财政负担计算口径是基本不变的，由于城镇企业职工社会养老保险财政负担的计算口径有两种不同选择，即计算企业职工社会养老保险"缺口"存在对个人账户是否做实两种情况，因此，企业职工社会养老保险财政负担就存在相应的两种计算口径，下面仅对企业职工社会养老保险财政负担的计算口径进行具体阐释。

口径一是企业职工社会养老保险个人账户实账处理下的财政负担口径，也就是完全执行制度设计时确定的统账结合部分积累模式，落实当年个人账户基金积累，不动用个人账户资金支付当前养老金的前提下，财政要弥补的养老保险支出产生的财政负担。用式（2.5）表示为：

企业职工社会养老保险财政负担＝社会统筹账户缴费－养老金支出额

(2.5)

由于早期退休的人没有个人积累，他们的过渡养老金全部或部分都要从社会统筹账户中支付，又规定"企业缴费一般不超过企业工资总额的20%"，且要求"保证按时足额发放养老金"，必然会导致统筹账户资金的入不敷出，缺口由财政弥补，形成财政的沉重负担；另外，各地企业缴费比例一般都选择企业工资总额的20%，过高的费率负担使很多已参保的企业采取各种手段逃避拖延缴费，也使收支缺口进一步加大，更加加重了财政的养老保险负担。根据郑秉文《2011中国养老金发展报告》披露的数据，若无财政补贴，仅考虑征缴收入，2010年辽宁省的基本养老保险资金缺口在146.5亿元[①]。

口径二是企业职工社会养老保险个人账户虚账处理即个人账户名义化下的财政负担口径，通过把个人账户"名义化"，即把个人账户不需要做实，只是起到记录缴费情况以用于退休时计发待遇的参考作用，个人账户资金与统筹账户资金一起用于支付当前养老金，收不抵支时由财政弥补，这样的统账结合模式实质上仍是现收现付制。因此，口径二的当期财政负担用式（2.6）可以表示为：

$$企业职工社会养老保险财政负担 = (社会统筹账户缴费 + 个人账户缴费) - 养老金支出额 \qquad (2.6)$$

显然，口径一大于口径二的财政负担，差额就在于个人账户额上。据《劳动和社会保障事业发展第十一个五年规划纲要草案》透露，到"十五"末期，养老保险个人账户"空账"将达到8000多亿元，而且以每年1000亿元的规模增加。由此推算，每年全国口径一的财政负担要比口径二至少要多1000亿元。但实践中每年的财政补贴介于口径一和口径二之间，因为个人账户有一部分是做实的，而且统筹层次为省级，各省之间差别较大，有剩余的也有缺口很大的，余缺又不能互相调剂使用。

目前，我国企业职工社会养老保险实行的是"统账结合"的混合型体制，在实践中实质上仍然是现收现付制，除东三省在试点期间个人账户有些许积累之外，绝大部分省市个人账户基本都是"空账"运行，做实的只占很小一部分，所以个人缴费实际上基本用于当期发放。从可行性角度分析，口径二更符合我国社会养老筹资的现实情况。政府统筹考虑当前与长远的关系，为缓解未来老龄化高峰时的财政压力，决心解决个人账户"空账"问题，真正实现由现收现付制向部分积累制的转变。早在2001年国家在辽宁省进行了"统账分开，做实账户"方案试点工作，2004年扩大到吉林、黑龙江两省；但自2001年7月开始的辽宁省做实基本养老保险个人账户试点工作，十几年

---

① 郑秉文. 中国养老金发展报告2011 [M]. 北京：经济管理出版社，2011：31.

过去了，结果好像不尽如人意。按照辽宁省的试点方案，做实个人账户的比例是8%，中央财政进行定额补助，2001~2006年，中央财政每年补助14.4亿元，以当时的参保人数算，中央财政补贴占个人账户资金的3.75%，地方财政补贴1.25%，另外从职工缴费中拿出3%，加在一起是8%。由于辽宁省参保人数覆盖面越来越大，人多账户多，辽宁省政府补贴总额多，中央按照每年14.4亿元的基数进行定额补贴，中央的定额补贴就使压力均集中于地方财政，与此同时，已经做实的个人账户资金无处投资，连年贬值。随着辽宁省每年养老金支付基数的增加，失去个人账户资金支援的统筹基金缺口越来越大。这样，辽宁省不得已又开始"借支"个人账户资金，以填补统筹基金缺口。所以最终还是回到老路上，个人账户与统筹账户资金一起被"现收现付"了，随着老龄化的加剧，做实个人账户将更加困难。

目前，关于企业职工社会养老保险的争论中，出现财政补贴、养老保险剩余、缺口等同时存在的现象主要是因为计算口径不同所导致的混乱。

2.3 社会养老保险财政负担的理论基础

2.3.1 公共财政理论

（1）财政职能理论。

国家的对内职能主要是实行政治统治、经济和社会公共管理。政治职能，即维护政治统治和社会稳定的职能，包括依法打击极少数敌对势力、敌对分子的破坏活动、犯罪活动和健全社会主义民主制度两个方面；经济职能，即组织经济建设的职能，我国的根本任务是进行现代化建设，以经济建设为中心，大力发展社会生产力，不断满足人民日益增长的物质和文化生活的需要。社会公共管理职能，即国家为发展创造良好的社会环境和自然环境。财政作为政府配置资源的主体，是政府调控经济社会运行的主要杠杆，当代财政理论认为，政府财政具有资源配置、公平分配和稳定经济三大职能。

财政的资源配置职能的主要表现在，一是财政可通过采取转移支付制度和区域性的税收优惠政策、加强制度建设、消除地方封锁和地方保护、完善基础设施、提供信息服务等方法，促进要素市场的建设和发展，推动生产要素在区域间的合理流动，实现资源配置的优化。二是财政通过调整投资结构，形成新的生产能力，实现优化产业结构的目标。如交通、能源等基础产业项目的资金和技术"门槛"高，政府就可通过产业政策指导和集中性资金支持，防止规模不经济的产生。除了政府直接投资外，还可利用财政税收政策引导企业投资方向，以及补贴等方式调节资源在国民经济各部门之间的配置，形成合理的产业结构。三是提供市场无法有效供给的公共品，提供公共品是政府的基本职责。

财政的资源配置职能的核心是公共支出的优化问题，包括规模总量和结构两个方面。财政支出的总量和结构安排，反映政府活动的范围和内容，应该通过优化财政支出结构，大力支持社会保障改善民生，着重保障政府履行经济调节、市场监管、社会管理和公共服务等职能。重点加大"三农"、教育、社会保障和就业、医疗卫生、环境保护等公共服务领域的投入。应根据财政承受能力，调整财政支出结构，优先保障和改善民生，适当集中财力，着力支持解决人民群众最关心、最直接、最现实的利益问题，优先保障基本公共服务需要，并随着经济发展逐步提高社会事业发展和民生保障水平，重点加大教育、社会保障和就业、医疗卫生、住房保障等方面的支出。社会保障制度建设和促进就业支持机制。增加财政投入，扩大社会保障基金规模，加快覆盖城乡居民的社会保障体系建设，支持建立应对体制转轨和人口老龄化的财政支持机制，合理确定社会养老保障待遇和缴费水平，完善社会保险费征管机制，合理控制财政支出的规模，优化不同群体养老保险的财政补贴结构，追求财政支出社会效益的最大化。

财政的公平分配职能，是针对市场初次分配不公平结果的调节。以市场为主导的资源配置方式是一种具备独特效率优势的交易机制，完全竞争的市场能保证各种生产要素的自由流动和各种资源的优化配置。在市场经济中，国民收入的分配主要依照的是效率原则，各种生产要素的稀缺程度决定了收入在不同社会成员之间的分配数量，收入分配直接与其提供给市场的要素相对应，由于社会成员拥有的要素数量和质量以及稀缺程度不同，他们的收入也就不会均等。因此，市场主导的初次分配，往往会产生不良后果：一方面，一部分人难以获得维持最低生活需要的收入；另一方面，财富在一部分人手中积聚。穷者愈穷，富者愈富，既不利于劳动力的再生产，也在很大程度上增加了社会风险，这就需要政府主导实施社会保障向某些群体进行倾斜性的收入再分配，从而增进平等调节收入分配、增进公众福利等。社会保障是财政实现公平分配的重要制度工具。

财政稳定经济职能的有效发挥，社会保障是重要措施之一。财政学理论一般认为，社会保障制度具有经济"自动稳定器"的作用。社会保障各种项目的支出，有助于稳定可支配收入，进而稳定消费需求。通常都说社会保障是调节经济周期的"蓄水池"，这正是从它具有有效的平衡供求作用出发的。我们知道，当经济衰退或萧条时，社会失业率会增加，一部分人因此会失去劳动收入，从而对有效需求产生负面影响。但是，由于失业者不再缴纳失业保险费等而导致社会保障基金收入减少；同时，失业者对社会保障待遇的需求随之增大，又使社会保障基金支出规模扩大。失业保险金或失业救济抑制了这些个人收入减少或失去的趋势，给失去职业和经济衰退导致生活困难的人们以收入支持，在一定程度上唤起了社会的有效需求，从而减缓了经济衰退的冲击，加快了经济复苏的进程。相反，当经济处于高涨或是过热时，失业率下降，社会保障支出在相应减少的同时，通过扩大社会保障基金规模，增加基金的积累，实际上在一定程度上相对减少了个人收入量，从而减缓了社会需求的急剧膨胀，减弱了经济过热所造成的供求失衡，并且最终又使社会的总需求和总供给回到基本平衡点上。如今，社会保障已经成为各国调节经济波动的有力武器，被认为具有"自动稳定阀"的作用。有了社会保障这个重要的社会机制，在一定程度上缓和了供求矛盾对经济发展带来的一次又一次冲击。这正契合了财政履行稳定经济的职能。

（2）公共品和外部效应理论。

公共品通常被定义为由公共部门提供的用来满足社会性的共同需要的商品和服务。社会保障的核心目标是保障公民的基本生活，人们一旦遭遇年老、失业、疾病、工伤、自然灾害等经济风险时，将无力维持生存，需要来自他方的帮助，在工业化和社会化大生产削弱家庭保障职能时，政府加大对劳动者和其他社会成员遭遇经济风险的保护，确保公民的基本生活不受影响，免除劳动者的后顾之忧。每个社会成员都希望生、老、病、死都有所保障，解除生活上的后顾之忧，正因如此，社会保障的这种基于人和社会发展需要而产生的社会性的需求，成为一种公共需求。因此，社会保障具有公共产品的性质。

同时，社会保障在消费中体现出经济的外部性。经济外部性是指在社会经济活动中，一个经济主体的行为无意间对另一个经济主体产生了影响却没有给予相应支付或得到相应补偿的现象。社会保障供给的外部性表现在：①促进经济社会协调发展。首先，社会保障通过调整社会保障税或费率及支付待遇水平，不仅可以调节社会总需求，平抑经济波动，也是进行再分配的重要手段。当经济衰退人们的生活水平下降时，通过发放失业金和社会救济拉动消费，增加需求，使社会保持一定的购买力，促进经济增长，避免经济停滞，也保证了劳动力的再生产；当经济过热时，社会保障又可以通过降低支出、积累资金来抑制需求的膨胀。其次，社会保障基金的长期大规模积累有助于提高国民储蓄水平、刺激经济增长，基金的投资运营则能够促进资本市场的完善。再次，社会保障可以维护家庭和个人的经济安全，有利于劳动力自身的再生产。当家庭和个人在教育、医疗保健等方面的投资能力不足时，政府可以通过社会保障给予一定资助。则采取相反调节措施。②维护社会安全，避免社会动荡。政府通过社会保障制度为社会成员的基本生活提供相应的保障，帮助陷入生活困境的社会成员能安全地从生存危机中解脱出来，并分享经济发展和社会进步的成果，能缓解社会矛盾，减少社会冲突，有利于维系社会秩序的稳定和社会健康发展的环境。另外，社会保障对象通常不分性别的做法，就极大地促进了男女平等，促进国民重男轻女落后观念的转变以至促进人口生育中性别结构的基本平衡，教育福利有助于义务教育的普及以至提高国民素质，养老保险与家庭津贴等也有利于计划生育政策的实施等，这些都从不同侧面促进着社会的进步，提高了社会成员的文化素质和身体素质，进而提高了他们的生活质量和文明程度，从而也促进了人类社会文明的发展。

社会保障的正外部性和公共品属性决定了其供给无法像私人物品那样完全由消费者承担费用或者成本。当然，社会保障本身包含着比较复杂的内容，不同的保障项目有着不同的性质和特征。如果将社会保障视为供社会成员购买和消费的产品，并作为整体来看待，社会保障既不是纯公共产品，也不是私人物品，应当是准公共品。第一，社会保障产品的主要功能在于满足全社会的共同需要，即公共需要。社会保障产品系列中，无论是养老、医疗、失业等社会保险，还是社会救济，都是现代工业社会中劳动者的共同需求。并且在社会化大生产条件下，单个劳动者无法很好地满足自身的这类需求。同时，满足公共需要是政府的职责，所以社会保障产品绝不能等同于私人物品。第二，社会保障产品具有一定程度的非排他性。社会保障主要包括社会救济、社会保险和社会福利等内容，其中，社会保险具有比较明显的排他性，而社会救济和社会福利等项目则在一定程度上具有消费的非排他性。因为社会保险待遇的发放是以就业的劳动者缴纳规定的社会保险费为前提的，不缴费则无法享受，而社会救济等项目待遇的发放常常不要求劳动者直接为此支付费用，只要是社会保障制度覆盖范围内的劳动者都可以享受。第三，社会保障产品中的大多数项目具有消费的竞争性。社会保障产品的竞争性主要体现在无论是社会保险还是社会救济，享受社会保障待遇的劳动者的人数的增加，都会引起提供社会保障产品的成本的增加。因为，社会保障待遇的支付总是要消耗一定量的经济资源的。

因此，社会保障产品应当被视为准公共品。同时，不同的社会保障项目在不同国家、不同阶段，其属性也可能是不同的，具体的情况是由一个国家或地区的社会经济发展水平以及特定的社会保障模式所决定的。但是，这不足以影响在当前的生产力和社会发展水平条件下对社会保障产品进行的属性界定。

(3) 基本公共服务均等化理论。

基本公共服务均等化，一般是指政府应该为全体社会成员普遍提供大致均等的基本与其经济社会发展水平相适应体现公平正义原则的公共产品和服务，主要内容包括四类：第一类是包括养老保障等在内的民生性基本服务；第二类是公共教育和卫生在内的公共事业性服务；第三类是公共设施的基础性服务；第四类是公共安全性服务。推进基本公共服务均等化，建立覆盖全体社会成员的基本公共服务体系，使全体社会成员共同享受基本均等的公共服务，这也是维护社会公平促进社会和谐的重要途径。

基本公共服务均等化体现社会保障方面，地区间、城乡间、不同社会人群之间享受的基本公共服务水平，除了制度覆盖均等以外，还应该追求财政供给分配基本均等，应尽可能消除财政分配中不同社会群体间享受的基本公共服务在数量或质量上的不均。在社会保障方面，公共服务均等化的含义并不是数量上的完全相等，而是主要表现为以基本养老、基本医疗、最低生活保障制度为重点的社会保障体系对全体国民的全覆盖，企业、机关、事业单位、城镇居民以及农村居民基本养老保险待遇水平的差距保持在合理范围内。

2.3.2 福利经济学理论

（1）社会公平。

通常"公平"是指经济公平或社会公平，公平最基本的含义是公正、平等，始终是人类社会追求的理想目标，经济公平实际上是达成社会公平的方式或手段。在20世纪20年代，英国经济学家霍布斯和庇古创立了一种研究社会经济福利的经济学理论体系，即福利经济学。庇古把福利划分为社会福利和经济福利，经济福利是能用货币衡量的那部分社会福利。庇古在福利经济学的研究中，依据边际效用论提出，除了国民收入总量越大越能增加社会经济福利外，国民收入分配的平等程度也增加社会的整体经济福利水平，一定时期内的社会经济福利水平主要取决于国民收入在社会成员之间的分配情况，因为短期内国民收入的总量是变化不大的，他主张国民收入平等化，尽量消除国民收入分配的不平等。概括起来，福利经济学从福利观点或最大化原则出发，在"分配越均等则社会福利就越大"的思想指导下，主张是社会收入应该均等化，认为在符合社会约定规则的前提下，居民应该对经济资源平均或接近平均占有、使用并获得收益，而不受任何自身及以外条件的限制。此后欧洲出现了"福利国家"，政府在国民收入调节过程中的作用不断加强，国民收入呈现均等化趋势。经济学家通常用洛伦兹曲线与基尼系数衡量社会收入的平等程度，联合国也给出了参考标准：基尼系数小于0.2，说明收入绝对平均，基尼系数在0.2~0.3表明社会收入比较平均，基尼系数在0.3~0.4则社会收入分配相对合理，基尼系数居于0.4~0.5社会收入差距较大，当基尼系数大于0.6时，为社会收入悬殊状态。

第2章 社会养老保险财政负担的一般分析

约翰·罗尔斯主张平等优先，把收入均等化放在首位，平等是第一原则，仅仅根据效率原则，无法安排一种正义的社会结构；约翰·劳尔斯从福利经济学的角度考察平等问题，提出每个人都要有平等权利，但也要承认差别，容许差别存在，即社会和经济的安排要符合每个人的利益和地位与职位；布坎南提出人们因对收入分配现状的不满而要求的收入重分配并非出于公益的目的，而只是个人追逐私利的一种表现，所以最好通过公共合同的方式来协调分配中的矛盾。英国是最早建立社会福利制度的国家，通过建立比较完善的个人所得税、社会保障税、遗产税等税收制度来调节高收入者的收入，通过建立社会保障制度、实施义务教育和反贫困措施来调节低收入者的收入，1946年推出了《国民保险法》和《国民健康服务法案》，这些对调节个人收入分配差距起到了有力的作用，从而使收入分配差距的均衡调节取得了良好效果。

（2）经济效率是最大福利的必要条件。

庞古根据边际效用基数论提出的关于福利的第二个基本命题是：国民收入总量愈大，社会经济福利就愈大。除了要在分配方面消除国民收入分配的不均等之外，还需要提高经济效率增加国民收入总量。在经济学意义上，"效率"通常至少包含两层含义：一是生产效率（productive efficiency），如果不减少其他产品的生产就不可能生产更多的某种产品时，一个经济就是生产上有效率的。通常满足生产效率的条件有三个：资源的充分利用（充分就业）、既定投入下的产出最大化、厂商间投入的有效配置。市场可以通过完全竞争达到生产效率。二是配置效率（allocative efficiency），也叫经济效率（economic efficiency），当任何消费者对任何产品的消费不存在通过消费数量的改变可以产生帕累托改进时，该经济在配置上就是有效率的。所以配置效率又被称为帕累托效率（pareto efficiency）。

根据福利经济学的平等与效率交替理论，效率与公平存在着此消彼长的交替关系。[①] 美国经济学家奥肯就明确提出了平等与效率两者之间存在着矛盾的观点，指出平等与效率是资本主义民主的双重目标，一方面宣扬和追求一种平等主义的社会政治制度；另一方面，又在提高经济效率的过程中刺激经

---

① 王洪春. 社会保障学 [M]. 合肥：合肥工业大学出版社，2008：46, 54.

济的两极分化,因为市场是根据经济效率向生产要素的供给者提供报酬的,这些报酬构成了人们的收入,要促使经济增长,就必须使报酬有差别收入有差距,这样就难以做到收入均等化,而收入均等化就难以使社会保持高效率。在现实中,公平与效率的关系是复杂的。公平与效率之间,无论是在经济意义上还是在社会意义上,往往都必须通过让步或交易来实现某种均衡,所以就经济与社会政策的制定而言总是表现为"两难"的抉择,在公平至上和效率优先之间寻找平衡点。既要讲效率也要讲公平,有公平要为效率让步,有效率要为公平让步,两者之间的关系处理得好可以互相促进。在奥肯看来,在一个有效的经济体中增进平等,公平与效率的相互冲突正是两者相互需要的原因。一般在调节收入分配差距的同时,还要强调效率,平等与效率必须兼顾,因为过高的边际税率有碍于市场效率,过宽过高的社会福利容易出现"大锅饭"及"养懒汉"的现象。通常政府会对高收入者按高税率征税,对低收入者按低税率征税,在根据收入的高低确定不同的税率的同时,政府还会通过一定的形式和途径进行转移支付以帮助低收入群体,体现非市场性的分配关系,也称为二次分配,以实现社会平等目标。

由世界银行发布的主题为"公平与发展"的《2006年世界发展报告》[①],对公平与发展问题的研究和福利经济学作出了重要的贡献。以世界银行首席经济学家、负责发展经济学的弗郎西斯科·布吉尼翁为首的报告编写小组认为,公平是指在追求自己所选择的生活方面个人享有均等机会,而且最终不应出现极端贫困的结果,并且"公平性与追求长期繁荣是相辅相成的"。对公平性的追求,包括机会均等和分配正义,是能促进效率水平的提升的。反之,提升效率的路径将会被堵塞。长期来看,公平与效率是相辅相成的,以公平促进效率是对公平与效率之间相互关系的最好阐释和最佳定位。

社会保障的产生主要源于人们对公平的追求,公平是社会保障的根本原则与价值内核,而社会保障在发展过程中也总要不断地受到效率问题的挑战。公平与效率问题始终都是社会保障理论最为核心的问题。由此,社会保障的实施,就是要以收入再分配等增进公平的手段来促进效率水平的提升,从而

---

① 王洪春. 社会保障学 [M]. 合肥:合肥工业大学出版社,2008:46,54.

第2章 社会养老保险财政负担的一般分析

实现更高层次的社会公平。

现代社会保障是以法律为依据的,作为法律赋予每个劳动者应该享有的基本权利,社会保障体现了劳动者作为社会成员,在遭遇生存危机时应当得到政府和社会帮助的一种基本的公平观。单个劳动者是无法构成人类社会的,而社会化大生产又是以分工协作为前提的,所以人类社会生产与发展所取得的成果凝结着每位劳动者的努力和汗水。从这个意义上说,社会保障机制的建立能促进社会的发展与进步,是完全符合人类社会生产与发展的规律。

现代社会保障是由政府主导实施的,政府介入社会保障其实是有着相当的效率原因在内的:第一,社会保障体系规模庞大,由统一掌握人力、物力和财力并具有行政和执法权力的政府来实施,具有其他主体难以比拟的规模经济效应,从而可以节省许多不必要的开支并提高效率。经验表明,政府负责养老保障时的管理成本往往要比私营机构的管理成本低(杨燕绥,2002)。第二,社会保障涉及在不同利益主体之间的再分配和转移支付问题,只有政府主导实施才能避免出现不同主体之间难以协作的现象,否则社会保障机制就无法顺利运行。当然,如果社会保障水平过高,与现有的社会经济发展水平不相适应,也有可能会出现曾一度困扰北欧福利国家的"福利病"问题,这就是社会保障导致经济运行与社会发展效率低下的例子。

社会保障的完善可以促进经济增长与发展。首先,作为工业社会的产物,社会保障的产生与发展,符合社会化大生产条件下劳动者生存安全与保障,以及劳动力自身再生产的需要。在社会化大生产条件下,劳动者面临着各种各样的风险和危机,其中养老、医疗、工伤以及失业等都并非完全由个人行为导致,也无法完全由个人来承担;其次,社会保障体系的建设与完善可以增加劳动者对自身以及整个社会抵御风险和危机的信心,为经济发展创造良好的环境。根据理性预期学派以及货币学派的观点,个人对未来的预期对于经济政策效果的影响是至关重要的。如果社会保障体系残缺不全,劳动者对未来的收入及安全预期非常糟糕,那么至少总需求的水平就会大大降低,进而波及生产和整个经济增长的水平。最后,社会保障体系的建立可以通过社会保障基金来调节国民储蓄,平抑经济波动,并能促进资本市场的发育。

经济增长与社会发展可以为社会保障提供经济基础和精神支持。首先,经济增长为社会保障事业发展提供物质基础。无论社会发展到哪个阶段，一定的物质基础总是社会发展与进步的基本前提，社会保障事业的发展当然也不能例外。只有政府和社会拥有一定量的剩余产品和经济资源，才可能对需要帮助的成员提供物质帮助。因此国民经济的长期增长与发展是社会保障事业发展的根本保证。其次，社会的文明进步可以为社会保障的发展提供精神动力和支持。社会保障的发展史表明，在人类进入工业文明之前，劳动者的生、老、病、死等都主要是家庭和劳动者个人采取的自我保障的形式来应对的，其后政府的逐步介入是与人类社会文明的发展与进步分不开的。一个国家或地区的文明程度越高，就越有利于社会保障事业的发展和完善。

因此，社会保障与经济增长、社会发展之间的关系，总的来说是表现为一种互相牵制、相互促进的辩证关系。社会保障既可以促进宏观层次公平与效率的实现，也可能产生宏观层次的不公平和效率低下问题。社会保障与宏观公平、效率的协调统一，在一定程度上，依赖于社会保障自身的调整和良性运行。

当然，在微观方面社会保障也涉及社会成员和组织（主要是企业）之间的利益分割问题。从个人的角度看，社会保障的实行不但会影响到同代社会成员之间的利益分布，还会涉及代际之间利益分布。就社会养老保险制度而言，由于现收现付制的筹资方式实际上存在着代际之间的交换问题，因而被很多人认为会造成代际之间的不公平；而完全积累的方式又面临着保险基金难以有效地保值增值的运行效率问题。从企业的角度看，不同的企业往往面临着不同的社会养老保险缴费负担，企业的规模和经济效益等具体情况不同，就会面临着不同的制度成本，甚至在有些情况下会出现负担的畸轻畸重现象。所以社会保障尤其是社会养老保险制度与微观层次的公平、效率问题的关系是紧密地联系在一起的。

实践证明，社会养老保险制度是降低市场风险、干预市场失灵的重要非市场手段，能部分或完全解决"市场失灵"问题；引入养老保险制度的经济体系更具有活力和效率，有助于社会发展的可持续性[1]。

---

[1] 米红.农村社会养老保障制度基础理论框架研究[M].北京：光明日报出版社，2008：8.

2.3.3 可持续发展理论

2.3.3.1 社会保障对经济社会可持续发展的促进作用

走可持续发展的道路是人类文明发展的新阶段,而社会保障的不断发展与完善既是实现经济与社会可持续发展的必然要求,同时也是实现自身可持续发展的重要基础和条件。

从一般意义上说,可持续发展包括三个方面的内容:一是生态的可持续性。可持续发展的概念最早就是由生态学家提出来的,指的是经济与生态环境之间的动态平衡,即所谓的"生态持续性"(ecological sustainability)。由于经济行为所导致的环境污染会使得生物种类减少,环境质量下降。这样,从长期看,系统就不能够保持持续地发展。二是经济的可持续性。就是经济的可持续发展,指的是在一定的资源环境基础上使当代人的经济福利不断改善的同时,能保证后代人所得到的经济福利不小于当代人所能享受到的经济福利。可持续的经济发展既是可持续发展的重要手段,也是可持续发展的主要内容。三是社会的可持续性。现有的社会制度和各种社会关系的发展,不但应该能在发展过程中满足当代人各方面的发展需要,而且应当能保证满足后代人在社会制度和社会关系等方面的需要,社会的可持续性是经济可持续发展的制度保证。无论在长期还是在短期,社会保障与经济社会的可持续发展都有紧密的联系,社会保障作为"安全网"与"稳定器",是现代市场经济运行机制的重要组成部分。现代市场机制的核心就是价格与竞争机制,其效率优势对促进经济与社会的可持续发展是举足轻重的。但是市场也不是万能的,由市场配置资源也存在种种失灵现象,其中最突出的是由市场所决定的初次收入分配可能存在巨大的不公平,通过社会保障机制可以调节收入分配的公平度,不仅维系了社会的稳定也通过基金运作过程促进经济增长,为社会持续良性运行提供了有利条件。现代社会保障制度自建立以来,通过对老年人口、失业人员以及贫病人口等社会弱势群体提供物质帮助,对维护社会稳定和促进经济发展方面发挥了十分重要而积极的作用。

2.3.3.2 社会保障制度自身发展的可持续性

社会保障制度自身的可持续性，是经济与社会可持续发展战略的一个子系统，与经济社会大系统之间相互依存，物质帮助或资金支持是社会保障制度运行的核心内容，因此，社会保障制度自身可持续发展的关键是其财务平衡机制是否具有可持续性，保证基金来源问题是财务上可持续的根本，没有充足的基金来源，保障就只能是空谈。

随着世界各国社会保障水平的不断提高，社会保障的成本过高问题首先开始显现。许多国家的社会保障制度都面临着社会保障支出负担沉重，抑制经济效率与增长的问题。造成支出膨胀的主要原因有：第一，人口年龄结构的变化。随着社会生产力的不断发展，医疗保健水平的提高，人口预期寿命不断延长，同时出生率有所下降，从而造成越来越严重的人口老龄化问题，有人形象地称为"银发浪潮"。第二，经济发展放缓，失业水平上升。随着第二次世界大战后"黄金时期"的终结，全球经济都存在着发展放缓、失业上升的趋势。失业不仅是劳动力资源的巨大浪费，造成社会福利的损失，更是对当时的社会保障支出形成巨大的压力。第三，过高的待遇水平和管理成本提高了社会保障的成本。

社会保障面临的财务危机主要体现在养老保险所面临的待遇支付危机。由于人口深度老龄化阶段的到来，老年人口所占总人口的比重不断增加，养老保险的财务危机开始显现，许多国家都面临着巨大的养老金缺口。在传统的现收现付模式由于人口老龄化而遭遇巨大的支付风险的情况下，许多国家都开始转向完全积累模式，但在这个过程中也同样面临着巨大的隐形债务和转轨成本。因此，巨大的支出缺口反映出了传统社会保障模式在财务方面的不可持续性。从制度本身的微观角度看，要保持养老保险基金的收支平衡，一般采取以下四条基本政策路径中一条或几条：一是增加参保者的保险费负担，提高缴费率、延长缴费期或者延迟法定退休养老年龄；二是降低养老金发放额，制定严格的待遇支付资格条件或者合理降低养老金支付水平；三是减少养老金领取者数量，即抬高制度门槛；四是增加缴纳保险费人数，或者说就是扩大制度覆盖面。在开源节流之外，还要健全法制体系，完善基金管理的体制和机构，基金运行的每一个环节，包括筹集、运营和最后的待遇支付都要严格进行规范管理，减少资金的"跑冒滴漏"，确保基金的保值增值。

由于社会养老保险与政府财政的密切关系，社会养老保险制度运行除了制度自身的可持续性之外，甚至还关乎中央和地方政府的财政能力是否具有可持续性，因为财政对社会养老保险的支持力度及其可持续能力，最终要求财政收入充足稳定。

2.3.3.3 养老保险可持续的理论模型

现收现付模式的社会养老保险，是政府通过制度规定在职的人供养退休的人，政府做契约担保人，实现代际之间的收入转移。完全积累制模式，则是个人的一种跨期消费安排，即把工作期间收入的一部分储存积累起来，在年老退休以后消费，政府通过制度强制，进行个人生命周期内的再分配，从而实现个体一生效用的最大化。部分积累模式则是前两种模式的组合。无论哪种模式，都是在时间或空间上实现了再分配，在代内、代际以及个人生命的不同阶段之间有效地进行风险分散和收入平衡。

（1）生命周期假说。

生命周期假说又称消费与储蓄的生命周期假说，依据微观经济行为理论，从对个人消费行为的研究出发，由美国经济学家 F. 莫迪利安尼提出来的。该理论假定消费者是理性的，能以合理的方式使用自己的收入进行消费，并且消费者行为的唯一目标是实现效用最大化。理性的消费者将根据效用最大化的原则使用一生的收入，安排一生的消费与储蓄，使一生中的收入等于消费。这样，消费就不是取决于现期收入，而是取决于一生的收入，人们会根据其预期寿命来安排收入用于消费和储蓄的比例：即每个人都根据他一生的全部预期收入来安排他的消费支出，也就是说，个人在每一时点上的消费和储蓄决策反映了在其生命周期内谋求达到消费理想分布的努力，消费要受制于其整个生命期间内所获得的总收入。个体生命周期内消费与储蓄示意图如图2-2所示。

生命周期假说为建立个人完全积累模式的社会养老保险制度提供了个人

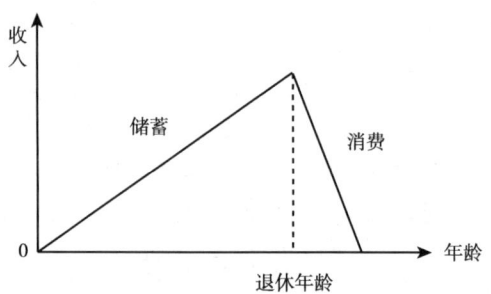

图 2-2 个体生命周期消费与储蓄示意图

缴费责任和基金平衡的理论基础。

(2) 代际交叠模型。

代际交叠模型是由萨缪尔森首创,出发点是任何时期都有不同代人同时活着,每一代人在其生命的不同时期都可与不同代人进行交易。在最简单的 OG 模型中,假定每个人只存活两期,即工作期和退休期,既没有技术进步,也没有资本和金融产品,所有产品都为易腐品,生产出来后必须当期消费掉,所以个人无法通过储蓄进行养老,当期退休人口的养老只能由政府出面向在职一代人征收养老保险税或费来维持,每一期连续下去,形成工作者与退休者之间的连环传导机制,个人不用为自己养老储蓄,通过代际收入转移也能实现养老的目的。

模型的内在逻辑可用数学关系表示如下:

假设,每个人的生命过程是在 t 期工作,到 t+1 期退休,在 t 期工作的人数为 N_t,平均工资为 W_t,缴费率为 θ,退休者平均领取的养老金为 B,在 t+1 期工作的人数为 N_{t+1},则当 t 期工作的 Nt 人数退休时的现收现付筹资平衡关系式为:

$$B N_t = \theta W_t N_{t+1} \tag{2.7}$$

$$\theta = \frac{B}{W_t} \times \frac{N_t}{N_{t+1}} = 替代率 \times 赡养率 \tag{2.8}$$

因此,代际交叠模型提供了一种社会养老模式的理论依据,在实践中,奠定了社会养老保险现收现付制模式的理论基础。

2.4 社会养老保险的财政责任分析

2.4.1 社会养老保险的准公共品属性

社会养老保险的准公共产品属性决定了财政在养老保险制度建设中负有重要责任。首先，社会养老保险依法建立并强制执行的公共管理制度，稳定物价控制通货膨胀，调节收入差距是政府的宏观经济职能，社会养老保险从开始缴费到生命终止，时间跨度几十年，无疑资金会遭受通货膨胀的巨大侵扰，政府财政必须予以担保；其次，随着经济社会的变迁，出现了人口老龄化、家庭小型化趋势，以及社会进步带来的生产工业化、人口城镇化规律，在加上经济市场化后"市场失灵"带给人的社会风险，传统的家庭养老已无力胜任，养老问题成了社会问题，社会养老保险具有了公共品属性，必然需要政府财政给予有力支持。

计划经济时期，在公有制单位工作的职工，其工作、学习、生病、伤残、养老以及死亡等都由国家包下来（即使由企业出资，最终也进入成本冲减了上交国家的利或税），从而出现财政负担不堪其重。事实上，社会养老保险制度在实施运行中，已充分体现了其产品及服务不是纯粹的公共产品，而是介于公共产品和私人产品之间的混合产品。从经济的角度看，养老保险金是劳动者退出劳动领域后获得的收益或享受，其养老金具有个人独占消费的特征，具有较强的竞争性，所以社会养老保险具有私人产品的特征，个人出资也就是顺理成章的事情；从社会的角度看，社会养老保险几乎关系到每个社会成员的生活权益和社会的稳定，以及劳动力资源的优化配置，其社会价值能为整个社会带来广泛的公共利益，不只是个人追求的目标，而是社会或国家所追求的公共需求或公共利益，即存在效益的外部性，具有公共产品的特征，因而代表社会公共利益的政府或财政有提供资金的责任或义务。既然存在效益"外溢"，作为市场经济的独立分配主体之一的企业，自然也成为受益者。因此，企业与社会保障之间有着密切的联系。依据"谁受益，谁拿钱"的市场交换原则，企业也可向社会保障提供资金。由此可见，财政、企业和个人均可以是社会保障资金的提供者。

2.4.2 社会养老保险不同提供方式中的财政责任分析

从公共品原理角度看，就与纯公共品相比较而言，作为准公共品的社会养老保险，财政在供款方面应起一定的主导作用，但其提供方式可以多样化。第一种方式，政府直接独立提供。这种方式主要见于实行国家保障型和福利国家型的社会保障模式之下，政府通过立法确立社会养老保险的法律地位，保障对象为全体劳动者或公民，其支出主要或全部由政府负担，如在一些发展中国家和北欧福利国家等。政府直接提供社会保障的优点是劳动者的社会保障权利能得到有效地保证，并且政府可以运用社会保障这一收入再分配手段直接调节经济与社会运行。这种方式的缺点在于政府直接面对广大劳动者，责任无限，并且需要高额税收的支持。一旦出现问题，财政就会面临支付危机和信用危机。第二种方式，政府和企业、个人三方负担，共同提供。这实际上是多数国家已经采取或将要采取的方式，代表着一种发展趋势。在社会养老保险制度筹资模式上，世界银行曾主张实行"三支柱"模式：以政府为责任主体的资金来源于政府财政的公共养老金、以企业为责任主体的资金来源于企业缴费的强制储蓄、以个人为责任主体的资金来源于个人缴费的自愿储蓄，这种提供方式的优点在于实现了资金来源渠道的多元化，能够调动企业和劳动者个人的积极性，缺点在于管理难度较大，三方之间负担比例难以合理确定等。第三种方式，企业和个人负担，政府资助，如美国、德国等发达的工业化国家，在这种提供方式主要强调企业和个人的责任，政府通过补贴以及免税等政策予以资助或扶持，这种方式使财政角色由"台前"转为"幕后"，主要负责是提供基本的经济安全保障和承担最终的"兜底"职能。因此，其优点在于财政不再负有无限责任，并有助于财政节约财力，缺点则在于公平性难以得到有效保证。第四种方式，完全由企业和劳动者个人承担，如新加坡、智利等国，其社会保险筹资责任完全由企业和劳动者个人承担，政府只负责监督不提供任何财政补贴，因为其具有明显的权利与义务的对应性和较好的资金上的可持续性等优点,这种私有化的提供方式一度备受关注甚至是推崇,但这实际上这是一种由政府强制推行的自我保障制度,在劳动者之间、雇主之间以及政府与民众之间缺乏应有的互济性,因而其公平性必然要大打折扣。

政府建立基本社会养老保险制度,自然成为资金筹集的主要责任者,但现实地分析,就社会养老保险的准公共品属性而言,完全由政府财政提供并非总是科学合理的,世界各国采用混合提供的方式居多,这样资金的来源可以多元化,提供的方式也可以更有弹性。一般资金来源主要有以下几种类型:一是国家供款,财政预算支付或赤字补贴,或者通过免税等税收支出方式给予优惠;二是用工单位按工薪总额的一定百分比缴纳,体现企业的社会公共责任;三是个人收入扣除,强化个人自我保障责任的制度安排,也是个人当期收入的延期领取;四是社会捐赠,这是以自主自愿的方式筹集资金的一种形式;五是基金运营收益,包括储蓄增值和投资收益。如美国社会保险缴费被转入专业托管基金,经过投资增值以后转入支付程序。养老保险筹资的费基,包括个人缴费工资、公司工资总额、地方平均工资;费率,由政府或主管机构决定和调整。

2.4.3 社会养老保险财政责任定位要适当

社会养老保险是为适应市场经济和工业社会而产生的,现代社会生产的工业化冲击了传统的养老方式,同时工业化大大提高社会生产效率,社会财富迅速增加,这既是政府介入养老责任的必要因素也是能负起责任的财力基础,政府在养老保险领域中的作用是不可替代的,这是非常明确毫无疑问的,但是否全部的养老保险责任都应当由财政承担呢?当然不是。

首先,前面已经分析过社会养老保险属于准公共品而不是纯公共品,公共财政不必负完全责任。而且市场存在失灵,政府也存在失灵,如果由财政承担所有费用,不但财政承受不起这沉重的经济负担,而且有损社会公平并降低资源配置的效率。现代社会早已把提供社会养老保险纳入政府的职能范围,即社会养老保险的建立和实施主体是政府,这就决定了社会养老保险与其他组织,如宗教团体或民间慈善机构等所举办的老年救助活动在性质上是完全不同的。目前全世界80%以上的国家都建立了社会养老保险制度,成为政府追求社会公平和维护社会稳定的基本制度手段,所以社会养老保险既要追求公平也应当重视效率,单纯依靠财政包办一切则无法实现理想的公平目标也损失社会效率,必须使各受益方承担其相应的缴费义务。

其次,我国计划经济时代的历史之鉴和西方福利国家的前车之鉴都警示着财政责任定位要准确适当,典型的福利国家——英国,因财政包揽过多使人们滋长懒惰习气,提前退休造成劳动力的浪费进而影响经济效率,在20世纪80年代难以承受沉重的财政负担不得不实行改革,重新强调公民个人养老责任权利与义务的统一,重新界定政府和市场职能,使公平与效率相平衡。社会养老保险的理论和实践表明,政府必须介入养老领域,但又不能包揽过多。政府是公共利益的代表者,负有管理社会的责任,制定并强制组织实施社会养老保险制度、建立预算、确定待遇标准、保障筹资、审查资格、监督审计、发布信息等,是政府义不容辞的责任。但政府提供养老保险所追求的社会效益缺乏准确衡量的标准,也没有可靠的估算方法和技术,所以估价或评价社会养老保险存在着一定困难,要合理确定社会养老保险的需求量,必须依赖政府、市场和公民社会的三方共同发挥作用,企业和个人必须参与进来,尤其是进入人口老龄化社会以后,依靠政府一方来筹集养老保险资金问题显然是不现实的。因此,社会养老保险的财政责任定位要适当适度,更不应该出现政府对有的社会群体财政责任定位过度而对有的社会群体财政责任不足的现象。

中国社会养老保险
财政负担研究

Chapter 3

第3章 我国社会养老保险制度的历史回顾

自我国社会养老保险制度建立以来历经大小数次改革，从与计划经济体制相适应的城镇职工养老保险制度，转变为与市场经济体制改革相适应的缴费型社会养老保险制度，财政的责任也由全包转变为兜底。总体来看，养老保险制度随经济体制的改革而改革，财政的角色也随着养老保险制度的变迁而变化。目前，我国社会养老保险体系主要由三大群体的社会养老保险制度构成：面向企业职工的社会养老保险、机关事业单位公职人员的养老保险，以及面向没有工作的城镇居民和农业劳动者的城乡居民社会养老保险制度。通过梳理每种制度的发展过程，有助于明晰未来的改革方向。

3.1 企业职工社会养老制度的历史变迁

3.1.1 财政全包的国家保障阶段（20世纪50~80年代中期）

新中国成立之后本着为劳动者谋福祉的理念开始逐步建立起养老保险制度，首先在城镇建立养老保障体系。1951年政务院颁布实施的中国第一部社会保障基础性法规，即《中华人民共和国劳动保险条例》，该条例规定在城镇全民所有制企业逐步建立以劳动保险为核心内容的社会保障制度，完全由国家出资承担职工养老保障费用，职工个人不负担任何社会保障费用。中国选择计划经济，是人们认为在计划经济下，生产资料的公有制和按劳分配制度能够解决社会公平问题和经济不稳定问题。作为计划经济制度的一部分，在城镇建立起来的社会保障制度，自然不是为了弥补"市场失灵"而是为了履行"慈善"政府的职责。1958年，出台了适用于所有机关企事业单位职工的《关于工人、职员退休处理的暂行规定》，该文件使全社会职工的养老保险制度得到了统一。

"文化大革命"开始后，严重地干扰和破坏了我国社会保险制度。管理社会保险的专门机构被撤销，征集、管理和调剂社会保险金的制度被废止，养老保险的社会统筹调剂职能因此失去，企业职工的社会养老保险制度被迫废除，养老社会保险也就变成了"企业保险"，企业退休职工养老由原来的社会

第3章 我国社会养老保险制度的历史回顾

事务变为职工所在单位的内部事务,社会保险退化为企业保险或单位保险。1969年2月,财政部印发《关于国营企业财务工作中几项制度的改革意见(草案)》,规定国营企业一律停止提取劳动保险金,支付企业退休人员所需要的养老金费用改为全部由各企业自行负担。这样,原来养老由国家保障的变为实际上由单个企业的内部自保,每个企业按照各自的养老金负担筹集养老费用,支付退休职工养老金待遇。在很长一段时期内,城镇人口所接受的社会保障利益是以就业单位为依托的,所以该制度又表现为单位保障制度。"文化大革命"结束后,随着经济建设的恢复、稳定和发展,原先建立在传统国有和集体部门的养老保险制度逐步恢复。

改革开放前我国实行的养老保险是低工资、高福利性的制度安排,企业单位养老保险方面的特点可以概括为:一是养老保险金的筹集发放以及退休人员的管理,企业单位成为主角;二是现收现付筹资模式,职工个人不用缴费,国有企业由财政部门实行统收统支的计划管理体制,具体实施采用单位列支模式;三是养老金与工龄和退休前工资水平挂钩,养老金替代率较高。这种制度下虽然由退休职工的养老由企业具体负责实施,但当时的企业性质主要以国有为主,财政安排实行的是"统收统支、政企不分",企业利润全部上缴而亏损也全部核销,相当于最终还是由财政安排职工的养老金。无论是前期的社会统筹还是"文化大革命"时间的企业统筹其实质都是国家包揽,财政承担了无限责任。因此,所有风险是由国家承担的,实质上职工退休养老是由政府为其提供的。国家保障政策在当时被认为是体现党和政府的关心,是社会主义优越性和工人当家做主的表现。虽然这一做法在今天看来有欠科学,但在当时的经济社会背景下,这一制度发挥了一定的积极作用。

1978年年底,十一届三中全会通过了《关于经济体制改革若干问题的决定》,拉开了我国经济体制改革的序幕,从计划到市场的转变使所有企业都成为自我负责的市场主体,自主经营自负盈亏,如果再执行原来的单位完全负担退休职工养老金的制度模式,将导致大部分国有企业承受不起这一沉重的负担;而且不同企业的社会养老负担明显不同,一方面同是国有企业,老企业有较多的离退休人员,退休养老负担远较新企业重;另一方面,改革后的中国出现了多种经济形式,此时的基本养老保险制度仍主要集中于国有企业,国有企业与其他不用承担社会养老职责的非公有制企业相比,社会养老负担差别更大。而市场化改革要求不同企业之间进行平等竞争,养老保险负担显然会严重地影响到企业的利润水平,进而影响到企业在市场上的竞争能力。

从养老制度本身来看,经济改革使多种经济成分得到发展,企业工资制度也发生变化,原来以标准工资为基础的基本养老金计发办法无法适应工资制度改革的要求,而且当时的基本养老金也没有考虑随通货膨胀等因素的变化而调整的机制;再者,基本养老保险制度仅仅覆盖国有企业,显然覆盖面过于狭窄,不能适应经济体制改革的要求,于是,便开始了新时期养老金社会统筹的改革探索。

市场经济体制改革前后,财政与职工养老的关系发生了变化。改革前,职工退休时由政府通过统收统支的财政制度直接支付,改革后,政府不再用财政直接支付退休金,[①] 养老保险的负担逐渐转嫁到企业而成为企业的政策性负担。市场经济体制改革对政府和企业双方的驱使,促使养老金再次走向社会统筹。从20世纪80年代中期开始,各地区为适应经济体制改革的需要,开始陆续进行以退休费用社会统筹为主要内容城镇养老保险制度改革,并在取得一定成效以后,沿着市场经济的要求逐步渐进改革完善。这个时期我国养老保障制度改革的诱因并不是来源于保障制度本身而是来源于整个经济体制改革,尤其是企业制度改革对社会养老提出的配套改革的要求。由于当时市场经济体制改革是"摸着石头过河"式的探索前行,社会养老保险制度改革也就难以整体统一推进而是以适应各自运作系统的需要推进改革的进度。

在20世纪80年代中期以前的企业职工养老保险制度是以企业作为实施职工养老保障的主体,企业负责养老金筹集和发放并对退休人员进行管理,80年代中期以后随着企业经营机制改革,以企业为单位的养老保险制度的弊端迅速暴露出来。例如,新老企业之间养老负担严重不均衡,老职工多的企业因养老负担过重而直接影响到企业间的平等竞争并进一步影响到企业职工的利益,对于职工个人来说,激烈的市场竞争导致企业兴衰难定,甚至存在

---

① 林毅夫,谭国富. 自生能力、政策性负担、责任归属和预算软约束 [J]. 经济社会体制比较,2000 (4):54.

破产风险，完全依赖企业保障的基本养老的风险也大大增加。市场催生养老制度的改革必须以建立与市场经济相适应的养老保险方式为指导方向，建立新的社会养老保险制度不得不提上日程。

3.1.2 财政兜底的社会养老保险探索与展开（20世纪80年代中期以来）

1984年，中共十二届三中全会通过了《中共中央关于经济体制改革的决定》，从此展开了国有企业的全面改革，要求企业独立核算自负盈亏。困难企业职工的退休养老以及平衡国有企业负担等问题迫使基本养老制度必须改革，同年国家开始在全民所有制企业范围内实行以退休费用社会统筹为主要内容的改革试点。在试点的基础上，国务院在1986年发布了77号文件，要求在全国建立市、县一级的养老保险费用统筹制度，对参加统筹的企业规定一定的缴费率来建立统筹基金，把国有企业引入社会化养老统筹机制中，并逐步把试点范围扩大到城镇集体企业和合营企业，实行在一定范围内的资金社会性统筹调剂，打破了传统的单个企业内部保险的模式。在国家"七五"计划中也首次提出了社会保障的概念，1987年国务院下发了《国营企业实行劳动合同制暂行规定》，这是改革开放以来第一部关于养老保险的法规，明确规定了对劳动合同制工人的退休养老保险实行社会统筹，退休养老金的来源由企业和工人共同承担，实行社会统筹与个人账户相结合。

1991年国家正式颁布了《国务院关于城镇企业职工养老保障制度改革的决定》（国发［1991］33号），对全民所有制企业的职工养老保险改革进行了规范，明确宣布实行养老保险的社会统筹，逐步在全国范围内推行。"社会统筹"的基本内涵包括：第一，实行受益确定型的养老金给付方式，养老保险待遇继续按照国家统一规定不变。第二，以支定收，现收现付，实行全社会共济，代际转移。1992年劳动部提出，基本养老金由社会性养老金和缴费性养老金两部分组成：一部分是社会性养老金，按全省职工平均工资的25%计发；另一部分是缴费性养老金，以指数化月平均缴费工资为基数，每缴费1年按1%计发。

1993年，中共十四届三中全会决定建立社会主义市场经济体制，大会通过了《中共中央关于建立社会主义市场经济体制若干问题的决定》，对中国的社会养老保障体制改革做出三项原则性规定，为养老保险制度的进一步改革指明了方向。一是在全国实行统一的社会保障政策，但城乡居民的具体保障办法又有所区别；二是城镇职工在统筹部分外设立个人账户，个人账户实行缴款基金制，基金来源由单位和个人共同负担，其中个人缴费额全部记入个人账户，实行社会统筹和个人账户相结合。除了基本养老保险还要发展普通的商业性保险作为补充。三是养老保障的行政管理和养老保障基金经营要分开。在企业职工养老保险制度中首次引入个人缴费和缴费确定型制度，打破了以往现收现付制模式下缴费责任主要由企业承担的局面，强调个人在养老保险中的责任和义务。随着市场经济体制改革的推进，国有企业改革也不断深化，开始尝试从传统的现收现付制转向包含基金积累制的混合模式，这样，养老保险制度开始进入社会统筹与个人账户相结合的阶段，期望扭转过去养老保险统一由国家和企业包揽的做法，实行国家、企业和个人三方共担。职工个人按本人工资的3%缴纳养老保险费，缴费率随着经济的发展和职工工资的调整逐步提高。这一改革的实质是区域内企业之间进行养老保障费用的转移支付，在一定程度上缓解了不同企业之间养老负担不均衡的问题。但在推行过程中阻力和矛盾较大，企业拖欠和拒缴现象普遍，地区间资金转移调剂困难，部分地区职工养老金欠发问题严重，越来越多的退休职工陷入贫困状态。这一时期我国企业职工养老保险制度改革掀起了第二次高潮。

  1995年3月，国务院发布《关于深化企业职工养老保险制度改革的通知》，提出了深化改革社会养老保险制度的要求，开始在全国范围内推进"统账结合"的社会养老保险制度改革，形成统筹账户和个人账户，并统一各地的基本养老保险制度。主要内容是：第一，提出企业职工养老保险制度改革的目标。到20世纪末，基本建立起适应社会主义市场经济体制要求，适用城镇各类企业职工和个体劳动者，资金来源多渠道、保障方式多层次、社会统筹和个人账户相结合、权利和义务相对应、管理服务社会化的养老保险体系。基本养老保险逐步做到对各类企业和劳动者统一制度、统一标准、统一管理和统一调剂使用基金。第二，养老保险制度改革的原则是，保障水平与我国社会生产力发展水平及各方面的承受能力相适应；社会互济与自我保障相结合，公平与效率相结合；政策统一，管理法制化；行政管理和基金管理分开。第三，基本养老保险费用由企业和个人共同负担，同时建立基本养老金调节机制，鼓励建立企业补充养老保险和个人储蓄性养老。由于不同部门之间在一些问题上存在分歧，只能允许地方适当修改。

在实施过程中，各地均从自身的利益需要选择对自己有利的方案，随着改革实践的深入，一些深层次的矛盾逐渐暴露出来。首先，制度分散，各地实施办法各不相同，养老金缴费比例和支付标准参差不齐，严重阻碍了劳动力跨地区的流动，成为劳动力资源优化配置的障碍，违背了改革养老保险制度致力于建立全国统一劳动力大市场的理想目标。其次，统筹层次依然很低，以县市一级为主，形成基金分散管理的格局。各地养老金费用收缴和待遇支付标准不一，同时，企业仍然担负着养老金发放和管理退休职工的责任，前后两个实施方案并存导致管理上更加混乱，社会统筹与个人账户相结合的资金管理混合运行现象，给统筹资金挪用个人账户提供了方便。最后，覆盖面依然很小，没有涵盖大量的非国有企业，大大限制了社会保险机制风险分散功能的充分发挥。

1997年7月16日国务院正式发布了《国务院关于建立统一的企业职工基本养老保险制度的决定》（国发［1997］26号，以下简称"26号文"），提出要统一企业和职工个人的缴费比例、统一个人账户的规模和统一基本养老金的计发办法。这标志着统一的社会统筹与个人账户相结合的城镇职工基本养老保险制度在全国范围内全面实施。城镇基本养老保险的覆盖面进一步扩大，制度本身也得到了完善和发展。首先，建立了全国统一的城镇企业职工基本养老保险，覆盖范围从国有、集体企业扩展到多种所有制企业，参保人数逐年提高；其次，确定统账结合的模式，明确了养老金的计发办法，提高了社会统筹层次；最后，实现了基本养老金的全额缴拨和社会化发放。并且规定了企业和个人缴纳基本养老保险费的具体比例，以工资的11%建立个人账户，其中个人缴纳4%~8%，其余由企业承担，企业贡献的比率由各级省政府决定，一般不能超过企业工资总额的20%。规定个人缴费率1998年起每两年提高1个百分点，最终达到本人缴费工资的8%，个人缴费全部进入个人账户，企业缴费全部进入社会统筹账户。同时进一步扩大养老保险的覆盖范围，基本养老保险制度要逐步扩大到城镇所有企业及其职工，并规定基本养老金实行收支两条线管理。这样，就勾画出社会主义市场经济体制下具有中国特色的企业养老保险制度的基本轮廓，确立了由基础养老金和个人账户养老金组成的基本养老保险制度框架，标志着我国企业职工养老保险制度进入一个新的发展阶段。1998年，国务院《关于实行企业职工基本养老保险省级统筹和行业统筹移交地方管理有关问题的通知》的发布，取消了基本养老保险行业统筹、基本养老保险实行统账结合模式和属地管理、加强养老金社会化发放等一系列有力措施，全面推进城镇企业职工基本养老保险的深入改革。将原来银行、民航、煤炭以及建筑总公司等11个行业的行业内部统筹移交地方管理，实行省级统筹和社会化发放。

经过10多年的改革，我国城镇企业职工的养老保险制度基本框架已经形成，养老保险制度逐步实现"适用于城镇各类企业职工和个体劳动者的统一制度、统一标准、统一管理和统一调剂使用基金"的目标，企业职工养老保险改革取得较大进展。

2005年12月，国务院在充分调查研究和总结东北三省试点经验的基础上，颁布了《关于完善企业职工基本养老保险制度的决定》（国发［2005］38号，以下简称"38号文"）。其主要内容有：一是调整个人账户缴费比例。从2006年1月1日起，个人账户的规模统一由本人缴费工资的11%调整为8%，全部由个人缴费形成，单位缴费不再划入个人账户。二是把个人账户做实，实行社会统筹基金与个人账户分开管理，个人账户进行实账运营。三是统一城镇个体劳动者和灵活就业人员的参保缴费政策，城镇个体工商户和灵活就业人员都要参加基本养老保险；缴费基数统一为当地上年度在岗职工平均工资，缴费比例为20%，其中8%记入个人账户，退休后按企业职工基本养老金计发办法发放养老金。四是改革计发办法。将缴费时间长短和数额与待遇水平挂钩，建立参保缴费的激励约束机制。对缴费年限（含视同缴费年限）累计满15年的人员，退休后按月发给基本养老金。基本养老金由基础养老金和个人账户养老金组成。退休时的基础养老月标准以当地在岗职工月平均工资和本人指数化月平均缴费工资的平均值为基数,缴费每满1年发给1%。个人账户养老金储存额除以计发月数,计发月数根据职工退休时城镇人口平均预期寿命、本人退休年龄、利息等因素确定。对于缴费不满15年的人员,不发给基础养老金,个人账户资金额一次性支付给本人,终止基本养老保险关系。五是建立基本养老金正常调整机制。根据职工工资和物价变动等情况,国务院适时调整企业退休人员基本养老金水平,调整幅度为省、自治区、直辖市当地企业在岗职工平均工资年增长率的一定比例。同时各地按照建立公共财政的要求,积极调整财政支出结构,加大对社会保障的资金投入。

至此,关于城镇职工社会养老保险制度的基本框架结构,就由国务院颁布的"26号文"和"38号文"这两个最重要文件基本确立了。将两者进行比较可以看出,后者只是在前者的基础上进行了一些局部参数的调整,制度的基本框架没有改变。例如,第一,都坚持统账结合的制度模式,而且统筹账户实行现收现付制,个人账户实行完全积累制;第二,都坚持企业和个人共同缴费原则;第三,坚持权利与义务结合的原则,并规定缴费15年(含视同缴费年限)以上者才有资格按月领取基本养老金,缴费不足15年的将把个人账户部分的资金全部支付给个人,个人也不再具有享受基础养老金待遇的资格;第四,坚持基本养老金由基础养老金和个人账户养老金两部分组成,基础养老金月标准以当地上年度在岗职工月平均工资和本人指数化月平均缴费工资的平均值为基数。所不同的是,企业和个人缴费率以及进入社会统筹账户和个人账户资金的比例,以及养老金发放时基础养老金和个人账户的计算月数调整。例如,"26号文"规定个人账户规模为缴费工资的11%,个人缴费部分全部记入个人账户,不足部分由企业缴费部分划入,退休时的基础养老金月标准为省、自治区、直辖市或地区(市)上年度职工月平均工资的20%,个人账户养老金月标准为本人账户储存额除以120,而"38号文"的规定是,职工按缴费工资基数的8%缴纳基本养老保险费,全部进入个人账户,企业按全部职工缴费工资总额的20%缴纳基本养老保险费,全部进入社会统筹账户,退休时每缴费满1年发给1%,个人按缴费工资基数的8%缴费全部记入个人账户,个人账户养老金发放月标准为个人账户储存额除以计发月数,计发月数根据职工退休时城镇人口平均预期寿命、本人退休年龄、利息等因素确定。

2009年，人力资源和社会保障部拟订通过降低参保门槛，将农民工纳入城镇职工基本养老保险，并颁布了《城镇企业职工基本养老保险关系转移接续暂行办法》。

纵观我国城镇职工养老保险制度的改革历程，我们可以发现三个主要特征：一是社会主义市场经济建设的改革背景。为了配合社会主义市场经济体制，建立社会化的养老制度，完成从企业保险向社会保险的制度转换；同时为了应对人口老龄化问题，按照世界银行建立多层次养老制度的指导思想，我国自20世纪90年代以来逐步建立与实行社会统筹与个人账户相结合的多支柱养老保险制度，希望同时解决这两个问题，可以说目标是双重的体制转换。二是设计养老保障制度的模式方面，参考了智利模式和世界银行的"三支柱"模式，增加个人在养老方面的自我保障责任，减轻国家或政府的负担和责任。三是在具体改革实践方面，从原来国家对职工退休金全包的承诺到个人账户缴费积累制，希望通过企业和现有在职职工缴费进行分摊来解决退休职工养老问题，但现实情况是政府仍不得不承担巨额的财政负担。

改革开放后经过近30年的制度变革，虽然时至今日仍未能实现养老保险制度的最终定型，甚至不少地区还出现了养老保险基金支付危机等问题，但依然不能否认这种制度变革已经取得的成就，至少完成了以下几个方面的重要转变，如从企业保障向社会保障的转变，从只重公平向公平效率兼顾转变，从单一责任向责任共担转变，保障由单一层次向多层次转变，从城到乡制度覆盖对象范围的转变。当然，任何一种制度的产生、发展和改革都受到特定社会经济条件的制约，我国现行基本养老保险制度的这种统账结合的混合模式下，理论设计统筹账户基金采取现收现付方式，个人账户采取完全积累方式，在一定程度上有利于提高制度效率和促进公平，保障社会平稳运行与防范老年贫困，但制度运行中也出现了一些不正常现象，例如，社会统筹基金缺口巨大，企业缴费率过高，个人账户空账运行，统筹层次低导致养老保险基金的管理和运用缺乏效率，基本养老保险体系筹资实质依然是现收现付制，没有收到完全的预期效果。

3.2 机关事业单位退休养老制度调整与改革

我国机关事业单位养老保险制度的发展历程，按与企业养老保险的关系可以大体分为两个阶段：制度框架基本相同阶段（1949~1990年），制度框架差异的双轨制运行阶段（1991年至今）。

3.2.1 与企业养老制度框架基本相同阶段（1949~1990年）

1949年前，可以说没有建立起真正的国家干部养老保险制度，只有一些零星的不完善的规定。真正意义上的机关事业单位养老保险制度开创阶段，应该说是从中华人民共和国成立后的1949~1958年逐步完成的。在中华人民共和国成立初期，国家机关事业单位多数人员实行供给制，对其生、老、病、死、伤、残等各方面的困难由组织保证供给。这个时期的国家机关事业单位职工的社会保险制度，没有执行《中华人民共和国劳动保险条例》，而是执行单行的法规和条例，甚至当年制定当年的干部退职或退休的暂行办法。直到1955年，国务院对国家机关、民主党派、人民团体和事业单位工作人员的退休制度才予以明确统一的规定，通过出台《国家机关事业单位工作人员退休处理暂行规定》等一系列文件，基本构建起国家机关事业单位的退休养老保险制度体系。在《国家机关事业单位工作人员退休处理暂行规定》中规定，机关事业单位工作人员退休养老制度作为一个与企业职工退休养老制度相独立的制度，在制度框架上与企业职工养老制度基本相同，机关事业单位中实行退休养老制度，正式规定了退休职工的待遇标准，其退休条件和待遇标准与企业大致相同，所有费用由国家财政负担，由政府人事部门直接管理。

1958年国务院公布了《关于工人、职员退职处理的暂行规定（草案）》，对干部和工人退休退职的规定又作了修改补充，使退休退职制度更为健全。适当放宽了退休条件并提高了待遇标准，如规定从事工作满20年的政府工人员，若健康导致不能继续工作的，允许提前退休，退休金按本人工资的70%给付，同时解决了企业和机关退休退职办法不统一的矛盾。至此，城镇企业单位和机关事业单位职工的退休制度基本统一起来。

统一的企业和机关事业单位职工退休养老制度，被"文化大革命"开始后所打破。1969年2月财政部印发《关于国营企业财务工作中几项制度的改革意见（草案）》，规定每个企业按照各自的养老金负担筹集养老费用，支付退休职工养老金待遇，企业退休职工养老由原来的社会事务变为职工所在单位的内部事务，而机关事业单位干部退休制度基本确定下来，这将自1958年起统一实施的干部和工人退休退职办法重新分成了两个不同的制度，而且留下了相互分割的单个企业内部自保的养老保险模式。

随着1978年改革开放的实施，劳动制度改革全面展开，公务员养老保险制度改革日益受到政府和社会的重视。国务院于1978年发布了两个文件，即《关于安置老弱病残干部的暂行办法》和《国务院关于工人退休、退职的暂行办法》，这两个文件将退休办法从以前按单位性质改为按职工个人身份来划分不同的退休待遇条件，即原来按照机关、事业和企业划分改为不论什么单位一律按干部和工人身份分别规定其退休的一系列相关问题，在退休待遇水平方面干部与工人区别不大，但在法定退休年龄的规定以及管理方面有所不同，建立了分类管理的人事制度、工资分配制度和社会保障制度，这"三个制度"将1958年以来干部和工人实行的统一退休退职养老办法，再次分成两个相异的制度，还为干部增加了一种优厚的退休待遇，即"离休"，离休干部可以享受更多的优惠照顾。

随着企业养老保险社会统筹试点范围的不断扩大和制度改革的深化，1986年出台了劳动合同制工人的退休养老保险制度，从此正式确立政府、企业和个人三方共同负担养老保险筹资责任的原则，企业养老保险制度改革也触发了公共部门职工养老保险制度改革。1988年，重新组建人事部和劳动部以适应改革的需要，同时规定机关事业单位公职人员养老保障由人事部主管。

3.2.2 制度框架差异的双轨制运行阶段（1991年至今）

随着我国社会经济改革的深入，企业养老保险改革的重要性日益凸显出来，成为我国社会经济改革的重点之一。企业改制必须以社会化养老保障做基础，渐进式推进市场经济改革决定了我国的养老保险制度改革首先从企业突破，而不是在城镇职工中一步到位地整体同步推进，从此使机关事业单位养老制度与企业职工养老制度出现质的差异。

1991年国务院发布《关于企业职工养老保险制度改革的规定》，对企业职工养老保险实行社会统筹，同时规定国家机关事业单位的养老保险制度改革由人事部负责。从城镇职工养老保险制度中分离出国家机关事业单位工作人员的养老保险制度，在制度变革过程中，城镇企业职工与国家机关事业单位工作人员养老保险又经历了一次分离的过程。

1992年1月人事部印发了《关于机关事业单位养老保险制度改革有关问题的通知》，提出要在总结我国现行干部退休制度的基础上，建立国家统一的具有中国特色的机关事业单位社会养老保险制度。1993年8月国务院颁布并实施了《国家公职人员暂行条例》，明确规定国家公职人员按照国家规定享受保险和福利待遇，标志着国家公职人员制度在我国的正式确立。1993年12月国务院办公厅下发了《关于印发机关事业单位工资制度改革三个实施办法的通知》，人事部下发了《关于印发机关事业单位工资制度改革实施中若干问题的规定的通知》，对机关事业单位职工的退休养老制度进行了较大的修改和调整。决定精神是按照国家、集体和个人共同合理负担的原则，在城镇各类职工中逐步建立社会养老保险制度，逐步改变退休金全部由国家包下来的做法。1993年，海南、上海、辽宁等地纷纷开展将城镇所有职工（包括机关事业单位职工）覆盖在内的养老保险一体化改革，同年12月的全国人事工作会议正式提出，鉴于原职工退休退职办法在许多方面已不能适应新的形势要求，人事系统的工作重点之一是要使以养老保险为核心的社会保险适应社会主义市场经济体制的需要。1994年云南、江苏、福建、山东、辽宁、山西等省，下发有关机关事业单位养老保险改革的文件，在不同范围和人员中开始试点。同年10月人事部又召开了全国机关事业单位社会保险工作会议，总结社会保险进展改革情况，介绍交流各地的做法和经验并部署了下一步的具体任务，在此次会议的影响下，我国公务员养老保险制度的改革进入了新的发展阶段。到1997年，全国就机关事业单位社会保险制度改革发文的省级政府达19个，进行试点的省区市为 27 个，县市区为 1700 多个，机关事业单位社会保险改革呈现全面开花势头。但大多数地方采取的是"部分铺开"的做法，即将机关事业单位合同制工人、聘用制干部、自收自支的机关事业单位职工纳入养老保险制度之内，只有少数地方实行了"一步到位"的做法，即将机关事业单位全部职工纳入养老保险体系，实行所有城镇职工一体化的社会养老保险制度。

1997 年由人事部和财政部起草的《关于机关和事业单位工作人员养老保险制度改革试点的意见》，延续了企业职工基本养老保险制度统账结合的改革思路，改革方案的设计与企业职工养老金计发办法相衔接，养老金水平和企业职工养老金水平保持一致，只是增加了一块专门针对机关事业单位增发的退休津贴。但这一方案最终未能获准执行。1998 年国务院要求各地机关事业单位养老保险制度改革要严格按照国务院统一部署的改革方案，各地不宜自行其事。2000 年 12 月，根据《国务院关于印发完善城镇社会保障体系试点方案的通知》的规定，由财政供款的机关事业单位公职人员维持现行养老保险制度；2005 年 4 月召开的全国人大常委会第十五次会议，审议《中华人民共和国公职人员法》并获得通过，该法关于公职人员的保险制度规定保障公职人员在退休、患病、工伤、生育和失业等情况下获得帮助和补偿，自 2006 年 1 月 1 日起实施。

为了减轻财政的养老负担，公职人员社会养老制度改革必须推进，首先从事业单位职工开始试点。2008 年 2 月温家宝总理主持召开国务院常务会议，部署事业单位职工养老制度改革的试点工作，会议通过了《事业单位工作人员养老保险制度改革试点方案》，并决定试点首先在山西等 5 省市进行，尝试将机关事业单位养老保障制度与企业养老保障制度并轨，但同时建立职业年金制度。2009 年 1 月 5 个省市启动试点准备工作，事业单位养老保险制度的改革再次提上议事日程。现在 6 年过去了，尚无一个省市出台完整的实施方案。试点方案规定，事业单位实现和企业相同的个人缴费，养老金下降不可避免。在一些省市还未正式推进养老金改革，就遭遇部分事业单位就业群体的抵制，故并轨也不了了之。

各地公务员养老保险制度改革并没有启动，仍维持其原先的、待遇较为优厚的退休养老制度，养老保险资金由国家全包，个人不需要负担任何养老费用，只享有权利不承担义务。

到目前为止，我国机关事业单位养老制度仍然沿用的是20世纪50年代计划经济时期借鉴苏联等社会主义国家养老模式：经费全部或部分来源于财政，待遇与工作年限挂钩，以退休时基本工资为基数按一定比例计发，退休人员管理与原单位关系保持不变。从近年来的机关事业单位离退休费占国家财政支出总额比重来看，一直稳定在3.5%以上，每年的离退休费相当于国家行政管理费财政支出的四分之一。

相比之下，企业职工养老保险制度经过多年的改革取得较大进展，已经形成与市场经济基本相适应的制度框架。而机关和事业单位社会保障制度改革，由于种种原因一直没有全国范围统一起步，执行的大多还是延续以往的退休制度，退休金完全来源于财政由国家统包，财政每年根据退休费的实际需要的支付额列入预算，待遇水平与工作年限挂钩，养老金基本相当于退休前工资的90%左右，并随在职人员一起调整。这大大滞后于企业职工养老保险的社会化改革，已经成为我国目前整个养老保险制度改革的一个"瓶颈"，影响我国统一完整养老社会保险制度的建立与形成，进而严重影响统一劳动力市场的形成，破坏社会公平也广受社会诟病。

国家机关事业单位人员的养老保险与城镇职工养老保险在制度变革过程中，先后经历了"分离→合并→分离"的过程，未来改革的方向显然是再次合并，必须破除"双轨制"，扫除经济体制改革留下的这一块死角。首先，机关事业单位养老的财政负担过重，国家需要减负；其次，机关事业单位与企业职工养老待遇差距太大，待遇不公已引起社会的普遍不满；再次，现行机关事业单位养老制度与企业职工基本养老保险制度存在巨大差异，无法实现有效衔接，不利于劳动力自由流动。从已进行的改革实践并结合国外公职人员养老保险的实施情况看，机关事业单位养老保险制度框架设计必须与全国社会保障体系的大框架相协调，制度模式应该统一到企业基本养老保险制度上去，实行社会统筹和个人账户相结合，筹资方式与企业衔接一致，由国家、用人单位和个人共同负担。在此统一的基本养老保险制度的基础上，再分别建立机关事业单位人员与企业职工各自群体的不同补充养老办法，养老待遇差别就体现在补充养老保险层次即职业年金制度上。这样,养老保险体系一中的差别才是公平而又有效率的。但改革是艰难的,任重而道远,因为涉及群体利益的调整,正如李克强总理说的"现在触动利益问题比触及灵魂还难。再深的水也得蹚,我们别无选择,这关乎国家的前途和民族的命运。这需要勇气智慧和韧性"①。

3.3 农村与城镇居民社会养老保险制度的建立与发展

我国农村社会养老保险大体上经历了"老农保"和"新农保"两个阶段。"新农保"建立之后,在公平普惠、统筹城乡发展的基本原则指导下,城镇居民社会养老保险制度也随之建立,"城居保"和"新农保"的主要政策框架基本一致,无论城乡都能够享受到由政府财政支付的普惠性基础养老金,基本实现了城乡居民养老保险的制度平等。

3.3.1 农村社会养老保险制度的发展演变

我国农村从 20 世纪 50 年代开始确立集体经济,也确立了以集体保障为主题的农村社会保障制度的框架,这个时期养老保障的实质是以家庭为主,集体为依靠的非正式制度。这一模式的主要特点是,农村的社会保障以土地保障这种非正式的制度安排为主,土地保障可以说是这个时期政府和社会给予农民的最大保障。由于农民家庭的绝大部分收入和生活需要来源于自己所有和经营的土地,家庭是最基本的生产经营组织单位,土地保障通过家庭保障形式来实现,这个时期的土地保障可以看作是家庭保障的同义语。因此,新中国成立至改革开放前,中国并没有严格意义上的农村养老保险制度。虽然 1956 年颁布的《高级农业生产合作社示范章程》规定对无法定抚养人和无

---

① 李克强. 触动利益比触及灵魂还难 但别无选择 [EB/OL]. http://www.cnr.cn/gundong/201303/t20130317_512170423.shtml. 2013-03-17.

劳动能力以及无生活来源的老、残、未成年者实行"五保",即保吃、穿、住、医、葬,但这也只能算是社会保障中的最低层次——社会救助而非社会保险。

随着改革开放的展开,农村社会养老保险制度开始了探索,并逐步调整为现在的新型农村养老制度模式。农村社会养老保险制度(以下简称为"农保制度"或"农保"),根据制度的内容和主管部门的不同,大致经过了四个发展阶段:第一阶段是农村养老保险制度的初步探索;第二阶段是民政部主管的"老农保"制度;第三阶段是原来的劳动与社会保障部对"新农保"的探索;第四阶段是人力资源和社会保障部主管的"新农保"制度。2009年10月开始实施的由中央财政负担基础养老金新的农保制度,标志着农村养老保障制度翻开新的一页。

(1)农村社会养老的初级阶段(1978~1985年)。

随着经济体制的改革与发展,农村社会养老保险制度也开始了初步的探索。1978年党的十一届三中全会通过的《农村人民公社条例(试行草案)》条规定,对有条件的基本核算单位可以实行养老制度。正是基于这一条例,主要是经济发达的地区实施了农民退休养老金制度。1982年,全国11个省市3547个生产队实行养老金制度,规定凡参加集体生产劳动10年以上、年满65周岁的男社员和年满60周岁的女社员,可享受每人每月10~15元、最高可达20元养老金待遇。养老金由大队、生产队根据经济状况按比例分担,从队办企业利润和公益金中支付。据不完全统计,到1984年80万左右的农民领到了养老金。然而,这种养老制度主要是针对集体经济组织中的农民而言的,也只有在集体经济基础较好的农村才能实行。1984年以后,随着农村家庭承包制的普遍实施以及人民公社体制的解体,农民的社会养老保障面临无以为继的问题,显然这种制度无法全面展开。

这个阶段农村社会养老的主要特点是:集体经济承担了主要资金筹集义务,不需要个人承担缴费义务,筹资严重受集体经济效益的制约导致资金来源不稳定,同时养老金的计发也没有科学严格的计算,待遇水平与集体经济效益直接相关;而且以村或乡镇为管理单位,监督和约束机制严重缺失,难免资金流失没有安全性。

(2) "老农保"的历程（1986～1999年）。

国家在"七五"规划中指出："抓紧建立农村社会保险制度，并根据各地的经济发展情况，进行试点，逐步实行"。民政部根据"七五"规划精神，开始了在农村建立社会养老保险制度的探索。1986年，民政部向国务院递交《关于探索建立农村基层社会保障制度的报告》，对农村基本社会养老保险提出了初步构想，1991年民政部得到国务院授权在有条件的地方试点，在总结试点经验的基础上，民政部于1992年正式出台了《县级农村社会养老保险基本方案（试行）》（以下简称为《基本方案》）。这套方案作为农保制度实施的基本文献和政策法规依据，成为农村开展农村养老保险试点工作的指导方针和规范。1991～1992年在全国近600个县开展了大规模的试点成效显著。从此，农村养老保险在全国范围内逐步展开，1993年在全国范围内依据《基本方案》进行全面推广。至1997年年底，全国有26个省颁发了开展农村社会养老保险工作的地方性法规和文件，将其纳入政府工作内容。全国有2100多个县不同程度地开展了农村社会养老保险工作，参保人数达8000多万人。

这个时期农村养老保险制度的基本指导思想是社会与家庭相结合，各类非城镇户口的农村人员无论务农、务工还是经商等都纳入一体化的制度之中，资金筹集以个人缴费为主集体补助为辅，为每一个参保农民都建立一个个人账户，个人缴费以及集体补助全部计入个人账户实行完全积累并属于个人所有，并根据一定的记账利率进行计息；集体补助主要从乡镇企业利润和集体积累中支付，国家予以乡镇企业支付的集体补助予以税前列支的政策扶持。个人月缴费标准从2元到20元设十个档次，可以自由选择按月、季、年或一次性缴纳。农民达到一定年龄（一般为60周岁）时，可以领取养老金，养老金数额根据其个人账户积累额和平均预期寿命来确定。领取养老金的保证期为十年，超过十年可继续领取直至死亡。如果领取年限不达十年就死亡的，领取者的法定继承人或指定受益人可继续领取至十年期满为止，或者一次性继承。基金的管理实行以县为单位统一管理，按国家政策规定进行运营，投资渠道主要是存入银行或购买国债，管理机构每年提取3%的管理费。

在制度运行中，问题逐渐暴露出来。例如，各地集体补助标准千差万别，许多地方的集体补助和财政补贴更多地都补给了村干部。在实行集体补助的541

个县中，有186个县将集体补助全部给了村干部，实行财政补贴的200个县中，有72个县将财政补贴全部给了村干部，大部分地区的集体经济处于非常薄弱状态，集体补助在很多地方根本得不到落实。国家给予政策上的扶持原则，"主要通过对乡镇企业支付的集体补助予以税前列支"来体现，但实际上，税务系统并没有相关的政策规定可以执行。除此之外，国家财政、地方政府均没有给予应有的财政支持，同时基金缺乏有效的监管机制，以致违反政策强行拆借、挪用基金的现象非常普遍，有些基金被挪用多年难以收回。管理机构集基金的运营和监管于一身，相互之间不能有效制约，使基金管理与运作很难规范。一项在江苏省7个城市的调查显示，流失的资金占基金总额的35%，流失基金，有的被地方政府挪用，有的被养老保险机构挪用或违规投资以及违规使用等；还有地方违规提取管理费，一些地方管理费用占到实收保费的30%以上，基金的安全受到极大威胁，给基金的发放工作留下了不小的隐患。

这样，农村社会养老保险在政府不补贴的状况下，实际是个人储蓄性养老保险而不是真正的社会养老保险。农民的养老金积累的钱都是基本上靠个人缴费加上银行利息，这与农民将钱直接存在银行里几乎没什么区别，甚至在基金管理不善的情况下，还远远不及将钱存入银行来得安全。同时，农民投保金额大多集中在低档次的投保水平上，每月缴费2元最后月领取额3元的保障水平，很难达到保障基本生活的目标。养老金待遇过低，使这一制度失去了应有的保障意义，最终也使参保农民对制度失去了信心。

1997年有些省政府在进行减轻农民负担大检查时，对这项工作就进行了否定。据统计，自1998年后，农村社会养老保险一路下滑，参保人数从8000多万下降到5000多万，甚至有些省市干脆为农民退保，于是出现了农民大规模的退保现象。

导致农村社会养老保险制度失效的原因，主要有三个方面：一是农村养老保险基金难以实现保值增值，缺乏可持续性。基金是以县为单位统一管理，保值增值的方式主要是购买高利率财政债券和存入银行，那些年银行利率不断下调，政府原先承诺的账户利率也只好跟着下调，由开始推行时的8.8%调整为后来的2.5%，再扣除3%的管理费以后，参保农户的实际收益率非常低，有的甚至为负收益率，再加上通货膨胀等因素的影响，保值已几乎不可能更不用说增值。二是政府责任的缺失,没有出台体现政治责任的具有法律效力的文件,也没有体现经济责任的财政补贴,甚至没有提供农保运转机构所需要的财政性经费。由于没有专门的法规或规章,各地基本上都是按地方政府的意愿对《基本方案》稍做修改作为实施办法,导致制度运行后一系列问题的产生,不仅资金来源不稳而且管理混乱,绝大部分参保农民无任何补贴的情况下参保,制度演变为参保者的自愿储蓄,难以具有社会保障性,同时还要从基金中提取经办机构的业务经费,等于农民自己出钱养活庞大的机构工作人员,这一做法很难获得参保者的认同与支持。

1998年以来中国农村社会养老保险事业基本处于停滞状态,大部分地区农村社会养老保险工作出现了参保人数下降、基金运行难度加大等困难,没有管理费可提或提取管理费不足,绝大多数基层农保机构停止办理新业务。农保管理机构业务经费困难,工作人员工资无着落,有的地方轮流上班或全部放假回家。1999年7月2日,国务院下发了《国务院批转整顿保险业工作小组保险业整顿与改革方案的通知》(国发〔1999〕14号)指出,目前我国农村尚不具备普遍实行社会保险的条件,对民政系统原来开展的"农村社会养老保险",要进行清理整顿,停止接受新业务,区别情况妥善处理,有条件的可以逐步将其过渡为商业保险。一些地区停止业务以后,把农民缴纳的保费归还给农民,还有一些地区把农民的保费挪用或流失,执行中给政府财政带来不小的压力。就这样,"老农保"基本上实行了6年左右就停止了。

种种因素导致1992年建立起来的农村养老保险制度,陷入停滞不前、倒退并最终消亡的局面。农村养老保险事业向前发展,必须对农村社会养老保险制度加以改进、完善和创新,以形成一个更加合理,并且能够持续发展的新制度。

(3)"新农保"的建立与发展(2000年至今)。

根据国务院指示,在进一步开展调研并广泛征求意见的基础上,劳动和社会保障部于1999年12月总结出《关于整顿规范农村养老保险的业务方案》,对农保制度进行整顿和改革,2000年3月其向温家宝提交了关于农保制度整顿和规范情况的特别报告。2002年10月,劳动和社会保障部向国务院递交了《关于整顿规范农村养老保险进展的报告》,提出农村社会养老保险工作要坚持在有条件的地区逐步实施,同时研究探索适合农民工、失地农民、小城镇农转非人员特点的养老保险办法。2002年秋，中国共产党第16届全国代表大会召开后，农保制度进入了新的发展阶段。

国务院决定，按照统筹城乡发展完善社会保障体系的要求，把农保制度建设作为财政支农的项目之一，逐步加大公共财政对农保制度建设的投入，鼓励有条件的地方对农民参保给予财政补贴。中央财政要加大对新型农村社会养老保险（以下简称"新农保"）的投入，调整财政支农资金的支出结构，将部分扶贫和补贴资金直接用于农保制度建设，引导、扶持和激励农民参保，逐步建立农民参保补贴制度。

2008年，原来的劳动与社会保障部和人力资源部合并为人力资源和社会保障部，农保制度建设也在此时进入了突破性阶段，农村社会养老保险制度获得了崭新的发展。2008年10月，党的十七届三中全会通过的《中共中央关于推进农村改革发展若干重大问题的决定》指出，要"按照个人缴费、集体补助、政府补贴相结合的要求，建立新型农村社会养老保险制度"。在2009年3月的全国人民代表大会政府工作报告中，明确提出"新型农村社会养老保险试点要覆盖全国10%左右的县（市）"，同年9月国务院发布《关于开展新型农村社会养老保险试点的指导意见》，确立到2020年基本覆盖城乡居民的战略目标。中央确定"新农保"的基础养老金标准为每人每月55元，只要参保人员符合领取条件由财政全额支付，中西部地区的由中央财政全额补助，东部地区中央财政补助50%。根据本地情况地方政府可以提高当地的基础养老金标准，或对长期缴费的参保者可以适当加发基础养老金以进行鼓励，但其资金要由地方财政支付。财政支出可以保证每个农村居民老后都能公平地领到基础养老金，这是我国农村社会养老保险制度划时代的变革。中国农民60岁以后都将能够享受到国家普惠式的养老金，参保后养老保险金每月至少可领55元。沿袭几千年的传统的农民"养儿防老"模式，将逐渐被具有基本性、公平性、普惠性的"新农保"制度所取代，这一制度的出台将改变农村的生活方式，在许多方面将带来积极的影响，具有深远经济和社会意义。按照国务院第152次常务会议的要求，2011年"新农保"试点覆盖地区范围要提高至60%，有的省份在2012年已实现全覆盖。

"新农保"制度采取个人缴费、集体补助、政府补贴相结合的筹资方式，基础养老金与个人账户养老金相结合的待遇支付方式。年满16周岁的非在校学生和未参加城镇职工基本养老保险的农村居民均可参加"新农保",年满60周岁符合相关条件的农村居民都可领取养老金。参保人每年缴费可以选择从100元到500元5个档次的任一档,地方政府可根据实际需要增设档次,而且地方政府对参保人缴费给予补贴,补贴标准为每人每年30~60元。政府对符合条件的参保人全额支付基础养老金,目前国务院制定的基础养老金底线标准为每人每月55元,地方政府视财力状况可提高标准,2010年中央财政基础养老金专项补助资金为110.8亿元。

管理机构为每个参保农民建立终身记录的养老保险个人账户,个人缴费、村集体补助(集体及其他经济组织、社会公益组织、个人对参保人缴费的资助)以及政府缴费补贴和利息收入,全部记入个人账户,个人账户储存额计息率目前每年参考中国人民银行公布的金融机构人民币一年期存款利率计息。

因此,"新农保"在支付结构上分为两部分:一部分是基础养老金;另一部分是个人账户的养老金,待遇计发按照"养老金=基础养老金+个人账户养老金"公式计算。其中基础养老金最低标准为中央确定的每人每月55元,将来会建立正常的增长机制,随着物价上涨或者人们生活水平的提高而适时调整新基础养老金最低标准。在国家确定的全国"新农保"基础养老金最低标准基础上,地方政府可以根据各自财力增加。个人账户养老金月计发标准为个人账户全部储存额除以139(与现行城镇职工基本养老保险个人账户养老金计发系数相同),个人账户储存额=个人缴费+集体补助+财政补贴+利息,如图3-1所示。

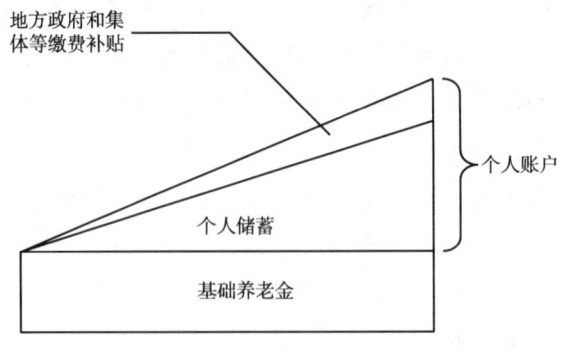

图3-1 "新农保"的结构

"新农保"最大创新之处是,强调了国家对农民老有所养承担的重要责任,明确了政府资金投入的原则和要求。采取个人缴费、集体补助、政府补贴相结合的筹资方式和基础养老金与个人账户养老金相结合的待遇计发基本模式,这是与"老农保"仅靠农民自我储蓄积累的最大区别。

3.3.2 城镇居民社会养老保险制度的建立

在 2010 年以前,城镇企业职工有职工养老保险,农民有新型农村养老保险,而没有工作的城镇居民尚游离在养老保险制度之外。2010 年 10 月 28 日《中华人民共和国社会保险法》获得通过,自 2011 年 7 月 1 日起正式施行,《社会保险法》中规定省、自治区、直辖市人民政府根据实际情况,可以将城镇居民社会养老保险和新型农村社会养老保险合并实施。2011 年 6 月,国务院出台了关于开展城镇居民社会养老保险试点的指导意见[①],指出城镇居民养老保险工作要按照加快建立覆盖城乡居民的社会保障体系的要求,逐步解决城镇无养老保障居民的老有所养问题。

城镇居民养老保险试点的基本原则是"保基本、广覆盖、有弹性、可持续"。一是从城镇居民的实际情况出发,低水平起步,筹资标准和待遇标准要与经济发展及各方面承受能力相适应;二是个人家庭和政府合理分担责任,权利与义务相对应;三是政府主导和居民自愿相结合,引导城镇居民普遍参保;四是中央确定基本原则和主要政策,地方制定具体办法,城镇居民养老保险实行属地管理。有条件的地方,城镇居民养老保险应与"新农保"合并实施。其他地方应积极创造条件将两项制度合并实施。2011 年 7 月 1 日启动试点工作,实施范围与"新农保"试点基本一致,2012 年基本实现城镇居民养老保险制度全覆盖。

从制度结构上说,城镇居民养老保险制度与"新农保"基本一致,但考虑生活成本等因素,一般城镇居民社会养老保险的基础养老金标准会比农村

---

① 国务院关于开展城镇居民社会养老保险试点的指导意见 [EB/OL]. www.cnpension.net,2011-06-13.

居民的略高一些。

　　从和谐社会的需要出发,建立兼顾城乡各类人员的待遇确定和调整机制非常重要。一般认为养老保险金支付的最低标准应不低于国家救助标准为宜,各项养老保险制度还有待完善。目前看来,基础养老金是城乡居民社会养老保险金的主要部分,下一步要根据城乡居民收入变化、物价变动、相关社会保障待遇水平以及财政能力等因素,建立科学合理的基础养老金以及整体保障水平的调整机制,改变现在"调一次好几年不动,好几年不动又一次突然猛涨"的"跳跃式"调整[①],保障水平与经济发展水平及各方面的承受能力相适应。

---

　　① 左永刚. 新时期社会保险制度改革敲定四件事 [EB/OL]. 证券日报,2013 – 12 – 25. http://henan.hexun.com/2013 – 12 – 25/160885350.html,2013 – 12 – 25.

中国社会养老保险
财政负担研究

Chapter 4

第4章 现行社会养老保险财政负担分析

4.1 企业职工社会养老保险财政负担解析

1997 年"26 号文"的颁发,标志着中国正式建立了企业职工统账结合的社会养老保险制度,按照制度设计,统筹账户基金来源主要由单位缴费,实行现收现付制,全部的个人缴费及部分单位缴费进入个人账户,实行完全积累制;累计缴费 15 年(含视同缴费年限)以上者退休后才有资格按月领取基本养老金,基本养老金由基础养老金和个人账户养老金两部分组成,基础养老金月标准以当地上年度在岗职工月平均工资和本人指数化月平均缴费工资的平均值为基数计算而来,基础养老金月标准为当地上年度职工月平均工资的 20%,个人账户养老金月标准为本人账户储存额除以 120。2005 年发布"38 号文",对基本养老保险制度的缴费标准、计发办法等进行了调整,形成现行的社会基本养老保险制度,"38 号文"规定职工个人按缴费工资基数的 8%缴费,全部进入个人账户,企业按全部职工缴费工资总额的 20%缴费,全部进入社会统筹账户,基础养老金月标准为每缴费满 1 年发给 1%,个人账户养老金发放月标准为个人账户储存额除以计发月数,计发月数根据职工退休时城镇人口平均预期寿命、本人退休年龄、利息等因素确定,目前按 139 个月计发,所以采用个人账户养老金月标准为本人账户储存额除以 139。

社会养老保险属于政府举办,所以政府理所当然地负有最后兜底的责任,当社会统筹账户出现缺口时,政府的兜底责任要求财政对资金缺口实行"实缺实补"。历年《劳动和社会保障事业发展统计公报》显示,社会统筹账户每年都存在大量的资金缺口,每年都由此产生巨额的财政负担,似乎财政的高额补贴已成为我国企业职工社会养老保险制度的"痼疾"。随着养老保险收不抵支的频频出现,多种解读和改革建议也随之产生,有人认为现行养老保险制度规定的待遇水平过高,建议个人账户替代率月发放标准从 1/139 降到 1/180[①];还有人

---

① 褚福灵. 论养老保险的缴费替代率与待遇替代率[J]. 北京市计划劳动管理干部学院学报,2006(1):11.

认为缴费基数偏低应减少基础养老金发放比例;也有人认为是由于政府没有承担起制度的转制成本所致。那么,由资金缺口产生的财政负担是制度设计存在问题?还是制度运行过程中某些不期因素产生的?抑或真的是政府没有解决好历史欠账问题所致呢?企业职工社会养老保险的财政负担到底是怎么产生的呢?以下拟对这些问题作出解答。

4.1.1 企业职工社会养老保险财政负担现状

自1997年政府建立统一的统账结合的企业职工基本养老保险制度以来,多个省份一直存在养老金收不抵支的情况。据统计,全国1997年收不抵支的省份有5个,1998年迅速扩大,达到21个,1999年增至25个[①],此后每年总有多个省份存在严重的收支缺口问题。每年财政都拿出巨额资金弥补这个缺口。2012年12月社会保障国际论坛暨《中国养老金发展报告2012》显示,2011年收不抵支的省份有14个,收支缺口达到767亿元,在32个统筹单位中(31个省区市加上新疆生产建设兵团),如果剔除财政补贴,2010年有17个收不抵支,缺口达679亿元;2011年收不抵支的省份虽然减少到14个,但收支缺口却高于2010年,达到767亿元[②]。历年城镇企业职工养老保险财政负担情况如表4-1所示。

表4-1　　1998~2012年财政对企业职工社会养老保险资助情况

年份	养老保险总收入(亿元)	财政补贴(亿元)	财政补贴占总养老保险收入比重(%)
1998	1459	53	3.6
1999	1965	150	7.6
2000	2278	337	14.8
2001	2489	349	14.02
2002	3172	408	12.9
2003	3680	530	14.4

---

① 王利军. 中国养老金缺口财政支付能力研究 [M]. 北京:经济科学出版社,2008:65.
② 张然. 中国14省份养老金缺口767亿元 [N]. 京华时报,2012-12-18:(003).

续表

年份	养老保险总收入（亿元）	财政补贴（亿元）	财政补贴占总养老保险收入比重（%）
2004	4258	614	14.4
2005	5093	651	12.8
2006	6310	1745	27.7
2007	7834	1157	14.8
2008	9740	1437	14.8
2009	11491	1646	14.3
2010	13420	1954	14.6
2011	16895	2272	13.4
2012	20001	2648	13.2

注：其中，总收入=企业和个人缴费+财政拨款+基金运行收入+各种捐款+其他。

资料来源：①蔡向东. 统账结合的中国职工基本养老保险制度可持续性研究［M］. 北京：经济科学出版社，2011：157. ②王利军. 中国养老金缺口财政支付能力研究［M］. 北京：经济科学出版社，2008：68. ③历年《劳动和社会保障事业发展统计公报》整理。

为了直观地表述，图4-1表示历年的财政负担情况，其绝对额变化趋势为逐年递增态势，财政补助占比近几年持平略有下降趋势。利用EViews计量工具，对"财政补贴占总养老保险收入比重"数据进行双指数平滑分解，得出趋势截距为14.681，斜率为0.135，预测方程为Y=0.135T+14.681，财政负担有继续增大的趋势，如图4-1虚线所示。

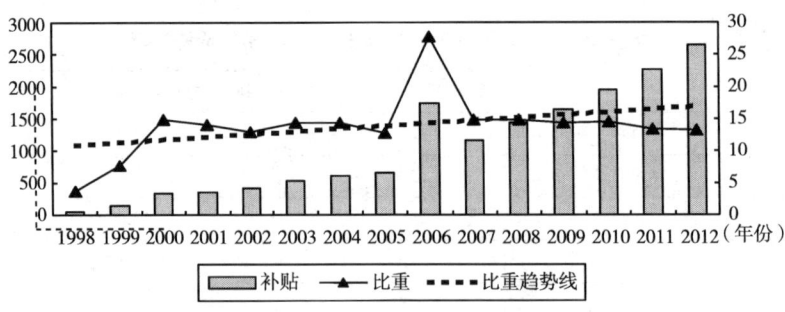

图4-1 财政补贴占社会基本养老保险总收入比重趋势

由于我国城镇企业职工社会基本养老保险的制度安排是财政兜底，社会基本养老保险的赤字有多少就意味着财政负担有多大。为了深入分析，把社会养老保险的赤字分为系统性赤字和随机性赤字两类，因此，社会基本养老保险财政负担也就可以相应地分为系统性和随机性两类。如图4-2所示，系统性财政负担用图中曲线 A 表示，意味着财政负担存在基本稳定的变化趋势，随机性财政负担如图中曲线 B 所示，财政负担在一定范围内随机变化，没有稳定的变化趋势。如果在制度最初设计时就没有规定财政固定出资，只是偶尔收不抵支时予以补贴，那么正常情况下的财政负担应是随机性的。表4-1的统计数据表明，我国城镇企业职工社会基本养老保险制度维持正常运行大有离不开财政补贴的趋势，给财政带来的是系统性负担。

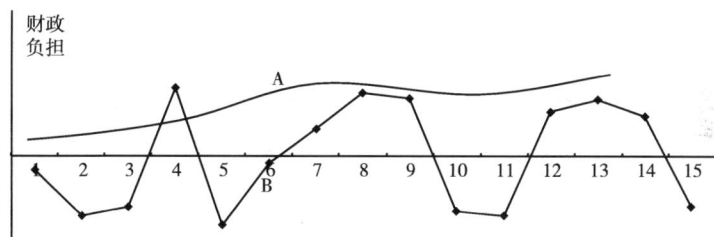

图4-2 系统性和随机性财政负担示意图

在制度运行中出现系统性的财政负担，说明制度的收支始终不平衡，这是不正常的，也表明制度自身不具有可持续性。那么原因何在呢？我们知道制度设计时的预期与制度运行过程中出现的现实结果往往是有差别的，制度设计的参数与现实数值也往往存在一定差距，就社会养老保险制度而言，不仅实际运行的替代率低于制度设计的替代率，而且政府还要承担巨额的财政负担。为了弄清楚财政负担是源于制度设计还是制度运行中的其他因素所致，首先需要从理论上分析企业职工社会养老保险制度的设计有没有可能产生财政负担，如果从理论上考查制度设计本身不应该存在财政负担，则可以进一步分析其他方面究竟哪里出了问题，并判断财政负担的存在是否合理。

4.1.2 企业职工社会养老保险财政负担的理论分析

为了从理论上弄清楚财政负担是不是由于制度设计有问题，首先根据制度的主要收支参数设立精算模型，通过模型从数理上计算企业职工社会养老保险制度的收支对比关系，由此便可以做出比较准确的判断。

4.1.2.1 模型设立

为分析方便起见，根据我国企业职工基本养老保险的制度赡养率，用一个简单模型从理论层面来分析我国企业基本养老保险制度收支对比到底应该是怎样的，历年制度赡养率统计数据如表 4-2 所示。

表 4-2　1989~2012 年城镇职工基本社会养老保险制度赡养率

年份	参保人数（万人）	参保离退休人数（万人）	制度赡养率（%）
1989	4816.9	893.4	18.5
1990	5200.7	965.3	18.6
1991	5653.7	1086.6	19.2
1992	7774.7	1681.5	21.6
1993	8008.2	1839.4	23.0
1994	8494.1	2079.4	24.5
1995	8737.8	2241.2	25.6
1996	8758.4	2358.3	26.9
1997	8670.9	8670.9	29.2
1998	8475.8	2727.3	32.2
1999	9501.8	2983.6	31.4
2000	10447.5	3169.9	30.3
2001	10801.9	3380.6	31.3
2002	11128.8	3380.6	32.4
2003	11646.5	3380.6	33.1
2004	12250.3	4102.6	33.5
2005	13120.4	4367.5	33.3
2006	14130.9	4635.4	32.8
2007	15183.2	4953.7	32.6
2008	16587.5	5303.6	32.0
2009	17743.0	5806.9	32.7
2010	19402.3	6305.0	32.5
2011	21565.0	6826.2	31.7
2012	22981.0	7446.0	32.4

资料来源：根据历年《人力资源和社会保障事业发展年度统计公报》数据计算而得。

表 4-2 中数据表明，到目前为止，我国企业基本养老保险制度内一般"三个多人养一个人"，例如 2012 年是 3.09 个人养 1 个人[①]。所以可以合理地假设该模型中共有 4 个社会平均人（即他们的缴费工资和养老金待遇水平均为社会平均数），其中 3 人处于在职期间缴纳养老保险费，1 人退休领取养老金，即 3 人养 1 人。

模型中各符号的含义如下：

W——缴费工资为社会平均工资；

C_1——社会统筹账户缴费率；

D_1——社会统筹账户可支撑的最高平均养老金替代率；

B——制度赡养率：假定制度内为 n 个人养 1 个人，则制度赡养率为 $B = \frac{1}{n}$，当前情况下 n≈3，所以 $B \approx \frac{1}{3}$。

以下数理分析均依据该模型的假设为基础进行逻辑推演。

4.1.2.2 统筹账户的缴费替代率

根据不同养老保险运行模式的财务平衡数理模型[②]可知，现收现付制的缴费率、制度赡养率与平均养老金替代率之间的理论关系：

$$缴费率 = 平均养老金替代率 \times 制度赡养率 \quad (4.1)$$

即：

$$\because C_1 = D_1 \times B \quad \therefore D_1 = C_1 \div B \quad (4.2)$$

根据我国现行企业职工养老保险制度规定，社会统筹账户资金由企业按照其职工工资总额 20% 的比例缴纳，即社会统筹账户的缴费率 $C_1 = 20\% = 0.2$，那么，$D_1 = C_1 \div B = 0.2 \div \left(\frac{1}{3}\right) = 0.2 \times 3 = 0.6$

这表明社会统筹账户可支撑的养老金替代率可达 60%。假设社会平均工

---

① 白天亮. 3.09 名职工养一个退休职工 [EB/OL]. http://finance.people.com.cn/n/2013/1127/c1004-23666977.html, 2013-11-27.

② 可以参见第二章有关内容。

资水平为 W，则平均养老金为 0.6W 以下的待遇水平，仅仅由社会统筹账户支付应该不会存在收支缺口的。

就一个缴费 35 年的社会平均人而言，"26 号文"和"38 号文"两次公布的制度设计替代率分别是 58.5% 和 59.2%，都没有超过 60%，而且在制度的运行中，近年来的实际替代率逐渐降低，如表 4-3 所示。

表 4-3　　　城镇职工社会养老保险替代率（1998~2012 年）

年份	年均工资（元）	年均养老金（元）	养老金替代率（%）
1998	7479	5542.5	74
1999	8346	6452	77
2000	9371	6672	71
2001	10870	6866	63
2002	12422	8409	68
2003	14040	9235	66
2004	16024	8536	53
2005	18364	9250	50
2006	21001	10564	50
2007	24932	12042	48
2008	29229	13934	48
2009	32736	15316	47
2010	37147	16741	45
2011	42452	18700	44
2012	46769	20899.8	45

资料来源：根据历年《人力资源和社会保障事业发展年度统计公报》数据计算而得。

从表 4-3 可以看出，在制度运行过程中，近年来的养老金替代率也都没有超过 60%。因此，从理论上的计算来看，企业职工社会养老保险即使由社会统筹账户支付全部养老金（包括个人账户的那部分），也应该是没有问题的，应该能实现财务的自我平衡，不应该产生资金缺口，当然也就不应该再需要财政出资补贴了。

4.1.2.3 个人账户缴费替代率

若用 C_2 表示个人账户缴费率，用 D_2 表示个人账户可支撑的最高平均养老金替代率，现行制度下个人账户缴费率 $C_2 = 8\%$，那么个人账户可支撑的当期最高缴费替代率 $D_2 = 8\% \times 3 = 24\%$。由于退休者从个人账户领取的养老金数额与其缴费年数和缴费工资水平有关，在社会平均缴费工资人的假设下，不妨进一步推演当期个人账户基金收支的平衡情况与缴费年数的关系。

假设一：领养老金者按较高年限缴费，共缴费 35 年，按照制度规定的计发办法，该人每月可以从其个人账户中领取的养老金数额是 $35 \times 12 \times 8\%W \div 139 \approx 24.2\%W$，3 个在职者当月在各自的个人账户中的缴费额都是 $8\%W$，站在负责收缴和发放的管理者的角度看，整体上个人账户当月的宏观资金流是：收入为 $8\%W \times 3 = 24\%W$，支出为 $24.2\%W$，当月余额为 $24\%W - 24.2\%W = -0.2\%W$，产生赤字 $0.2\%W$。

假设二：领养老金者按最低年限缴费，共缴费 15 年，则个人账户当月整体上的宏观资金运行情况是：收入为 $8\%W \times 3 = 24\%W$，支出为 $15 \times 12 \times 8\%W \div 139 \approx 10.36\%W$，全部个人账户当月的宏观资金流是：收入为 $8\%W \times 3 = 24\%W$，支出为 $10.36\%W$，当月余额为 $24\%W - 10.36\%W = 13.64\%W$，个人账户整体余额 $13.64\%W$。

在目前 3 人养 1 人的制度赡养率下，要维持个人账户资金流整体持平，退休者的缴费年限可以通过公式计算出来，设该退休者的缴费年限为 Y，令：$Y \times 12 \times 8\%W \div 139 = 8\%W \times 3$，所以 $Y = 34.75$（年）。只要平均缴费年数低于 34.75 年，个人账户就应该有余额积累。

其实，每月个人账户的支出额小于模型中的数值。因为：一方面，由于目前处于退休状态的人，一般是所谓制度中的"老人"或"中人"，他们的个人账户里没有积累或积累额很少，因此，退休养老金中从个人账户中领取的部分也微不足道，那么个人账户单独运行的话，出自其中的支出额也是很少的。也就是说，宏观上的个人账户支出额，实际上没有上述推算的那么高，这样，如果完全按照制度的最初设计思路运行的话，个人账户的积累额会高于前面推算的数值。另一方面，已缴纳到个人账户的积累基金的计息率一般是小于工资增长率的,即在模型中,个人账户当月整体进账资金为 8% W × 3,退休领养老金的人从他第一个月缴费到退休领取养老金,要经过十几或三十几的跨度,每个时期缴纳到其个人账户中的 8% W 基金,如果计息率小于工资增长率,则在退休时的积累额是(Y × 12 × 8% w′),w′小于 W,所以每月从个人账户领取的养老金 [(Y × 12 × 8% w′) ÷ 139] 小于 [(Y × 12 × 8% W) ÷ 139]。

对于缴费年限 35 年的职工,"26 号文"设定的基本养老金目标替代率为 58.5%;"38 号文"设定的基本养老金目标替代率为 59.2%,暗含的假定是"以工资增长率为个人账户计息率",只有这样,才能使多年缴纳的个人账户里的资金额在领取计发时,w′ = W。因为:前者的计发公式为:基础养老金与个人账户养老金加起来为,20% W + 35 × 12 × 11% W ÷ 120 = (20% + 38.5%) W = 58.5% W,后者的计发公式为:基础养老金与个人账户养老金相加为:

$$35\% W + 35 \times 12 \times 8\% W \div 139 \approx (35\% + 24.2\%) W = 59.2\% W$$

两个文件的目标替代率计算方案都以"工资率不变"为前提的,暗含"个人账户按照工资增长率计息",事实上是按照银行一年期存款利率计息,而近年来的一年期存款利率一般在 3% 左右,根据表 4-3 年均工资数据可以计算出年均工资增长率,如表 4-4 所示。

表 4-4　　　　　　　　　　历年年均工资增长率

年份	平均工资增长率(%)	年份	平均工资增长率(%)
1999	11.59	2006	14.36
2000	12.28	2007	18.72
2001	16.00	2008	17.23
2002	14.28	2009	12.00
2003	13.03	2010	13.47
2004	14.13	2011	14.28
2005	14.60	2012	10.17

资料来源:历年《人力资源和社会保障事业发展统计公报》。

年工资增长率平均在14%以上,可见工资增长率远远高于一年期存款利率,所以制度设计的替代率很难达到,而且相对于社会平均工资的养老金替代率必然会逐年降低,这就是替代率年年下降的机理所在。

从1998年建立统一的个人账户开始到2013年,退休人员的个人账户记录15年左右,最多不会超过20年,假如以最大数 $Y=20$ 计算,个人账户的最大替代率为:$20 \times 12 \times 8\% \div 139 = 13.8\%$,假如一共工作35年,视同缴费15年,基础养老金替代率为35%,合起来的替代率为48.8%,与目前的替代率基本吻合。

4.1.2.4 个人账户空账运行状态下的缴费替代率

我国企业职工社会养老保险制度实行社会统筹和个人账户相结合的模式,制度设计的初衷是"社会统筹账户"采取"现收现支"方式,在职人员缴费作为养老金当期支付给退休人员,形成"下一代供养上一代"的社会契约;"个人账户"则选择"储备积累"方式,由在职人员为自己储蓄一笔钱,以备将来退休养老之用。但目前很多地方每年的养老保险金支出远远大于收入的额度,而地方的主要解决方法除了增加财政补贴外,就是挪用个人账户资金应对当期发放,从而造成个人账户"空账"。社科院世界社保研究中心此前发布的《中国养老金发展报告2012》显示,截至2011年12月底,中国城镇职工基本养老保险个人账户记账金额约为2.5万亿元,但实际上账户里做实的仅有2703亿元,个人账户"空账"已超两万亿元[1]。所以在现实操作过程中,因个人账户资金经常被挪用来与社会统筹账户一起发放当期养老金,因而实际上个人账户是"空账"。虽然"做实个人账户"的内容在中央文件中被反复提及,而且在2000年年末,国务院出台《关于完善城镇社会保障体系的试点方案》,并从2001年7月1日起在辽宁省进行试点"做实"个人账户,此后扩大到东三省以及多地进行广泛试点,但现实却在另一条轨道上与政策并行,到目前为止个人账户基本上仍处于空账运行状态。

---

[1] 晓慧.3800万人弃保"怪现状"中断缴社保将加大个人账户"空账"压力[EB/OL].华夏时报 http://www.chinatimes.cc/hxsb/news/hongguan/131127/1311272028-132188.html,2013-11-28.

个人账户的空账运行,相当于个人账户也在采用"现收现付"制,那么,社会统筹账户和个人账户资金一起按照现收现付制模式运行时,在目前赡养率下,两个账户合起来可以支持的平均替代率最高应该可以达到:(20% + 8%)×3 = 84%。如果替代率以平均40%计,那么制度内2个人养一个人都可以维持正常运转。

4.1.2.5 现行制度下社会统筹账户待遇缴费率

现行制度下,城镇职工基本养老保险最高统筹层次为省级,用以衡量养老待遇水平的替代率,除了"38号文"规定的目标替代率(59.2%)之外,并没有明确规定一个统一的替代率标准,因而替代率成为各地可以操作的模糊地带,大多数地方的实际替代率都低于制度设计的替代率,而且各地的差别也很大。以2010年为例,[①] 最低的收入替代率是上海市,收入替代率最高的是山东省。各省区市的收入替代率只有山东省和甘肃省,达到了"38号文"规定的目标替代率(59.2%),其中,上海市为30.07%,山东为64.29%,甘肃为60.21%,全国平均替代率为45.07%。

为了推算在个人账户缴费率8%不变情况下的社会统筹账户待遇缴费率,替代率按照略高于全国平均数,大约以50%计,并假设社会统筹账户缴费率为x%,则:

方案一:个人账户实账积累

设领取退休金者平均缴费年数为25年(按照最高35年和最低15年平均),则该退休者从个人账户领取养老金的替代率为:$25 \times 12 \times 8\% \div 139 \approx 17.3\%$,社会统筹账户需要支付的替代率是:

$50\% - 17.3\% = 32.7\%$,那么,$x\% \times 3 = 32.7\%$,所以,$x \approx 10.9$

因此,社会统筹账户缴费率为10.9%就足够实现50%的替代率了。

方案二:个人账户空账运行

个人账户空账运行,也就是个人和统筹两个账户都是现收现付制,则资

---

① 丁煜,沈金花. 我国社会养老保险替代率的地区差异及其影响因素研究[J]. 甘肃行政学院学报,2012(5):81.

金流恒等式为：x% ×3 + 8% ×3 = 50%，所以 x≈8.67，即社会统筹账户缴费率为8.67%。那么，社会统筹账户和个人账户加起来的综合缴费率大约17%，就可以达到50%的替代率，这基本与国际正常水平相符合。即便有一小部分提前退休者，但至少缴费15年，而领取养老金的平均余命还不到15年，所以根据这个模型计算的结果是可以信赖的。

4.1.2.6 数理结论分析

根据上述理论上的数理关系分析，在目前3人养1人的制度赡养条件下，从缴费替代率角度看，养老金支付所需资金，仅仅用社会统筹账户的资金就可以支持60%左右的替代率，如果就目前的替代率而言，仅用社会统筹账户资金支付已经是绰绰有余的了，用不着个人账户做任何支付，其资金可以完全积累起来，那么，财政补贴应该根本不需要；再从待遇缴费率角度来看，实现目前的养老金替代率，社会统筹账户缴费率也只需要10%左右，就足以实现财务平衡了，也不需要财政补贴。这一点在国内知名学者褚福灵2006年撰写的《论养老保险的缴费替代率与待遇替代率》一文中也可以得到印证，该文认为[①]"中国现行养老保险制度的缴费替代率（现有缴费水平应当实现的替代率）远远高于待遇替代率（制度规定的待遇计发办法所能够实现的替代率），如果制度能正常运行，不应当出现养老保险基金收不抵支的问题。"但现实是财政每年都要进行巨额补贴，这到底是为什么呢？

4.1.3 企业养老保险财政负担产生的现实原因

4.1.3.1 不同省份之间余缺共存而不能调剂

各省之间差距很大，有的省份有大量余额，有的省份有巨额的空缺，两者并存。以2010年为例，如表4-5所示。在省级统筹下，各省之间难以互相调剂使用，一方面余额存在，担心能否增值保值的问题；另一方面财政要

---

① 褚福灵. 论养老保险的缴费替代率与待遇替代率. 北京市计划劳动管理干部学院学报，2006(1).

对缺口进行补助,形成了缴费余额和财政负担共存的现实状况现象。

表 4-5 2010 年各个省份企业职工基本养老保险征缴收入减总支出结余情况

单位:亿元

省份	结余	省份	结余	省份	结余	省份	结余
全国	657.4	广西*	31.2	云南*	0.3	上海	-35.0
广东	405.9	宁夏*	26.0	内蒙古	-2.8	新疆生产建设兵团	-39.7
江苏	208.8	新疆*	23.2	青海	-4.9	湖北	-43.2
北京	168.8	福建	11.3	海南	-15.1	重庆	-44.5
山东	153.0	贵州*	5.0	江西	-26.0	吉林	-50.5
浙江	146.2	安徽*	4.8	陕西	-27.5	天津	-62.1
四川*	63.7	甘肃*	3.1	湖南	-30.6	黑龙江	-117.2
山西*	49.9	西藏*	1.8	河南	-32.9	辽宁	-146.5
河北*	32.9						

注:带*的省份都得到中央的财政补贴。
资料来源:郑秉文.中国养老金发展报告 2011 [M]. 北京:经济管理出版社,2011:31.

从表 4-5 中数据表明,不考虑财政补助等收入项目,只考虑征缴收入时,2010 年有 14 个省份和新疆生产建设兵团收不抵支,缺口共计 678.5 亿元,从全国来看,当期盈余总共 657 亿元,余缺基本相等。

但为了个人账户积累,大部分省份都得到了中央或地方的财政补贴,即使收入大于支出的省份,仍有 11 个省份,表 4-5 中带有"*"的省份都得到了中央的财政补贴。地方财政对养老基金的补助超过 20 亿元的有辽宁、吉林、黑龙江、上海、江苏、湖北和湖南等 7 个省市,其中上海高达 107 亿元[①]。

同时,各省的制度赡养率差别很大,如图 4-3 所示,最高的新疆建设兵团(64.61)和最低的广东(11.81)相差将近 6 倍,这一基础性客观条件的差异,决定了各省份基本养老保险制度在运行中制度自给能力的差异。

制度赡养率不同,养老金收支对比关系就不同,有的省份收大于支,有

---

① 养老保险个人账户空账运转 [EB/OL]. http://www.cnpension.net/yljkx/2011-11-07/news1320627097d1277383.html, 2011-11-7.

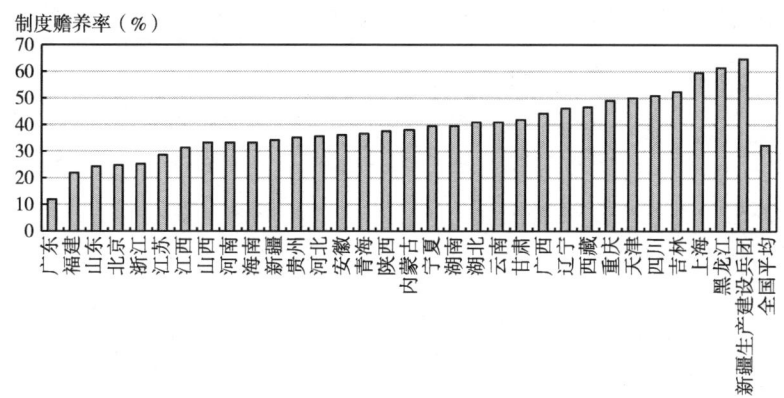

图 4-3　2010 年各省份城镇职工基本养老保险制度赡养率

资料来源：郑秉文．中国养老金发展报告 2011［M］．北京：经济管理出版社，2011：19．

的省份收不抵支，养老金的累计结余在全国分布自然就不均衡，部分收不抵支的省份需要财政予以补贴。从统计数据看，结余主要集中于东南沿海等经济发达省份，中西部地区则要依靠中央的转移支付才能维持收支平衡。如果是商业保险出现"收不抵支"就很难运行下去，社会保险则不同。2011 年实施的《社会保险法》第六十五条明确：县级以上人民政府在社会保险基金出现支付不足时，给予补贴。社会保险制度是国家建立并强制缴费的制度，应当由国家信用来担保，一旦出现支付缺口，政府应当予以财政补贴承担兜底责任。近日人力资源和社会保障部公布的数据表明，历年来财政对于养老保险的补助基本占总收入的 15% 左右。虽然累计结余已达两万亿之巨，但中国的养老保险仍然是一个负债的制度——养老保险累计结余不足以弥补个人账户的空账。个人账户中的资金被挪用去发放退休人员的养老金，从 2006 年起，空账额一直大于养老保险基金累计余额。根据中国社科院发布的《中国养老金发展报告 2012》，2011 年城镇基本养老保险个人账户基金记账额为 2.49 万亿元，做实账户基金规模为 2703 亿元，空账额为 2.21 万亿元，城镇养老保险基金余额为 1.94 万亿元，这也就意味着全部养老保险基金的余额都不足以填补个人账户的空账。广东是所有省份中养老保险结余最多的省份，截至 2011 年年底，累计结余达 3108 亿元，但同期个人账户记账额已经高达 4100 亿元，缺口近 1000 亿元。

如果社会养老保险的统筹层次停留在省级,省际之间不能实现余缺互济,有缺口的省份只能依靠财政补助,那么城镇职工基本养老保险制度的财政负担就永远不会消失,实施全国统筹会在很大程度上减轻财政负担。现在社会保险的省际转移接续难以流畅,涉及各省固有利益,对流入地和流出地利益都产生冲击,也是社会保险权益与责任在各省之间的博弈,仅靠行政命令方式难以完全奏效。另外,省级统筹还带来一个问题,就是地方政府负主要责任,而中央政府所负的责任较小,在财政上的反映就是中央财政的社保支出占的比重比较小。从国际上来看,我国与其他发展中国家社会保障总支出占GDP的比重基本相近,只是中央的出资比重远低于其他国家[①]。因此,社会保险制度选择全国统筹才是今后长期解决问题的根本。

4.1.3.2 相关群体收入失调加重财政负担

(1) 机关事业单位离退休金与企业职工养老金失调。

我国最初进行社会养老保险制度改革时只在企业范围内进行,并没有包含机关事业单位,导致现在社会养老保险"双轨制"运行的局面,机关事业单位职工不用缴纳养老保险费退休养老金却要比企业职工普遍高出数倍,一般公职人员的退休金为企业退休职工的2~3倍。包括国有大型企业,养老金也是比较低的。据悉,2007年底北京市企业退休人员的养老金平均1380元,而机关干部养老金平均则在4000元以上。前者约是后者的1/3。有数字统计,2008年陕西企业人均养老金为1000多元,事业单位养老金为1900多元,公务员养老金为2000多元[②]。

由于企业职工和国家公务员养老双轨运行体制,[③]"根据中国社科院发布的《2011中国养老金发展报告》,在中国养老金总支出中,企业基本养老保险基金支出占89.15%,事业单位和机关单位基本养老保险基金支出占

---

① 杨燕绥. 政府与社会保障:关于政府社会保障责任的思考 [M]. 中国劳动与社会保障出版社,2007.
② 机关单位养老金高企业2~3倍 [EB/OL]. http://www.job168.com/info/read_111194.html,2012-11-8.
③ 罗娟. 养老金缺口大吗?缺在哪?[N]. 工人日报,2012-06-19:(07).

10.85%。根据人社部数据,2010年,全国事业单位和机关单位的参保退休人数占所有参保离退休人员总数的7.74%。7.74%人数占比与10.85%的养老金支出占比,形成了鲜明对比"。企业职工和国家公务员之间存在极为悬殊的养老待遇水平,而在我国养老保险制度碎片化的各群体中,企业职工与公务员是比邻,人们最容易把他们的养老待遇进行对比,使普通职工对养老保险双轨制产生不满情绪,为了社会的和谐稳定,只能不断提高企业职工的养老待遇,这样,过高的公务员的养老水平就像一个引擎,在不断地拉着企业职工的养老金水平向上提升,必将使养老金水平与经济社会的承受力难以协调,从而对养老保险收支缺口产生巨大的推力。

我国机关单位的工作人员,也就是公务员的工资福利养老等福利待遇,从20世纪90年代以来,经过了多次修改和完善,现行公务员养老保险制度已明显比企业职工养老金丰厚许多,致使分属于两种不同的养老保险体系中的企业与机关同类人员,养老金待遇水平相去甚远,而且差距还会不断拉大,因为除了替代率差别很大之外,计算的基数以及调整的依据等也越来越拉开距离(见表4-6)。

表4-6　　　　　　　　企业、事业、机关单位养老金水平比较

年份	替代率(%)			绝对额(元)		
	企业	事业	机关	企业	事业	机关
1998	70.93	96.82	97.22	5542.5	—	—
1999	69.18	100.92	101.62	6452	—	—
2000	65.54	103.3	100.85	6672	9923	10020
2001	58.63	101.65	106.44	6866	11324	12215
2002	59.28	97.49	104.56	8409	12442	13759
2003	58.60	96.66	97.35	9235	14077	15319
2004	50.1	—	—	8536	14911	16532
2005	47.5	—	—	9250	16425	18410
2006	48.2	—	—	10564	—	—
2007	45.5	—	—	12042	—	—

资料来源:根据①蔡向东.统账结合的中国职工基本养老保险制度可持续性研究[M].北京:经济科学出版社,2011:169。②历年《中国劳动统计年鉴》整理。

为了缓解企业、事业和机关退休人员的待遇差问题,党中央、国务院决定2005~2007年连续三年调整基本养老金,人均调整水平是240元钱,在这个基础上,国务院又决定,从2008年开始,还要连续调整企业退休人员的基本养老金水平,调整的幅度不低于前三年的水平。① 为保障企业退休人员生活,2005~2012年,国家已连续8年较大幅度调整企业退休人员基本养老金水平,即所谓"八连涨"。国家审计署2012年8月发布的审计报告显示,2005~2012年,我国企业职工养老金连续8年,年年上涨养老金;2005~2011年,我国企业职工养老金年均增长13.4%,由2005年的每人每月713.25元提高到2011年的每人每月1516.68元。2012年继续以不低于10%的幅度调整,调整后企业退休人员月人均养老金达到1721元,与2005年调整前的水平相比,8年累计月人均增加1000多元。2013年1月9日,国务院总理温家宝主持召开国务院常务会议,决定继续提高企业退休人员基本养老金水平,会议决定自2013年1月1日起,继续提高企业退休人员基本养老金水平,提高幅度按2012年企业退休人员月人均基本养老金的10%确定。

从养老金连年大幅度上调的背景来看,养老金"八连涨"是有其特殊背景的,由于企业职工和机关事业单位养老保险"双轨制"待遇差距较大,企业职工的养老金"八连涨"的一大出发点就是照顾公平、弥补差异。这些年企业养老水平事实上一直被公务员养老制度推着往上走的。机关与企业养老金水平的巨大差距,使企业具有高级技术职称的退休人员赶不上机关事业单位普通工人的退休金,对于这种不公平的现象社会反应越来越强烈,不利于社会稳定。由于这种不公平感觉,在社会中日益弥漫扩散,中央在不能降低公职退休者待遇的情况下,只能不断提高企业退休人员的基本养老金待遇水平,以尽量缩小差距,所以近几年几乎每年中央都下发文件以不低于10%的幅度普调企业职工养老金,而各地方又有相互竞争调整的幅度,因此,一般实际的增幅会高于中央的10%,如某市2012年的上调幅度为14%②。这样一

---

① 今年中央财政安排地方养老保险补助资金870多亿元[EB/OL]. http://www.gov.cn/zxft/ft84/content_844175.html, 2007-12-26.
② 蚌埠市人力资源和社会保障局养老中心. 我市2012年企业退休人员养老金已调整发放到位[EB/OL]. http://www.ahbbhrss.gov.cn//web/xwdt/xwzx/content.jsp?id=2158, 2012-03-30.

来，公务员的养老待遇随着在岗人员的工资增长而增长，企业的养老金水平一直追着他们的养老待遇水平不断上涨，而公务员的工资本来就高于社会平均工资，追赶的空间越大社保养老基金的缺口越大，最终机关退休工资的上涨对企业养老金缺口形成的推力作用必将使得财政不堪重负。

因此，这等于社会公平的要求把机关事业单位的养老金水平与企业养老金水平联系在一起，只要差别显著，两者就会永远联动下去，已经有了"八连涨""九连涨"，后面还会有更多"连涨"而穷追不舍。虽然连年增长，但是对于退休职工来说，10年连涨并没有特别大的感受，缘故也许是生活水平并未有显著提升，也许是要追赶的对象依然遥遥领先。总之，这种联动关系把政府推入了"两难"选择，要么保持这种养老金的过大差距，但会引起社会不稳定；要么缩小差距，由于刚性特点，不能降公务员的待遇水平，只能提升企业职工的养老金水平。目前采取的措施是不断提升企业职工养老金水平，从而加大城镇职工养老保险的缺口，当然也就加重了社会养老保险的财政负担，从其中的内在联系可以看出，机关事业单位与企业职工养老保险的"双轨制"是企业职工社会养老保险财政负担的"釜底之薪"。

（2）企业职工养老金与社会低收入群体工资收入失调。

社会养老保险的财务平衡要求退休职工的养老金待遇水平必须与在职缴费职工的工资水平相适应，两者必须协调。否则，制度的运行就会出现资金问题，也就会产生财政负担。目前，从社会养老保险金的待遇水平来看，我国各地城镇职工基本社会养老保险平均替代率一般在40%以上，根据国际劳工组织公约，社会养老保险缴费35年的养老金替代率不应该低于40%，可以判断处于正常范围内；再从当前在职缴费职工的工资水平来看，由于我国现阶段仍处于低端劳动力相对过剩的历史阶段，再加上工会组织集体谈判制度不完善，工资谈判力非常弱。因此，相当比例的在职者的工资水平是在最低工资水平线上，要使这个群体的收入在养家糊口之外，还能缴纳各种社会保险，那么，就要求最低工资标准要达到当地社会平均工资的一定比例，按照国际上的通行做法和标准，一般最低工资标准相当于当地社会平均工资的40%~60%，也就是说不能低于社会平均工资的40%。

但目前我国绝大多数地区制定的最低工资标准，都没有达到当地城镇职工社会平均工资的40%~60%。例如,2011年全国31个省区市中,全部都低于40%,如表4-7所示。

表4-7　　　　　　2011年全国各省市最低工资水平　　　　单位:元,%

地区	社会平均工资	月最低工资标准	占比	地区	社会平均工资	月最低工资标准	占比
北京	75482	1160	18.44	湖北	36128	1100	36.54
天津	55658	1160	25.01	湖南	34586	1020	35.39
河北	35309	1100	37.38	广东	45060	1300	34.62
山西	39230	980	29.98	广西	33032	820	29.79
内蒙古	41118	1050	30.64	海南	36244	830	27.48
辽宁	38154	1100	34.60	重庆	39430	870	26.48
吉林	33610	1000	35.70	四川	37330	850	27.32
黑龙江	31302	880	33.74	贵州	36102	930	30.91
上海	75591	1280	20.32	云南	34004	950	33.53
江苏	45487	1140	30.07	西藏	49464	950	23.05
浙江	45162	1310	34.81	陕西	38143	860	27.06
安徽	39352	1010	30.80	甘肃	32092	760	28.42
福建	38588	1100	34.21	青海	41370	920	26.69
江西	33239	720	25.99	宁夏	42703	900	25.29
山东	37618	1100	35.09	新疆	38238	1160	36.40
河南	33634	1080	38.53				

资料来源:"最低工资"参见国家人力资源和社会保障部门户网站:http://www.mohrss.gov.cn/SYrlzyhshbzb/ldbk/gongzishourufenpei/zuidigongzi/201201/t20120119_87287.htm;"平均工资"参见《中国统计年鉴2012》"4-12 按登记注册类型分城镇单位就业人员平均工资"。

从纵向来看,以北京地区历年最低工资占比为例,如表4-8所示,最低工资所占社会平均工资的比例基本都在25%以下。

社会养老保险征缴收入的源头是参保者的工资收入,其工资收入水平对于社会养老保险征缴收入数额的影响是至关重要的,最低工资标准如此低,使广大处于最低工资线上的劳动者,缴纳社会保险费之后,维持生活会更加困难,因此,可能即使那些想缴社会养老保险费的人也力不从心。

表4-8　　　　北京市企业职工养老金与最低工资比较　　　　单位：元/年，%

年份	社会平均工资	最低工资标准		企业职工养老金	
		最低工资	占比	平均养老金	替代率
2002	20728	5220	25.18	8894.474626	42.91
2003	24045	5580	23.21	9850.608108	40.97
2004	28348	5940	20.95	10426.52297	36.78
2005	32808	6540	19.93	11725.30956	35.74
2006	36097	6960	19.28	12601.30155	34.91
2007	39867	7680	19.26	14215.79242	35.66
2008	44715	8760	19.59	15981.30841	35.74
2009	48444	9600	19.82	19744.58634	40.76
2010	50415	11520	22.85	22088.20404	43.81
2011	56061	13920	24.83	24675.19182	44.015
2012	—	15120	—	27872.76342	—

资料来源：北京人力资源和社会保障局网站：
http://www.bjld.gov.cn/gzcx/other/200510/t20051007_19735.html
http://www.bjld.gov.cn/gzcx/other/200510/t20051009_19737.html.

再从城镇职工养老保险金相对于低收入群体平均工资的替代率看，如表4-9所示。

表4-9　　　城镇职工养老保险金对于较低收入群体的替代率

年份	城镇或私营单位年均工资（元）	年均养老金（元）	养老金与工资比率
1998	5331	5542.477909	1.04
1999	5774	6451.937257	1.12
2000	6262	6672.134768	1.07
2001	6867	6865.645152	1.00
2002	7667	8409.453943	1.10
2003	8678	9235.047033	1.06
2004	9814	8536.05031	0.87
2005	11283	9250.143102	0.82
2006	13014	10564.35259	0.81

续表

年份	城镇或私营单位年均工资（元）	年均养老金（元）	养老金与工资比率
2007	15595	12041.50433	0.77
2008	18338	13933.93167	0.76
2009	18199	15316.26169	0.84
2010	20759	16740.682	0.81
2011	24556	18700.00879	0.76
2012	28752	20899.81198	0.73

注：2009年以前公报按城镇和国有单位统计，城镇单位年均工资降低；2009年以后按城镇私营和非私营单位统计，私营单位年均工资降低。

资料来源：根据历年《人力资源和社会保障事业发展统计公报》整理。

表4-9的数据说明，当前的养老金相对于城镇单位或私营单位从业人员而言是不算低的。[①]例如，2012年某市市区最低工资标准为750元，月养老金水平达1455.87元，而且月1455.87元的养老金高于许多行业的平均工资。而在岗劳动力的工资除了本人的生活需要开支之外，还有许多支付项目，如赡养老人、抚育儿女、缴纳社会保险费、住房公积金等，而退休者的养老金主要供自己生活所用，这样看来难怪会出现"啃老族"了；由于养老金水平不断提高，劳动力缴纳的养老保险费数额也随着不断攀升，例如，某市的《社保缴费的标准》就规定灵活就业者的养老保险个体缴费标准，最低档为344元每月，还有医疗保险从"2012年6月1日起每人每月112元降低为103元"[②]。假设一个只拿最低标准工资的灵活就业人员，可以算得出在缴完本人的社会保险之后，所剩还有多少呢，而且工作不稳定，50岁以后就业难度就更大了。而且在当前这个历史阶段，毕竟低收入群体人数占整个劳动力的较大比例。

（3）社会养老金最低缴费基数与最低工资标准失调。

虽然中国一直致力于改善低收入劳动者的薪资待遇，不断提高法定最低工资标准，特别是2010年以来，连续三年的上调幅度都高于20%。与此同

---

①② 吴旭东，周凤珍. 缩小养老金缺口：改革养老保险双轨体制 [J]. 河北经贸大学学报，2013（2）：45-49.

时，由我国政府主导的社会保险工作也在不断地推进中，社会保险覆盖面快速扩大，社保最低缴费基数也不断提高，从各地的制度门槛——最低缴费额的规定来看，[①] 社会养老保险最低缴费基数远高于最低工资标准，导致最低工资劳动者的实际社保缴费率高于名义缴费率，而且各省份和地区规定的社会养老保险最低缴费基数，基本为当地去年社会平均工资的比例一般为40%~60%。例如，重庆2011年城镇职工社会保险缴费基数的下限规定是，上年度全市职工月平均工资的40%，上海、北京等多地对外来从业人员的社保缴费基数实行五年过渡政策，第一年的缴费基数为上年度全市城镇职工月平均工资的40%，以后每年增加5%，第五年过渡到60%。

最低工资标准一般达不到社会平均工资的40%，而社会养老保险的最低缴费基数又一般要求高于当地上一年年社会平均工资的40%，所以有些地区的最低缴费工资基数比其最低工资标准要高，如2011年天津和北京的最低工资标准都是1160元/月，它们的最低缴费基数分别为1720元/月和1680元/月，其他年份情况也基本类似，如表4-10所示。

表4-10 2000~2010年京沪津渝四市的最低工资和社保最低缴费基数 单位：元/月

年份	北京		上海		天津		重庆	
	最低工资	最低基数	最低工资	最低基数	最低工资	最低基数	最低工资	最低基数
2000	406	400	424.8	681	547	651.5	275	359
2001	418.5	412	467.5	755	565	921	290	401
2002	450	435	512.5	858.8	595	1224.5	310	476
2003	471	457.5	552.5	951.8	598.3	1354	320	548
2004	524	465	602.5	1074.3	607.5	1471	373	622
2005	562.5	525	662.5	1192	650	1564	400	718
2006	610	571	710	1310.8	750	1610.5	460	831.5
2007	692.5	1047	780	1443.8	830	1690	580	961

[①] 朱文娟，汪小勤. 最低工资标准、社保最低缴费基数与劳动者就业 [J]. 贵州财经大学学报，2013（3）：58.

续表

年份	北京		上海		天津		重庆	
	最低工资	最低基数	最低工资	最低基数	最低工资	最低基数	最低工资	最低基数
2008	765	1285.5	907.5	1670.5	925	1848	680	1155
2009	893	1384	960	1915	1000	2056.5	680	1350
2010	960	1584	1080	2098.8	1050	2254.5	680	1549
平均	614	779	696	1268	738	1513	459	816

资料来源：朱文娟，汪小勤. 最低工资标准、社保最低缴费基数与劳动者就业 [J]. 贵州财经大学学报，2013 (3)：61.

从表 4-10 可以看出，除 2005 年之前的北京地区以外，各地历年社保最低缴费基数均高于最低工资标准，而且最低工资标准并非每年都会提高，但最低缴费基数是参照当地上一年社会平均工资而逐年提高的，如 2008~2010 年金融危机期间，重庆连续三年没有上调最低工资，如果考虑通货膨胀因素，实际上这三年的最低工资是下降的，但重庆的最低缴费基数是不断上调的；除此之外，由于社保缴费基数被强制设置得太高，还会导致最低工资劳动者的实际缴费率大大高于名义缴费率。最低缴费基数与最低工资标准失调，当然会使社会养老保险的覆盖面和征缴收入都受到影响，继而加重社会养老保险的财政负担。

因此，第一个失调，即机关事业单位离退休金与企业职工养老金的失调，会使企业养老金水平在相对于机关事业单位职工退休待遇而言严重偏低，而且差距会继续扩大的态势下，可以预见未来只要两种养老制度不并轨，那么，企业养老金水平会一路追赶机关事业单位退休金水平，进入一个怪圈，年年提高年年差距扩大，年年差距扩大年年提高。① 社会养老金水平在机关事业单位退休金水平的引领下，无限攀升下去，导致第二和第三个失调出现，第二和第三个失调即养老金水平与在岗劳动力的工资水平出现的不协调，是在职职工的社会养老保险缴费能力与养老金待遇水平的失调，说明社会养老金水

---

① 吴旭东，周凤珍. 缩小养老金缺口：改革养老保险双轨体制 [J]. 河北经贸大学学报，2013 (2).

平脱离社会的承受能力,这必然最终导致以在职职工缴费为基本收入的社会养老保险制度内出现收支的失调,社会养老保险的财政负担也就在所难免了。

(4) 社会养老保险收支失调最终加重财政负担。

前面已经分析,养老金水平与工资收入失调,直接影响社会养老保险的征缴收入,继而出现社会养老保险的征缴收入与支出失调,当入不敷出时,政府采取的基本措施无非是:第一,抬高缴费基数或提高缴费率;第二,加大财政补贴。

我国目前的养老保险缴费率已经很高了,在世界各国都处于前几位,应该没有再提高的余地,因此,各地采取的办法是每年抬高最低缴费基数的办法。这样,在缴费方面就形成了"双高"局面,即缴费率高和最低缴费基数高,再加上财政补贴数额高,中国的社会养老保险特征就是"三高"了。

企业缴纳的社会养老保险费相当于把企业净利润直接挤出一块或者说增加了企业的运营成本,企业作为追求利润最大化的市场主体,从经济学角度看,它天然具有逃费动机,而缴费率过高无疑加大了企业的逃费动力,影响征缴率。政府作为养老保险制度相关主体之一,拥有制定并执行养老保险制度的行政权力,向企业征税或收费,企业作为另一个相关主体,只能被动接受制度规则;当对企业不利时,由于企业无权修改政府制定的游戏规则,隐蔽性地违反规则,如养老保险的逃费就是企业的一种策略选择。所以"双高"导致企业和职工合谋逃费问题到了比较严重的程度。如表4-11所示。

表4-11　　　　　　　　1992~2006年我国养老保险金收缴率

年份	1992	1993	1994	1995	1996	1997	1998	1999
收缴率(%)	95.7	92.4	90.5	90.0	87	80.0	89.0	87.0
年份	2000	2001	2002	2003	2004	2005	2006	
收缴率(%)	94.4	94.5	94.9	79.9	77.2	76.0	75.9	

资料来源:李娟. 我国基本养老保险逃费问题及治理对策探讨. 科技信息, 2009 (7):313。

由此可以得到收缴率趋势图，如图4-4所示。

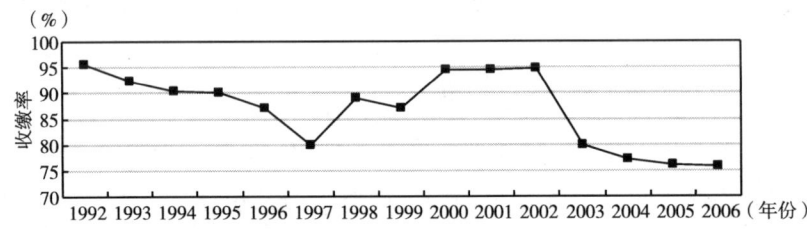

图4-4 收缴率趋势

我国社会保险费征缴中逃费欠费情况比较严重，按政策规定，社会养老保险费应以企业在职职工的工资总额为基准计算提取，工资总额包括基本工资、各种津贴、经常性奖金和其他工资。有些企业只以职工的基本工资来计提，或者把工资性开支化整为零后只以部分工资为基数计算缴纳额，除此之外，有些企业甚至截留替职工代扣代缴的部分；由于雇员受到被企业解雇的潜在威胁，不敢向社会保险管理部门反映，对于企业的逃费行为往往只能默认，形成被迫与企业合谋的逃费，造成缴费不足。

再看个人账户对于领养老金者而言，近10年的养老金调整方案都是按退休金百分比普涨，看不出个人账户积累对于养老金的特别意义，似乎参照者只是消极地迫于无奈地被划入制度内，被动地服从制度而已。所以制度的主要相关方——整个参保人群，都表现出死气沉沉或者说至少有些沉闷之气，没有激发出缴费者的积极性、主动性以及渴望多缴以便多领养老金的热情，真正成为制度的主动参与者。这是治理逃缴漏缴的群众基础。

根据历年劳动和社会保障部发布的《统计数据》，实际缴费工资基数低于职工平均工资水平，实际缴费工资基数大致是职工平均工资的80%[1]。据有关学者估算，我国当前企业职工社会保险的逃费率在20%以上[2]。由于企业逃费欠费比较普遍，社会养老保险平均缴费工资基数大大低于统计口径的应

---

[1] 褚福灵. 论养老保险的缴费替代率与待遇替代率 [J]. 北京市计划劳动管理干部学院学报，2006 (1): 11.

[2] 张士斌. 劳动力市场变化与中国的社会养老保障制度改革——基于对养老保障制度的历史考察 [J]. 经济社会体制比较，2010 (2): 127.

第4章 现行社会养老保险财政负担分析

缴费工资，从而导致我国的养老保险征缴率过低，如2011年我国实际征缴率仅为63.14%[①]，而这确实也与企业过重的负担有一定的联系[②]。而在社会养老保险遵缴率较低的国家，缴费率又通常是很高的，较高的缴费率无疑给收入较低的职工或有意进入制度内的职工设置了一个障碍，从而影响制度的覆盖面和当期的征缴收入，当然也就会加重社会养老保险的当期财政负担。根据上述分析，机关事业单位退休工资水平、企业职工养老金水平、在职劳动者的工资收入水平，以及社会养老保险的财政负担之间的逻辑关联，可以用图4-5表达。

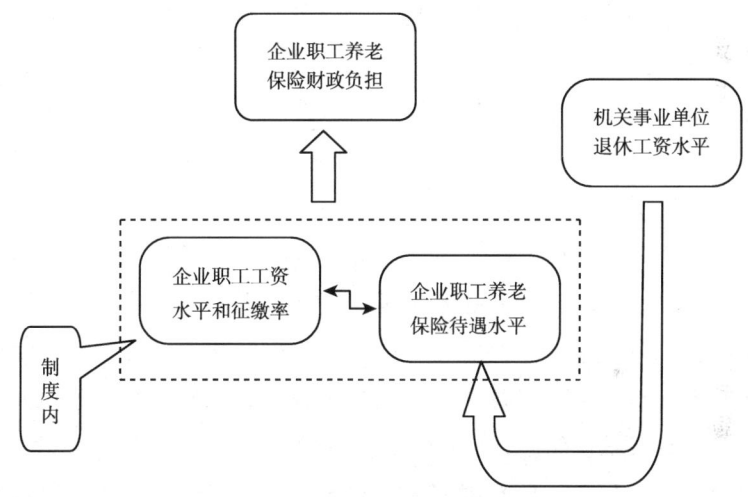

图4-5 企业职工养老保险制度内和制度外相关变量对财政负担的影响

众所周知，只有收支平衡的制度才具有可持续性。受公务员养老水平的影响的其他群体养老金水平，尤其是与公务员紧密相邻的企业职工的养老水平快速拔高，支出急速增加，那么必然要求收入也相应增加；目前社会养老金是现收现付制度，即工作的人赡养退休的人，如果工作的人没有能力缴费，而养老金支出又日益增加，那么，养老金缺口会逐年加大，于是政府一方面

---

① 秦增元，彭雪梅. 关于养老保险逃费欠费率的测算 [J]. 上海保险，2012 (7)：43.
② 姚金海，姚建辉. 博弈论视角下的企业养老保险逃费的分析及对策 [J]. 科技创业月刊，2006 (10)：147.

逐年增加财政补贴，另一方面也逐年提高最低缴费基数，过高的缴费额对于广大中下收入水平的职工阶层而言，是不小的经济负担，不仅个人生活质量受到影响，企业也因此而增加生产成本，影响着企业的用工行为和制度遵从意愿；许多企业采取消极甚至抵制的态度，除了尽可能少用工外，还想办法尽可能逃避缴费义务，如瞒报职工人数、低报缴费工资总额等。因此，尽管当地社保部门对灵活就业人员都会列出多档参保缴费标准，但缴费者一般只会选择最低档，或者干脆不缴，放弃参保，还有许多农民工主动提出放弃参保，主要还是因为当下收入水平实在力不能及；而过高的财政补贴已构成财政的沉重负担，长此下去，财政有被养老保险制度绑架的风险，社会养老保险制度将给国家财政带来巨大的风险，这是必须要警惕的。从理论上说，社会养老金水平应与在岗劳动力的工资水平保持一定的协调关系，才可能存在合理性和可持续性。根据职工和企业的养老保险缴费能力来推算养老金水平才是科学的，依据与公务员养老金的差距确定的职工养老金水平，会脱离经济社会的承受能力。现在出现了相当部分的较低收入者的工资水平与养老金水平倒挂不相协调的现象，有的人甚至希望早点退休。因为一线工人大多体力消耗大，在职时收入水平偏低且不是很稳定，退休后则可以获得稳定的养老金收入。近几年国家一直在提高企业职工养老金水平，对一些收入不高的职工而言，早点正式退休，收入还能高一些[①]。

　　解决养老保险收支缺口问题，无论是通过提高职工缴费还是通过财政增加转移支付来弥补，哪种弥补方式都难以长期持续下去。世界各国在养老保险方面，企业缴费一般占工资总额的10%左右，中国从制度设计之初就规定了企业承担20%的缴费率，已是缴费极限。企业负担过重，难以参与全球市场竞争，无异于"杀鸡取卵"；必须进行制度改革，首先要"釜底抽薪"，把机关事业单位退休金这个"釜底之薪"抽出来，灭掉引领养老金强劲增长的底火，只有通过养老制度体系并轨才能遏制养老金增长的势头，从而有效控制缺口扩大的速度和规模。否则，制度不公平造成参保者心理不平衡，从而

---

① 吴旭东，周凤珍. 缩小养老金缺口：改革养老保险双轨体制[J]. 河北经贸大学学报，2013（2）.

出现养老金年年大比例地增长，退休职工却年年感觉不到增长带来的快乐，因为与他们的攀比对象——机关事业单位退休金相比，自己缴费却比不用缴费的养老金低很多；而供款的那一端看，政府、企业和个人三方都感觉负担沉重，筋疲力尽。

4.1.3.3 征缴管理存在较大疏漏导致财政负担加重

首先，缴费基数不实。社会养老保险费的缴纳模式是单位自主申报经办机构稽核的方式，由于社保部门经办机构不具备各参保单位的人员及其工资发放等相关信息，如果单位不主动为员工办理参保手续，或瞒报员工人数、工资数额重要信息等，经办机构一般较难核实，这样就造成了社会养老保险费漏缴、瞒缴和少缴多发问题。以上海市为例，上海市在 2007~2009 年的社会保险费专项审计中，发生少缴、漏缴的人数平均占参保人员的 17.86%，单位数占全部审计单位的 73%，可见逃费比例之高。尤其是小、微私营企业，人员流动大，经营不稳定，为了降低成本不给员工缴纳社保费，这类企业数量越多逃费现象就越严重。

其次，地方保护主义。企业以及个人的逃费行为与政府的态度及管理效率关系密切[①]。由于种种原因，如对于经营状况不佳的企业，为了帮助它们生存下来，政府对它们的少缴或漏缴采取睁一只眼闭一只眼的态度；对于较大的企业，往往社会影响力也大，可能是地方就业和税收的支柱，政府对它们的逃费行为也往往会采取宽容甚至纵容的态度，有的地方还会主动地减免费率。

最后，缴费基数调整滞后[②]。目前我国社会保险缴费基数是以上一年本人的工资为基数，使缴费基数不能与工资增长同步，降低了当期的应缴费额。还有的地方以降低缴费下限的方式降低个人缴费数额，如 2009 年广东把缴费基数由 2008 年度在岗职工工资调整为 2007 年度在岗职工工资，经测算大约一年可减少缴费 10.2 亿元。

---

① 李雯铮，陈莹. 我国基本养老保险费基侵蚀原因研究 [J]. 法制与社会，2008 (9).
② 郑功成. 中国社会保障改革与发展战略 [M]. 北京：人民出版社，2011：279.

除此之外，对于中断社保的工作人群缴费强制性不够，造成一定比例的工作人口一旦参保年限到达最低门槛15年就中断缴费。2013年10月底，国务院总理李克强在中国工会第十六次全国代表大会上表示，我国大概有3亿多人参加了城镇职工养老保险，今年有累计3800万人中断缴保险费。在2013年9月中国养老金国际研讨会上，中国人民大学公共管理学院教授李珍指出，在人社部做的一项调查中，有23%的工作人口中断了缴费[①]。另外，不合规定的病退、特殊职业的提前退休，以及资金被非法挪用等都影响着社会基本养老保险的收支缺口，从而导致财政负担增大。

4.1.4 现行制度下未来财政负担规模预测

由于现行制度未来财政负担主要产生于社会统筹账户，因此本书主要利用计量工具软件EViews6.0，对未来若干年社会养老保险统筹账户财政补贴规模及其占全国财政支出的比重进行预测。我国1998年以来社会养老保险的各项统计数据如表4-12所示。

表4-12 历年社会养老保险统筹账户财政补贴占全国财政支出比重

单位：亿元，万人

年份	财政补贴	全国财政支出	参保职工人数	参保退休人数	总收入	总支出	结余	征缴收入
1998	53	10798.18	8475.8	2727.3	1459	1511.6	587.8	—
1999	150	13187.67	9501.8	2983.6	1965.1	1924.9	733.5	—
2000	337	15886.5	10447.5	3169.9	2278.5	2115.5	947.1	—
2001	349	18902.58	10801.9	3380.6	2489	2321.3	1054.1	2091.8
2002	408.2	22053.15	11128.8	3607.8	3171.5	2842.9	1608	2551.4
2003	530	24649.95	11646.5	3860.2	3680	3122.1	2206.5	3044
2004	614	28486.89	12250.3	4102.6	4258.4	3502.1	2975	3585
2005	651	33930.28	13120.4	4367.5	5093.3	4040.3	4041	4312

---

① 王晓慧. 3800万人弃保"怪现状"[EB/OL]. http://www.chinatimes.cc/hxsb/news/hongguan/131127/1311272028-132188.html. 2013-11-27.

第 4 章　现行社会养老保险财政负担分析

续表

年份	财政补贴	全国财政支出	参保职工人数	参保退休人数	总收入	总支出	结余	征缴收入
2006	971	40422.73	14130.9	4635.4	6309.8	4896.7	5488.9	5215
2007	1157	49781.35	15183.2	4953.7	7834.2	5964.9	7391.4	6494
2008	1437	62592.66	16587.5	5303.6	9740.2	7389.6	9931	8016
2009	1646	76299.93	17743	5806.9	11490.8	8894.4	12526.1	9534
2010	1954	89874.16	19402.3	6305	13419.5	10554.9	15365.3	11110
2011	2272	109247.79	21565	6826.2	16894.7	12764.9	19496.6	13956
2012	2648	125952.97	22981	7446	20001	15562	23941	16467

资料来源：根据历年《人力资源和社会保障发展公报》及《财政统计年鉴》整理。

从理论上来说，影响社会养老财政负担的因素一般应包括制度赡养率、养老待遇替代率以及制度运营模式等。由于我国城镇职工社会基本养老保险制度建立的时间不长，制度不完善，包括养老金调整机制、调整系数、参保人口等都没有定型，实践操作的随意性很大，一直处于不断改进的过程中，因而使预测非常困难。在此仅采用 ARMA 模型对财政负担做短期预测。用 FD 表示财政负担，财政负担的 ARMA 模型为：

$$D(FD) = -66.717 + 27.845 \times @TREND(1997) - 0.986 \times MA(1)$$
$$(-3.6308) \qquad (14.1365) \qquad (-17.1001) \qquad (4.3)$$
$$R^2 = 0.808 \quad F = 23.0758 \quad D.W = 2.03$$
$$s.e = 57.159 \quad \text{Inverted MA Roots}: .99$$

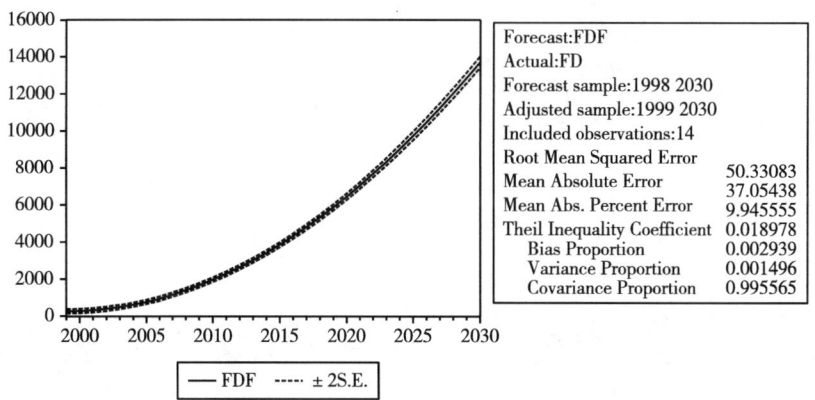

同时,用 EViews6.0 双指数平滑趋势法预测全国财政支出,预测结果如表 4-13 所示。

表 4-13　　　　企业职工社会养老保险财政负担预测

年份	财政负担(亿元)	全国财政支出(亿元)	比重(%)
2002	383.74	19549.10	1.96
2003	484.09	29675.31	1.63
2004	612.29	27962.51	2.19
2005	768.33	32225.80	2.38
2006	952.21	39137.63	2.43
2007	1163.94	46743.63	2.49
2008	1403.52	58721.02	2.39
2009	1670.94	74876.87	2.23
2010	1966.20	89826.96	2.19
2011	2289.31	103448.75	2.21
2012	2640.27	127809.86	2.07
2013	3019.07	142946.50	2.11
2014	3425.71	159930.94	2.14
2015	3860.2	176915.37	2.18
2016	4322.53	193899.81	2.23
2017	4812.71	210884.24	2.28
2018	5330.73	227868.68	2.34
2019	5876.6	244853.11	2.40
2020	6450.31	261837.55	2.46
2021	7051.87	278821.98	2.53
2022	7681.27	295806.42	2.60
2023	8338.52	312790.85	2.67
2024	9023.61	329775.29	2.74
2025	9736.55	346759.72	2.81
2026	10477.33	363744.16	2.88

续表

年份	财政负担（亿元）	全国财政支出（亿元）	比重（%）
2027	11245.95	380728.59	2.95
2028	12042.42	397713.03	3.03
2029	12866.74	414697.46	3.10
2030	13718.9	431681.90	3.18

从表4-13的数据看，似乎财政负担并不太重，但必须要说明的是，现在社会统筹账户的缺口有相当部分是用个人账户资金弥补的，所以个人账户处于空账运行状态，这是没有完全做实个人账户情况下的财政补贴，如果做实个人账户，出资也只能由财政负责。如果严格按照最初的制度设计执行，真正的财政负担远不止这些。据人力资源和社会保障部统计[①]，2012年城镇职工基本养老保险个人账户累计记账额达到29543亿元，累计做实个人账户基金收入为3499亿元。以此计算，即使减去做实的个人账户基金，个人账户空账额依然超过2.6万亿元，《中国养老金保险发展报告2013》（郑秉文，2013）显示，城镇职工基本养老保险个人账户空账继续扩大。从全国来看，2012年城镇职工基本养老保险基金累计结余额为23941亿元，这就是说，即使把城镇职工基本养老保险基金积累的所有资金都用于填补个人账户，仍然会有2103亿元的缺口。因此，2012年财政补贴社会统筹账户2648亿元，实际上只是基本养老保险的全部财政负担一半左右。虽然有一定的结余，但问题是这23941亿元基金结余分散在全国各个省份，且各省份基金收支状况不仅存在很大的地区差异，而且相互之间不能互相调剂使用，有结余的省份考虑如何使结余保值增值，有缺口的省份就依靠财政补贴。因此，如果全部做实个人账户实际落实起来，财政负担应该会远大于现在实际补贴的数额。

根据中国社会科学院发布的《中国国家资产负债表2013》报告，如果执行现行养老保险体系，到2023年全国范围职工养老保险即出现资金缺口，到2029年累计结余将消耗殆尽，到2050年职工养老金累计缺口将达到802万亿

---

① 王羚. 基本养老保险扩面放缓 个人账户空账超2.6万亿 [EB/OL]. http://www.yicai.com/news/2013/12/3218032.html, 2013-12-13.

元，占当年 GDP 的比例达到 91%。另外，到 2050 年中国全社会总养老金支出占 GDP 的比例将为 11.85%，这一水平将与当前欧洲一些高福利国家的水平大致相当[①]。到 2050 年，为了维持养老体系运转所需财政补贴占当年 GDP 的比例已经达到 8.46%，而占当年财政支出的比例达到 34.85%，即约 1/3 的财政支出被用于弥补养老保险的资金缺口。

4.2 机关事业单位职工社会养老保险的财政负担

我国城镇职工养老保险制度改革，一开始主要以企业职工为对象，没有把机关和事业单位职工包括进来，所以现在的社会养老保险体系是两个运行系统并行。机关和事业单位职工养老基本还是按照计划经济时代的方式运行，尽管有些地方在试点进行事业单位并轨改革，但进展缓慢现在基本处于停止状态，至今统一的事业单位养老保险制度改革还没有起步。从全国范围看，现行事业单位养老保险制度，仍然执行的是传统单位离退休养老保障制度的有关规定，仍在按照计划经济时期模式运行，职工退休养老金全部由国家财政负责，可以说改革四十年来，机关和事业单位职工养老制度仍是改革的最后死角，给财政带来一系列的负担。

由于机关事业单位职工社会养老保险金全部由国家财政负责，每年的国家行政机关事业单位职工离退休费总额也就是机关事业单位职工社会养老的财政负担。按照相关群体收入协调理论，无论是机关事业单位还是企业单位的职工退休后的社会养老保险金差距应该在一定范围内，或者说一个职工在工作期间无论属于机关事业单位还是属于企业单位，退休后领取的社会养老保险金应该基本相当。因此，比照企业职工基本养老保险制度模式和待遇水平，可以把当前机关事业单位职工社会养老制度的全部财政负担效应分解为三部分：一是正常负担；二是越位负担；三是超额负担。

---

① 中国社科院经济学部发布《中国国家资产负债表 2013》报告 [EB/OL]. http://www.587766.com/news5/29337.html, 2013-12-23.

4.2.1 正常负担、越位负担与超额负担分解

20 世纪 90 年代以前，公务员和企业职工的养老待遇基本没有差别，例如，1990 年某市机关月人均养老金 145 元，企业 149 元，两者相差无几。1993 年以后，公务员进行工资改革，公务员的养老金替代率一下子从 75% 上升到 92%，2006 年公务员工资再次改革，退休公务员的养老待遇也做了进一步的调整，再次提高了他们的待遇水平。"从养老金替代率上看，普通职工和公务员差别确实很大……实际上普通城镇职工的养老金替代率只有 30% 左右，而公务员、事业单位工作人员养老金替代率高达 80%。一些专家表示，若算上各种名目的补贴，部分机关、事业单位职工的退休金替代率可以达到 90% 以上"[1]。除了替代率相差悬殊之外，计数的基础相差更大，公务员养老金的计算基数是其退休前一个月的工资，而企业的基数则是当地社会平均工资；而且各地的一般情况是公务员平均工资远高于企业职工平均工资，如根据某市社保局最新公布的 2011 年城镇非私营单位在岗职工平均工资数据显示，住宿和餐饮业的是 15117 元/人·年，公共管理和社会组织的是 34930 元/人·年[2]。"据全国人大常委会法制工作委员会行政法室提供的资料显示，由于机关事业单位和企业实行不同的退休养老制度，待遇计发办法和调整机制不同，资金渠道不同，待遇差距问题越来越突出，到 2006 年年底，全国平均水平机关事业单位退休人员高出企业 2 倍多"[3]。据北京师范大学中国收入分配研究院执行院长李实及其团队的研究，一般公务员养老金在 4000 元左右，事业单位比公务员低 20%~30%，企业养老金大部分在 1500~2000 元[4]。目前个别地方这种差距甚至达到三倍，中国社科院世界社保研究中心主任郑秉文指出，机关、事业单位与企业间的待遇差距呈拉大趋势。

---

[1] 卢驰文. 机关事业单位养老保险制度并轨的财政压力分析 [J], 理论探索, 2008 (1): 78-81.

[2] 白天亮. 养老新举措 "新" 在哪儿 [N]. 人民日报, 2005-12-15: (002).

[3] 中华人民共和国财政部. 中国财政年鉴 2010 [M]. 北京: 中国财政杂志社, 2010: 457.

[4] 耿雁冰: 养老金双轨制广遭诟病 事业单位曾试点并轨 5 年未果 [EB/OL]. http://news.dahe.cn/2013/05-07/102150509.html, 2013-5-7.

一般公务员也都是普通的劳动者，只不过工作的对象是社会公共事务，工作岗位在公共部门，很难说对社会有多少特殊贡献，本质上与其他的从业者应该没有区别[①]，社会养老待遇也不应该过于优厚。从这个意义上，就可以剖析机关事业单位职工离退休后享受的社会养老待遇产生的财政负担，进一步分为正常负担、越位负担与超额负担。所谓机关事业单位社会养老的正常负担，就是指政府以机关事业单位职工"雇主"身份，对其雇员支付的基本相当于企业职工社会养老待遇水平的那部分财政支出；所谓越位负担，是指机关事业单位职工个人不缴社会养老费而相当于财政代缴的那部分财政支出；所谓超额负担，是指因机关事业单位社会养老待遇水平高出企业职工社会养老待遇水平所导致的财政支出。因此，机关事业单位社会养老的现实财政负担，是由正常负担、越位负担和超额负担构成的，即：

$$现实负担 = 正常负担 + 越位负担 + 超额负担 \quad (4.4)$$

假设按照保守估算，以机关事业单位退休人员养老金是企业退休职工的2倍计，那么，机关事业单位职工社会养老的超额财政负担，就应该是机关事业单位离退休待遇水平超出企业职工养老保险待遇水平所产生的那部分财政支出额，即机关事业单位社会养老现实负担的一半。即：

$$超额负担 = \frac{现实负担}{2} \quad (4.5)$$

现实负担的另外一半则由越位负担与正常负担构成。由于机关事业单位职工养老保险不用个人缴费，职工离退休费全部是由国家财政全权保障的养老制度，如果比照企业职工基本养老保险制度中个人缴费的比例，则可以计算出目前机关事业单位养老的越位财政负担，也就是与"缴费型"企业职工养老保险相比，本应该由职工本人承担而由财政代为负担的那部分。按照企业职工基本社会养老保险缴费规定的单位与个人缴费比例分别是20%和8%，假如也是现收现付制，那么个人缴费应该承担离退休正常待遇水平所需支出的8/28，即2/7；所谓离退休正常待遇水平就是与企业社会养老待遇水平基

---

① 周凤珍. 机关事业单位与企业养老制度并轨的财政压力分析[J]. 地方财政研究, 2013 (3).

本相当的待遇水平，那么，财政的越位负担，就是机关事业单位职工个人不用缴费，而相当于财政替个人多承担了正常离退休支出水平的2/7的财政支出，即：

$$越位负担 = \frac{2}{7}(现实负担 - 超额负担) = \frac{现实负担}{7} \quad (4.6)$$

由此根据前面的等式可以计算出正常财政负担为：

$$正常负担 = 现实负担 - 超额负担 - 越位负担$$
$$= 现实负担 - \frac{现实负担}{2} - \frac{现实负担}{7}$$
$$= \frac{5}{14}现实负担 \quad (4.7)$$

根据式（4.5）~式（4.7），可以计算出近年来财政的机关事业单位社会养老保险超额负担、越位负担与正常负担，数据如表4-14所示。

表4-14　　　　机关事业单位社会养老保险财政负担　　　　单位：亿元

年份	现实负担	超额负担	越位负担	正常负担
2005	1164.83	582.42	166.40	416.01
2006	1330.2	665.1	190.03	475.07
2007	1566.90	783.45	223.84	559.61
2008	1812.49	906.245	258.93	647.32
2009	2092.95	1046.475	298.99	747.48
2010	2353.55	1176.775	336.22	840.55
2011	2737.75	1368.875	391.11	977.77
2012	2848.84	1424.42	406.98	1017.44

资料来源：根据国家财政部官方网站：全国公共财政支出决算表。http://yss.mof.gov.cn/2011qgczjs/201207/t20120710_665233.html. 以及历年《中国财政年鉴》数据整理计算。

相对于正常负担而言，越位负担和超额负担就属于非正常负担了，总非正常负担即为超额负担和越位负担之和。从图4-6中可以看出，财政承担的非正常负担大于正常负担，历年来非正常负担基本上是正常负担的1.8倍左右，也就是说，历年来财政支出的机关事业单位离退休费中，正常负担占1/3

左右，而非正常负担要占 2/3 左右。

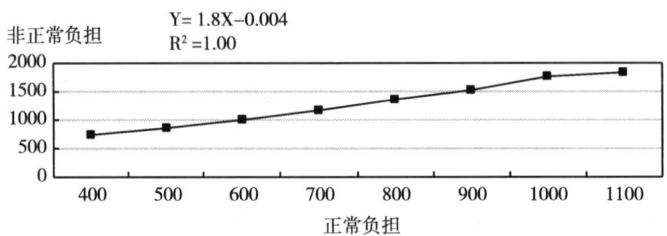

图 4-6　历年来正常和非正常财政负担关系及其发展趋势

再把近年来机关事业单位社会养老的非正常财政负担，与企业职工基本社会养老保险财政补贴进行对比，如表 4-15 所示。

表 4-15　社会养老保险中机关事业单位非正常财政负担与企业情况对比　　单位：亿元

年份	机关事业单位非正常负担	企业职工社会基本养老财政补贴
2005	748.82	651
2006	855.13	971
2007	1007.29	1157
2008	1165.18	1437
2009	1345.47	1646
2010	1513.00	1954
2011	1759.99	2272
2012	1831.4	2648

资料来源：根据历年《中国财政统计年鉴》数据整理。

利用最小二乘法得到机关事业单位非正常负担（FZCFD）与企业职工社会基本养老财政补贴（QFD）之间的回归关系是：

$$FZCFD = 0.59 \times QFD + 333.47$$
$$t = (19.60) \quad (6.43)$$
$$R^2 = 0.98$$
$$F = 384.08 \qquad\qquad (4.8)$$

如图 4-7 所示，根据历年企业职工社会基本养老保险财政补贴统计数据，可以推算出机关事业单位非正常负担占企业社会养老保险财政补贴比例基本都在70%以上，但呈现逐年下降的趋势。

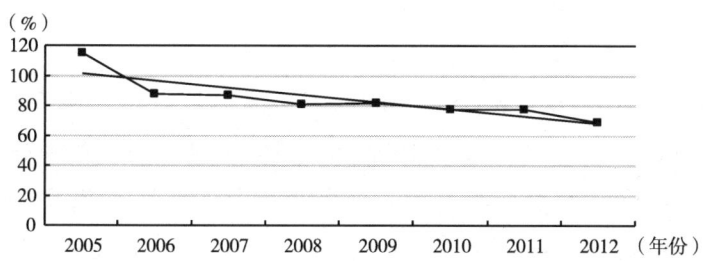

图4-7 机关事业单位非正常财政负担对企业社会养老财政补贴占比及趋势

由以上分析可以看出，机关事业单位社会养老的财政支出负担中，制度隔离造成的非正常支出部分不可忽视，无论与其制度内的正常支出部分相比，还是与制度外的企业职工社会基本养老保险财政补贴支出相比，都占有相当高的比重。

4.2.2 引致财政负担分析

机关事业单位职工的社会养老金远远高于其他群体，成为其他群体攀比的对象，尤其是比邻的企业职工群体不公平最为强烈。对于企业早期退休的老职工来说，当年去什么地方和什么单位工作，都是听从党的指示，服从党的安排，他们想不通为什么都是为党而工作，但退休后养老金差距这么大。无论从养老保险的覆盖范围或待遇水平来看，机关事业单位职工与其他群体的都相差很大，前者实行全覆盖，养老金源于财政，而企业职工养老保险以个人缴费和单位缴纳相结合，保障水平较前者低很多。中国社科院世界社保研究中心主任郑秉文研究发现，1999年，机关、事业单位年人均离退休费与企业之比为0.8，但2000年、2001年即迅速扩大为1.5，2002年、2003年、2004年达到1.8，最近几年进行绩效改革，工资上涨，导致机关、事业单位与企业间的待遇差距呈拉大趋势。其他学者通过研究也发现，最近几年，不同群体退休人员养老金水平差别越来越大。

不同群体养老金水平的巨大差距，影响社会公平，有可能会引发各种潜在的社会矛盾。为了缩小差距,要么降低机关事业单位职工的养老待遇,要么提高企业退休职工的养老金待遇水平,我们知道,政府采取的是后者,即将企业养老金进行上提,以缩小与机关事业单位养老金的差距。自 2005 年起,政府连年调整企业退休人员基本养老金水平,每年调整的幅度都在 10% 以上,2012 年调整后企业退休人员月人均养老金达到 1721 元,并且这种调整主要依靠财政投入,国家人力资源和社会保障部数据显示,各级财政对养老金的投入从 1998 年开始的 20 亿元,到 2012 年已经增加到 2000 多亿元,20 年间增长 100 多倍。在调整的待遇水平中,有一部分属于正常调整,如通货膨胀因素引起的调整,其余很大成分都是由机关事业单位高待遇水平所引起的调整,从而使财政支出为之而增加,即衍生出了引致财政负担。

企业退休人员的总体待遇水平与 2005 年调整前相比较,翻了一番多,根本性调整机制还没有建立起来,还会随着机关事业单位职工养老保障水平继续过度增长,引致财政负担对未来财政会形成很大的压力。北京师范大学中国收入分配研究院执行院长李实称,从这个角度讲,养老金改革应该朝着一体化的方向迈进,未来几年,政策制定需要设法提高企业和居民的养老保障水平,限制公务员养老金标准增长,缩小不同群体间的差距,已成为社会保障领域的共识①。从大方向上看,业界普遍认为,各种养老体系应该纳入统一的框架之中,尤其是机关事业单位养老体制和企业的并轨,实行大致相同的缴费水平和支付标准,消除财政的引致负担。

4.2.3 机关事业单位社会养老财政负担预测

机关事业单位离退休金就是其社会养老财政负担,根据 1998~2012 年机关事业单位离退休金总额数据,建立 ARMA 回归方程:

$$D(JFD) = 35.16 + 17.84 \times @TREND(1997) - 0.88 \times MA(1)$$
$$(1.75) \quad\quad (8.34) \quad\quad\quad (-6.499) \quad\quad (4.9)$$

---

① 耿雁冰. 养老金双轨制广遭诟病 事业单位曾试点并轨 5 年未果 [EB/OL]. http://news.dahe.cn/2013/05 - 07/102150509. html, 2013 - 5 - 7.

$R^2=0.688$　　$F=12.13$　　$D.W=2.356$　　$s.e=60.499$　　Inverted MA Roots：.88

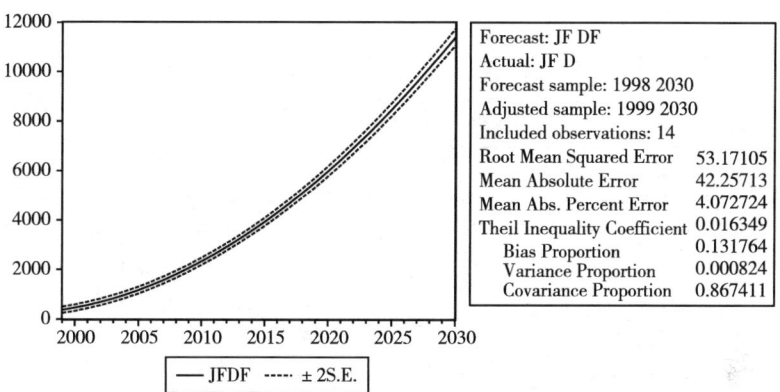

其中，JFD 表示机关事业单位社会养老财政负担。

从预测数额看，机关事业单位社会养老的财政负担与企业职工社会养老保险财政负担基本相当（见表 4-16 和图 4-8）。

表 4-16　　　　　机关事业单位社会养老财政负担预测　　　　单位：亿元

年份	财政负担预测值	年份	财政负担预测值
1999	365.4218	2012	2910.285
2000	454.1158	2013	3230.953
2001	560.654	2014	3569.464
2002	685.0363	2015	3925.82
2003	827.2626	2016	4300.02
2004	987.3331	2017	4692.064
2005	1165.248	2018	5101.952
2006	1361.006	2019	5529.684
2007	1574.609	2020	5975.26
2008	1806.056	2021	6438.68
2009	2055.347	2022	6919.945
2010	2322.482	2023	7419.053
2011	2607.462	2024	7936.006

续表

年份	财政负担预测值	年份	财政负担预测值
2025	8470.803	2028	10182.26
2026	9023.444	2029	10788.43
2027	9593.929	2030	11412.45

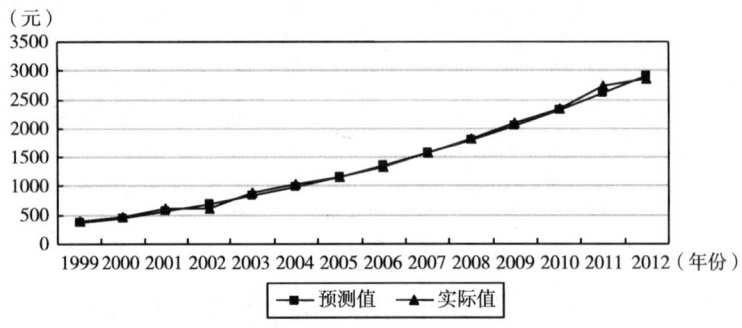

图4-8 预测值与实际值对比

4.3 城乡居民社会养老保险的财政负担

在国务院2009年出台新型农村社会养老保险（简称"新农保"）试点的指导意见，继2009年"新农保"试点之后，2011年又出台了城镇居民社会养老保险（简称""城居保""）试点的指导意见。根据国务院文件国发［2009］32号和国发［2011］18号，"新农保"的参保范围是年满16周岁（不含在校学生），未参加城镇职工基本养老保险的农村居民，城镇居民社会养老保险的参保范围是，年满16周岁（不含在校学生）、不符合职工基本养老保险参保条件的城镇非从业居民；由于两者的缴费和待遇等标准基本相同，一般把它们合起来称为城乡居民社会养老保险。因此，城乡居民社会养老保险就是指我国现行的农村社会养老保险和城镇居民社会养老保险。根据规定，地方政府应当对城乡居民社会养老保险参保人缴费给予补贴，补贴标准不低于每人每年30元；对选择较高档次标准缴费的，可给予适当鼓励，具体标准和办法由省（区、市）人民政府确定。对重度残疾人等缴费困难群体，地方政府为其代缴部分或全部最低标准的养老保险费；养老金待遇由基础养老金和个人账户养老金组成，支付终身。中央确定的基础养老金标准为每人每月55元。地方政府可以根据实际情况提高基础养老金标准，对于长期缴费的农村居民，可适当加发基础养老金，提高和加发部分的资金由地方政府支出。因此，城乡居民社会养老保险的财政负担主要来自两个方面：一是对个人缴费的补贴（"进口"补），二是对基础养老金的补贴（"出口"补）。

2012年两项制度实现全覆盖，形成了覆盖城乡的养老保险制度体系。各地财政部门一般考虑到城乡基本生活费用的差别，对城镇居民发放的基础养老金一般会略高于农村居民。2014年2月21日，国务院印发了《关于建立统一的城乡居民基本养老保险（行情专区）制度的意见》，经国务院同意，2月24日人社部、财政部印发了《城乡养老保险制度衔接暂行办法》，并将在各地逐步实施。

根据年度人力资源和社会保障事业发展统计公报，2010年年末全国有27个省、自治区的838个县（市、区、旗）和4个直辖市部分区县开展国家新型农村社会养老保险试点，年末全国参加新型农村社会养老保险人数10277万人，其中领取待遇人数2863万人；2011年年末全国有27个省、自治区的1914个县（市、区、旗）和4个直辖市部分区县开展国家新型农村社会养老保险试点，年末国家新型农村社会养老保险试点地区参保人数32643万人，其中实际领取待遇人数8525万人；2012年末全国所有县级行政区全面开展国家城乡居民社会养老保险工作，年末国家城乡居民社会养老保险参保人数48370万人，其中实际领取待遇人数13075万人。假设财政对每个参保人和养老金领取人，都按国务院文件规定的标准额给予"进口"和"出口"补贴，可以计算出城乡居民社会养老保险的财政负担是：2010年为211.2亿元，2011年约为635亿元，2012年约为968.84亿元；它们分别占其当年全国公共财政支出的0.23%、0.58%和0.78%。

随着老龄化速度加快，农村居民社会养老的财政支出会不断提高。由于有不用缴费的基础养老金（城市养老保险都要自己缴费），农民工年老以后会纷纷回乡养老，以便能免费领取基础养老金，也会加大财政负担。另外,基础养老金也要浮动,从刚性原则来看,增长的可能性大,这也会增加财政负担。① 在未来的30~40年内中国的城镇化率可能达到70%左右。根据②最新研究文献,中国(2011~2050年)按照城乡人口比增长率法测算的未来城镇化率年均增幅为0.627,2010年的城镇化率为45%左右,可以依照城乡人口结构的变化就现行制度下城乡居民社会养老保险的财政负担进行粗略估计。城乡居民社会养老保险的覆盖对象中,城镇居民数量较少在此忽略不计,以农村居民人口为主体进行估计。假设财政按照"出口补"方式支出,而且城乡60岁以上老人的分割比例与城镇化率一致,基础养老金按照每年5%的增长率调整,估计的结果如表4-17所示。

表4-17　　　　　农村居民社会养老保险财政负担预测

年份	城镇化率（%）	农村60岁以上人口（万人）	基础养老金（元/年）	财政负担（亿元）
2014	47.51	9321.11	693	645.95
2015	48.14	9947.35	727.65	723.82
2016	48.76	10560.08	764.03	806.82
2017	49.39	11094.74	802.23	890.06
2018	50.02	11728.36	842.35	987.93
2019	50.64	12265.49	884.46	1084.84
2020	51.27	12649.65	928.69	1174.76
2021	51.90	13082.61	975.12	1275.71
2022	52.52	13360.92	1023.88	1367.99
2023	53.15	14065.10	1075.07	1512.10
2024	53.78	15145.94	1128.82	1709.71
2025	54.41	16085.74	1185.27	1906.59
2026	55.03	17047.88	1244.53	2121.66

① 简新华,黄锟. 中国城镇化水平和速度的实证分析与前景预测 [J]. 经济研究,2010 (3):36.
② 高春亮,魏后凯. 中国城镇化趋势预测研究 [J]. 当代经济科学,2013 (7):90.

续表

年份	城镇化率（%）	农村60岁以上人口（万人）	基础养老金（元/年）	财政负担（亿元）
2027	55.66	18006.22	1306.75	2352.97
2028	56.29	18813.12	1372.09	2581.33
2029	56.91	19905.44	1440.70	2867.77
2030	57.54	20881.82	1512.73	3158.86

从预测结果来看，财政负担并不是很重，应该在财政的可承受范围内。

4.4 目前社会养老保险财政负担凸显的主要问题

4.4.1 社会养老保险财政负担规模表现出不可控的趋势

自从1997年实行城镇职工社会养老保险统账的制度以来，各地在实施社会养老保险制度的改革过程中，收不抵支，个人账户的"空账"问题普遍存在而无法解决。据世界银行一项估算，2001~2075年，中国这一缺口甚至有9万亿元之巨。这一问题如果不能很好解决，个人账户的空账运行现象无疑会使养老保险参保者担忧未来养老金支付的风险，不仅政府的公信力会受到影响，也会动摇雇员参加社会养老保险的信心。这样一来，个人也就不会特别在意企业是否为之缴纳养老金，甚至要求企业把一部分养老金缴费直接发放给个人，相当于合谋偷逃养老金缴费，这样下去就动摇了社会养老保险制度存在的基本根基，进一步导致制度运行的财政负担加重。

要落实制度设计时的初衷，即个人账户实行完全积累，社会统筹账户实行现收现付，那么财政就要承担从现收现付制过渡到基金积累制或部分基金制的转型成本，为消化养老保险制度的转型成本，最好的办法当然是财政一次性还清债务，但在如此巨大的转型成本下，财政无法一次承受如此巨大的缺口支出压力。由于无法一次性落实所有的个人账户，财政对于社会养老保险的所有收支缺口只能实行渐行渐补的方式。财政弥补城镇职工社会养老保险缺口，每年几乎是按15%左右的配比支出，对于机关事业单位离退休费全包，对于城乡居民参保者实行"进口"和"出口"同时补贴，足见现行的社会养老保险体系中，哪一块也离不开财政而独立持续发展。所以社会养老保险制度已经把财政牢牢地捆绑住了。

为了未来弥补社会保障支出的战略储备需要，2000年党中央、国务院决定设立"全国社会保障基金"，基金的主要资金来源是财政拨款和国有股减持。2001年6月13日，国务院发布了《减持国有股筹集社会保障资金管理暂行办法》（以下简称《办法》）。《办法》中第五条明确规定，国有股减持措施主要采取国有股存量发行的方式。凡国家拥有股份的股份有限公司（包括境外上市的公司）向公共投资者首次发行和增发股票时，均应按融资额的10%出售国有股。国有股存量出售的收入，全部上缴全国社会保障基金。但就在此政策出台4个月后，2001年10月22日，中国证监会宣布停止执行《减持国有股筹集社会保障资金管理暂行办法》第五条规定。由于中国资本市场不成熟和不规范，通过国内证券市场减持国有股的改革方案导致了股市的强烈震荡。由于考虑到这是关系到国家经济发展大环境的问题，于是减持方案停止。国有股减持充实社保基金的方案遭到了市场的拒绝。全国社保基金的基金来源很大程度上受到影响，国家只有增加财政拨款，这增加了财政支出的压力。

为了降低未来财政风险和杜绝支付危机，从2001年开始在辽宁省进行真正做实个人账户的试点。从试点情况看，财政补助对统筹账户的填补巨大，2001年补贴额为7.2亿元，2002年增加到14.4亿元，此后便按此数额实行定额补贴，多余款项由地方政府通过扩大社保基金征缴面等方法筹措解决。截至2005年年末，各级财政共投入辽宁省社保统筹账户84.53亿元，其中中央财政补助64.8亿元，地方财政补助19.73亿元。2004年又在黑龙江和吉林两省进行试点，2006年试点又扩大到全国8省市地区；从现实角度看，一旦真正做实个人账户，每年所需的财政补贴将十分庞大，财政压力过大，从现阶段财政能力角度出发，在国家财力还没有足够坚挺的情况下，提前进入支付危机会给国家带来不稳定的社会问题。即使做实个人账户,由于中国资本市场不成熟和不规范,仍存在未来不确定的风险,如果不能保证增值保值而导致总替代率太低,依赖的只能是财政支持,资金在个人账户中转了一圈还是没有减轻财政支出的压力。

因此,从目前的情况来看,我国社会养老保险制度已经离不开财政补贴,否则无法运行下去,也就意味着社会养老保险制度的可持续性依赖于财政补贴和财政的承受能力,社会养老保险制度已经"绑架"了财政,未来养老金支付发生任何风险无疑增加了中国未来的财政风险。

4.4.2 不同群体享受的公共财政资源差距较大

由于我国目前社会养老保险制度的碎片化,导致不同群体社会养老保险待遇水平差距巨大,而且导致其待遇水平差别的主要因素之一是享受公共财政补贴的数额之差,从这一点看,不同群体社会养老保险制度的公平问题非常突出。

4.4.2.1 企业部门与公共部门之间存在差距

公职人员即机关、事业单位职工,目前机关、事业单位职工与企业职工社会养老保险实行的是不同的制度,机关事业单位的养老保险待遇与企业职工的养老保险制度不相衔接,即所谓"双轨制";机关、事业单位社会养老保险制度与企业部门相比较,差距较大。

(1) 制度"出口":待遇水平的悬殊。首先是计算养老金的基数高,机关事业单位职工退休金按其退休前一个月工资为计算基数,企业部门从社会养老保险统筹账户中领取的基础养老金是以社会平均工资为计算基数的,历年统计年鉴数据都表明机关事业单位职工平均工资是高于社会平均工资的;其次是养老保险替代率高,机关事业单位职工退休金按其退休前一个月工资的固定比例发放,替代率一般在100%左右,而且随着在职者工资同步调整,而企业部门的替代率,从中国劳动统计年鉴的相关数据看,近年来一直在下行,到2011年仅为42.9%,由于没有规范的调整机制还存在继续下降的趋势,在企业职工养老金替代率下降的同时,机关事业单位的养老金替代率没有降低,甚至个别有上涨的现象。正如中国人民大学公共管理学院社保研究所所长李珍所言,如今我国企业养老金替代率已在40%的水平,而机关事业单位养老金替代率一直维持在100%左右①。所以机关事业单位公职人员的养老金替代率连年保持在100%左右,企业养老金替代率已不足其二分之一②,无论是名义替代率还是实际替代率都远高于企业;根据2011年国家审计署的审计报告显示,2011年我国城镇非私营单位在岗职工平均工资42452元,企业职工养老金为月均1516.68元,基本可以推算机关事业单位的养老金是企业部门的2~3倍。

(2)制度"进口":个人缴费义务的不同。机关事业单位职工个人不用缴纳养老保险费,企业部门职工每月要按照其工资的8%缴纳养老保险费,这一差别就使在职者的可支配收入相差8%。假设有两个人甲和乙,其工资水平都是每月4000元,其中,甲在企业部门工作,乙在公共部门工作,那么,按规定甲每月应缴纳社会养老保险金额为:4000元×8% = 320元,一年要缴纳金额为:320元×12 = 3840元,最低要缴纳15年,即使工资不变按最低缴费年数15年计算,要缴纳57600元,若按照缴费35年计算,要缴纳134400元;实际上工资会不断增长,近年来每年要涨10%左右,所以甲退休时所缴纳的金额数要远远大于上面的数字。

如此可见,甲乙二人在社会养老保险制度的"进口"和"出口"的收入,因制度因素导致的收入差距是巨大的。

4.4.2.2 城镇职工与城乡居民之间存在差距

每年财政对城镇职工基本社会养老保险参保离退休人员的补贴金额如表4-18所示。

---

①② 韩宇明. 数据显示企业和机关事业单位养老金待遇差距加大 [EB/OL]. http://finance.chinanews.com/cj/2012/09-14/4182550.shtml, 2012-09-14.

表 4-18　城镇职工基本社会养老保险离退人员年均享受财政补贴

年份	各级财政补贴（亿元）	参保离退休人数（万人）	人均财政补贴（元）
2002	408.2	3380.6	1207.5
2003	530	3380.6	1567.8
2004	614	4102.6	1496.6
2005	651	4367.5	1490.6
2006	971	4635.4	2094.7
2007	1157	4953.7	2335.6
2008	1437	5303.6	2709.5
2009	1646	5806.9	2834.6
2010	1954	6305	3099.1
2011	2272	6826.2	3328.3
2012	2648	7446	3556.3

资料来源：根据历年《人力资源和社会保障事业发展统计公告》数据整理。

从表 4-18 数据可以看出，2012 年平均每位退休人员每年获得的财政补贴达 3500 元之多，按照逐年增长的趋势判断，以后还会逐年增加。而参加城乡居民社会养老保险的居民，年满 60 周岁后，按照规定可以领取，由财政支付的基础养老金标准为每人每月 55 元，每年共计 660 元。假如用 2012 年的数据进行比较，城镇职工社会养老保险退休者平均享受公共财政补贴金额是城乡居民的倍数是：

$$3556.3 \div 660 \approx 5.4 (倍)$$

可见，城镇职工与城乡居民养老保险的参保者领取养老金时，享受公共财政补贴的差距也是巨大的。

4.4.2.3　养老制度存在的问题

（1）身份属性方面的问题。养老保险以身份属性取代其社会属性，不同的社会人群施用不同制度，形成分割的制度体系，妨碍了人力资源市场的发展，与市场经济体制大环境不相协调。计划经济体制下的条块分割管理模式，所有的单位均可按隶属关系找到主管部门，主管部门则对所主管的单位负责。

在养老保障制度设计和管理上以人身依附关系来决定人的养老待遇，抹杀了养老保险的社会属性，因而不能适应社会发展的要求。

（2）制度安排和分配结果方面的问题。前面已多次论述，按照我国城镇职工的单位属性——机关事业单位或企业性质的不同，将其养老保险制度实施两套不同方案，无疑损害了社会公平。中国社会养老保险制度条块分割的局面，造成了社会成员在养老保险待遇水平以及享受公共财政补贴的差距。

这不仅与公共财政服务均等化的公平理念相悖，而且各群体彼此攀比，同时造成了财政负担连年攀升的风险，非常不利于社会的健康稳定发展。

4.4.3 影响公共财政资源的最优配置

一定时期的财政收入是一定的，一定时期政府用于社会保障的支出也基本不变，如果用于社会养老保险方面的支出过多，必然会挤压社会保障体系中其他的保障项目，如社会救济等。公共财政不仅要公平支出，也要有效率地支出，在总财力一定的情况下，各项支出的关系是此消彼长的，由于社会养老保险的财政负担过重，对那些最需要政府救济的人的保障支出因此而得不到保证，或者其他更需财政加大支出的项目因此而受到影响，那么财政资源就没有达到最优配置。政府对社会养老保险的"兜底"责任，多年来显示出财政负担的刚性增长态势，将不利于各个时期财政资源的最优配置，因为最优配置是随时需要调整的，不可固化。而且，经济形势是不断发展变化的，经济形势的变化不仅将导致财政收入发生变化，也会引起财政支出的调整，如果财政一直背着社会养老保险收支巨大缺口这个沉重的负担，且这个负担随着时间像滚雪球似的越滚越大，将严重影响财政资源的配置效率，使财政没有足够的能力在宏观调控、就业等方面发挥应有的作用。欧洲有些国家的情况就是如此，我们当引以为鉴。

在退休职工社会养老的问题中，政府以什么样的方式进行投入是一个重大问题。就如同企业养老保险制度改革以前，财政与社会养老的关系，是通过给企业提供亏损补贴或企业上交财政的利税减少的方式进行的；改革后财政与社会养老的关系，是不再给大部分企业提供亏损补贴，而是把补贴用到社会养老保险收支缺口上;虽然都是财政补贴,但后者激活了企业的市场竞争意识,企业的经营效率大大提高了。

除了影响财政资源的最优配置外,从更深更广的范围看也深深地影响着社会资源的最优配置。首先,影响全社会劳动力资源合理配置,劳动经济学的基本理论告诉我们,劳动力自由而无障碍地在全社会流动,是实现全社会劳动力资源最优配置的前提条件。目前我国的社会养老保险制度体系不统一,必然会阻碍劳动力要素的合理流动,影响全社会劳动力资源配置的效率。我国的社会养老保险制度长期以来处于"碎片化"状态,社会养老保险制度模式,有企业职工、城镇居民、"新农保"、机关事业单位四种养老模式,缴纳方式、缴费标准不同、待遇都相差甚远;各群体之间社会养老保险制度不统一,尤其是两大公共部门与企业部门之间的制度隔离,不利于事业单位与机关和企业之间人员的有序流动,不仅阻碍着机关、事业单位人事制度改革的进一步深化,也影响全社会劳动力的合理配置和社会的和谐稳定,以及影响财政资源的优化配置,这些当然都会损害社会的整体效率。再从统筹层次角度看,社会养老保险实行省级统筹的"分疆而治"办法,让流动劳动力及其家人深受其苦。我国养老保险制度目前最高只做到省级统筹,人员流动时社会保险关系能不能顺畅地跟着走,"转出地"希望人走了但别把统筹基金带走,"转入地"则担心要用积累的资金来补贴新来的劳动力,地方财政利益分配如果不合理,就会影响接续的实际操作。也正是利益的反复羁绊,使一些整合接续政策即使出了台也难以顺畅落地。虽然近年来国家制定了转移接续办法,但一些地方欢迎年轻人来缴纳社保、却不愿他们在那里退休,人为设置障碍,增加了不少参保人员的办理难度,甚至影响到其养老待遇的享受,这在一定程度上影响劳动力的流动方向。任何因素只要阻碍生产要素的合理流动,都会影响全社会的资源配置效率。

其次,影响企业资源的最优配置。目前,[①] 我国企业职工基本社会养老保险缴费率过高已是不争的事实,几乎超出了企业的承受能力,体现出与经济发展水平不相适应的形势。由于缴费率过高,企业以逃费和欠费策略回应,

---

① 李娟. 我国基本养老保险逃费问题及治理对策探讨 [J]. 科技信息, 2009 (7): 313.

为了躲避缴费，隐瞒收入或少报收入以降低缴费基数而逃避缴费，或向地下经济转移，征缴收入的减少导致养老社会保险缴费率不断提高，并高于实际应有的费率，这样就扭曲了劳动市场的运行规律，增加了征缴成本和社会福利成本，所以缴费率过高损失征缴效率。而且，缴费率过高降低企业的国际竞争力。如果企业无法正常生存和发展，反过来又会削弱企业的缴费能力，而且影响就业、财政收入、人们生活水平的提高等，经济社会发展方方面面都会受到阻碍，形成一个恶性的循环。目前，世界各国企业缴纳基本养老保险费率一般为10%左右，而我国目前规定企业的缴费率为20%，高于世界平均水平的一倍。我国还是发展中国家，企业的国际竞争力不强，还需要大力支持企业发展，让企业的利润尽可能多用于发展，减轻负担。据中国之声《新闻和报纸摘要》报道，工业和信息化部2013年9月23日首次发布《全国企业负担调查评价报告》（以下简称《报告》）。《报告》显示，超7成企业反映税收负担较重。《全国企业负担调查评价报告》通过对全国2000多家中小企业调查，结果显示，企业总体毛利率达19%，但平均利润率只有5.1%，工信部中小企业中心主任秦志辉说：5.1%里面如果是进一步扣除所得税，从企业来说，剩余的净利润就不多了，就会进一步减少，这样一来使企业进行再分配或进一步投资，它自身调配的空间就比较小了[1]。对于劳动密集型企业，更需要生存空间以解决就业问题。当初推动企业养老保险制度改革的目标，就是要减轻企业的养老负担，提高其市场竞争力，而现在不应该换一种方式加重企业的养老负担。

机关事业单位养老保险制度改革滞后，影响全社会人力资源的优化配置。企业建立了统账结合的基本养老保险制度，设立了养老保险个人账户，而机关事业单位基本仍实行传统的退休制度，为正常的劳动力流动增添阻力设置了障碍，导致机构改革人员难以分流，影响经济社会发展的效率。

---

[1] 全国企业负担调查报告：超7成企业反映税负较重[EB/OL]. http://news.xinhuanet.com/yzyd/energy/20130924/c_117475817.htm, 2013-9-24.

第5章　国际社会养老保险财政负担模式比较与借鉴

总体来说，世界各国养老保障的责任就是由政府、雇主和雇员三方共同来承担的。有的国家，政府主要承担制度发动的责任，个人和企业缴费是社会养老保险基金的主要来源，缴费责任由雇主和雇员平等分担。由于缴费不足，目前很多国家都要用财政收入去补贴养老保障制度。因此，多数国家的政府不仅是制度的发动者还是制度的担保者，而且①国家将来源于税收的财政收入的一部分用于补贴养老保障，人们认为这样比较公平，但具体方式各不相同。在一些国家，政府的养老保障补贴数额由某个公式计算而得，也有一些国家，政府的养老保障补贴被用来填补当年养老保障赤字；有全民普惠制的，保证每一个公民都能享有一定的社会养老保障待遇，也有只对穷人承担起发动者的角色，对具有劳动能力和收入能力的人仅以税收优惠鼓励他们建立雇主计划和提供最后担保，如美国就是如此。总之，世界各国政府对社会养老承担责任的方式和程度差别较大，并没有一个统一的模式。

5.1 财政全包型改革：从免费到缴费

财政全包型，就是养老金全部由财政出资，比较典型的是苏联和英国的较早期阶段，虽然由于多种因素导致该模式难以持续必须改革甚至取消，但在相关国家的社会养老保险制度的主体里还存在较为明显的印迹。

5.1.1 俄罗斯

俄罗斯的社会养老保险制度是从苏联的养老保险制度过渡来的，因此，首先从苏联的养老保险制度说起。苏联的养老保险制度模式是国家保障式，典型的财政全包型，也称其为社会主义国家的社会保障。1917年11月苏维埃政权建立之初就发出通告，规定国家为劳动者和为国家作出贡献的战争残疾者提供养老基金和残废抚恤费。1917~1922年列宁先后签署了100多项关于

---

① 杨燕绥. 全球养老保障——改革与发展 [M]. 北京：中国劳动社会保障出版社，2002：7.

劳动者社会保障和福利的法令，1956年《苏联退休法》开始实施，其中规定政府对养老金负责，退休养老基金从企业的税金中形成，当然覆盖范围仅限国企及公共部门的工作人员；1965年出台《集体农庄庄员养老金和补助费法》，集体庄员被养老金制度覆盖；到了20世纪70年代后期，1977年苏联颁布新宪法进一步扩大社会养老覆盖面，赡养国家和集体农庄的老、残和无供养依靠的人，苏联的这种养老保障模式属于典型的国家保险型养老保障。

苏联时期实行的是高度集中的计划经济体制，①国家几乎对所有事物都实行集中管理，对职工养老大包大揽、统一筹资，职工个人不须交费，只要到了退休年龄就可以领取国家养老金，退休金源于企事业单位以相当于工资总额4.4%～14%上缴的保险费和国家预算的直接拨款，所以国家和企业包揽了养老保险的全部费用，实行现收现付。苏联实行的养老保险制度是典型的计划经济的产物。这种制度的特点是：国家包办，个人无须缴费，待遇与缴费无关，只与工龄有关，而且待遇水平较高，公民所享受的保障权利由生产资料公有制来保证。

第二次世界大战后，中国和东欧一些国家建立了社会主义国家，也都效仿苏联实行国家社会保障制度。这一新型的社会保障制度是与计划经济体制相适应的，在保护和调动劳动者积极性方面发挥了积极作用，并对资本主义国家社会保障的发展产生了重要的影响。尽管这种养老保障制度曾发挥过相当重要的作用，但是20世纪80年代中期以后，随着计划经济的弊端日益明显，苏联经济增长速度变慢，加上人口老龄化下退休人员增多，国家财政不堪重负，这使原先的养老保障制度难以为继。随着计划经济体制弊端日益突现，并且人口老龄化使在职职工与退休人员比例严重失衡，国家财政负担沉重，原有的现收现付养老金制度难以为继。

苏联和东欧社会主义国家的这种社会保险模式，是建立在马克思的社会总产品的再分配理论和列宁关于社会保险的理论的基础上的，这种模式也被称为国家保险型养老保险模式，是带有福利性的普遍保障化养老保险制度，养老保险的资格性较强且存在明显的社会阶层歧视问题，同时带来了经济扭

---

① 雷丽平. 俄罗斯养老保险制度改革及其对我国的启示［J］. 人口学刊，2010（1）.

曲和不适当保护现象，而且随着养老保险范围的扩大，条件的限制及效益的降低，加之人口老龄化问题，社保制度所提供的福利水平和范围在财力上逐渐难以支撑。目前，这些国家都对自己的社会养老保险制度进行了改革，基本上都以与工作关联的选择性原则为主导，也有一定的普遍保障成分，当然基本养老金的高低受国家财政状况影响以及政治家们的政治意图左右，但至今或多或少仍然带有传统模式的色彩。如以俄罗斯为例，俄罗斯改革后的三个支柱社会养老体系中，第一支柱是社会救济养老金，这种政府的救助措施新方案，仅提供给最贫困的弱势群体，只对无力缴纳养老保险费的特困人群，资金来源于财政总收入；第二支柱是强制养老保险，这是养老保险体系中最为重要的部分，为所有退休工人建立个人账户提供养老保障，通过缴费和基金收益进行筹资。2001年3月俄罗斯国家退休金改革委员会决定，从2002年1月1日起，每个企业必须向国家养老基金缴纳在职职工工资总额28%的养老保险费，职工缴纳其本人工资的1%，所有这些缴费由国家养老基金管理和支配，主要用于发放全国退休职工的养老金。企业和单位上缴的退休基金（工资的28%）分为两部分：一部分作为基本退休金，按照国家制定的居民最低生活标准，向所有工龄不低于20年的退休者发放数额相等的基本退休金；另一部分是积累退休金，这一部分退休金将划拨到退休者的个人专用账户里。每一个退休者领取的数额取决于他向退休基金上缴了多少。

多支柱是世界银行大力倡导的"养老保障改革最佳方案"，受到各国政府的肯定，并在多国实践中显示出良好效果，财政作为社会养老保险唯一出资者的时代基本结束了。

5.1.2 英国

1908年英国建立免费养老金制度，制度规定老人只要满70岁以上，符合该法所规定条件的均可领取财政发放的养老金，领取标准依据领取者的年收入而定，每周最低1先令最高5先令，夫妇合起来每周最高10先令。这一制度的实行一直持续到1925年，确实为部分贫困老人提供了较为有效的养老保障。第一次世界大战后经济萧条，加剧了老年人的贫困，财政发放的免费养老金难以满足领取者的正常生活需求，因此出现了领取者要求提高养老金待遇水平而没有领取资格的老年人则强烈要求被制度覆盖，免费原则下的养老金标准提高或扩大覆盖面，都意味着养老金的财政支出增长，对于当时经济严重萧条的英国财政几乎难以承受，从而使免费养老金制度陷入"两难"抉择。解决的唯一办法是，放弃免费性原则实行缴费制。

英国政府顺应民意，降低领取养老金的年龄条件同时提高养老金标准，1925年出台《寡妇、孤儿、老年人交费养老金法》，自1926年7月2日向所有70岁以上以及1928年1月2日前达到70岁的老人，只要其70岁以前参加过国民健康保险，财政就提供给他们每周10先令的养老金，且不附带任何财产状况调查条件。1928年1月开始向65岁至70岁之间的参加保险的老人每周发放10先令的养老金，70岁以后进入免费养老金系统，每周无条件地由财政发放10先令的养老金。可见，1925年的英国养老金制度有：一是缴费型养老金，针对那些参加了国民健康保险的65~70岁老人；二是针对具有国民健康保险资格的70岁以上老人，他们部分性缴费且不附带任何财产调查；三是免费养老金制度，针对那些不具有国民健康保险资格的70岁以上老人，且附带财产状况调查条件。三种养老金制度内容互相补充，不同情况区别对待，既合理地解决了长期以来的养老金免费性问题又解决了低收入或无收入老人的养老问题。

根据贝弗利奇报告，1946年英国政府颁布实施了国民保险法，建立起同一标准的养老保险制度，该法要求养老金领取者按照同一标准缴费也领取同一水平的养老金。建立这一养老金制度，目的是为依靠养老金养老的人提供同一的最低生活水平保障，但收入的差距也决定了对养老金需求期望值的差距，该制度执行到20世纪50年代末，已越来越不能适应英国社会的发展变化，实行与收入相联系的养老金制度成为现实的社会需要。首先，50年代英国发展起来了各种各样的职业年金，参加人数1958年已达875万人，占到英国成年劳工人数的50%以上，没有参加职业养老金制度的那些工人就要求政府增加国民保险制度下的养老金待遇并与收入联系起来；其次，50年代以来英国人口老龄化趋势明显加剧，1950年、1970年和1975年老年人口的比例分别占到总人口的16%、18.5%和19.9%，这也意味着养老金的支出在不断增加，如果养老金能够与收入相关联，则收入较多的人缴费也多，其得到养老金也更加丰厚，那么，就可以既增加养老基金筹资而减轻财政负担又可以提高部分老人的养老金待遇水平。于是，收入关联型的养老金制度呼之欲出。经过不断改革，英国政府建立起两种性质的养老保险制度，即政府养老金制度和私人职业年金制度，政府养老金制度有同一标准的免费型和与收入相联系的缴费型差别养老金制度。1975 年，工党政府继续改革建立了一种综合性养老金制度，包括基本养老金制度和收入关联型附加养老金制度，其中基本养老金水平与物价和收入水平挂钩，而附加养老金待遇水平只与物价水平挂钩，最高数额不超过收入的 25%。

尽管养老金制度不断进行改革，但主要以如何向民众提供更加充分的养老金为主，这使英国养老金支出迅速膨胀。面对这种状况，1997 年上台执政的工党领袖布莱尔指出：基本养老金是所有人退休后继续发展的基础，工党有义务建立一个面向所有人的国家基本养老金。这种国家基本养老金，也称为公共养老金或国民年金，仅为老人提供最基本的退休收入，待遇水平远低于德法等西欧大陆国家的公共养老金水平，2000 年后英国基本国民养老金替代率不高于 20%[①]。因此，英国公共养老金体系的可持续性问题并不像德法等国那样严重。

英国最初的免费型养老金制度，政府包揽全部养老金必然给财政带来巨大压力，为了尽可能地控制或减少支出，只能严格控制制度的覆盖面，因此只有收入低于一定标准的 70 岁以上老人才有领取资格，并且养老金待遇水平也较低，制度扩大覆盖面之后又使英国政府在财政上难以承受，并有可能导致个人对国家养老的过分依赖，影响养老金制度的社会意义和作用的发挥。因此，英国不断改革优化养老制度的筹资机制，从养老金的财政全包改革为个人或单位缴费。

另外，[②] 文莱、加拿大、丹麦、日本、毛里求斯、纳米比亚、荷兰、塞舌尔、瑞士、博茨瓦纳等国家，提供满足全体居民需求的均一养老待遇，由税收供款，不需要进行家计调查。这种制度一般只适用于那些贫困人口少、税收收入充足的国家。

---

① 杨娟. 21 世纪西欧国家养老金改革述评 [J]. 公共管理学报，2009 (4).
② 杨燕绥. 全球养老保障——改革与发展 [M]. 北京：中国劳动社会保障出版社，2002：177.

5.2 财政配比出资型：负担规模可控

财政配比出资型，就是在社会养老保险制度的"入口"即筹资阶段，就规定政府和企业或个人各方的出资或缴费比例，财政负担非常明确而确定的类型。

5.2.1 瑞典

瑞典于1913年通过了养老金法案，并在制度建立伊始就确立了覆盖对象的普遍性原则。1948年开始实施新的养老保险法，建立了待遇相同的基本养老金制度，津贴标准与缴费额无关，而且津贴标准有较大提升。这是一个普享制度，无论以前就业与否，也无论工作期间工资水平如何，凡65岁以上且在瑞典居住40年者，皆可享受它的保护，其资金来源是雇主和政府，两者各出资雇员工资的6%和2%[①]；待遇水平大约等于一个不熟练的蓝领工人20%的平均工资；这一制度也称为基本养老制度或均一养老制度。由于养老制度结构简单，保障水平也不算高，因此，这期间不存在政府财政压力和制度财务压力方面的问题。

由于白领阶层大多数不满足于只领取这种同一标准的基本退休金，要求打破平均主义，在基本养老金之外，还应有能反映在职期间收入差别的"补充"养老金。经过数年激烈的辩论，瑞典议会终于在1959年通过了建立补充养老金的有关规定，1960年付诸实施。这样在原来单一的基本养老金结构模式基础上，又增加了与收入相关联的养老金计划（supplementary pension system，ATP），称为补充养老金。补充养老保障制度与就业者在职收入密切相关，养老金数额的多寡，取决于退休者退休前工龄的长短与收入的高低，一般以过去30年中收入最高的15年进行评算，其金额大致相当于这15年平均收入的60%。在此后的一段时期里，瑞典的养老收入保障制度由两部分构成：

---

① 李珍，周艺梦. 社会养老保障制度的瑞典模式——瑞典名义账户制度解决了什么？[J]. 经济学动态，2010（8）：126.

一部分是 1914 年建立的国民年金（folk pension system，FP），即基本养老金，相当于世界银行所称的"零支柱"，资金来源为政府财政；第二部分是补充养老保障制度（supplementary pension system，ATP），相当于世界银行所称的"第一支柱"，其资金来源为雇主缴费，雇员不承担任何费用。

到了 20 世纪 70 年代，不断的调整与改革使瑞典养老金制度逐渐形成了一个多层次的综合性体系，无论从绝对额还是相对值——替代率来看，在西方发达国家中瑞典的养老保险待遇水平都是很高的，老年群体的生活水平总体来说是较好的。[①] 不论贫富或是否参加过工作，凡在瑞典居住 40 年以上的公民，年满 65 岁以后无须缴纳任何费用均能够领取全额国民基本养老金，如果居住不满 40 年则每少居住一年就减少 1/40 的国民基本养老金；如果年龄不满 65 岁则每提前一个月领取就扣减 0.5%，而年龄超过 65 岁选择继续工作者则每延迟一个月养老金就增加 0.6%。而且国民基本养老金与物价挂钩，每年随物价上涨指数进行相应调节，保证保险金的增长不低于物价上涨的速度。但 1994 年后出现了退休者收入高于在职者的不正常现象，瑞典政府从此规定国民基本养老金与物价指数不再同步增长，只按照物价指数的 60% 上调以避免这种矛盾的发生。

战后瑞典社会保障的资金来源，以雇主交纳的社会保险费和政府提供财政资助为主，20 世纪 70 年代之后瑞典进入老龄化社会，保持高待遇水平只能通过提升缴费（税）率和政府财政补贴的方法保障老年人的生活水平。雇主交费比例不断提高，这种高额的社会保障费率无疑增长了瑞典企业的工资成本；由于瑞典经济主要依靠产品出口，过高的费率使企业背上了沉重的包袱，在激烈的国际竞争环境中必然影响企业的国际竞争力，进而影响经济增长，事实证明 70 年代开始瑞典国民经济增长明显落后与其他经济合作与发展组织成员国的平均水平，因经济发展停滞使瑞典社会经济面临严重困境；再加上 70 年代中期以后，世界性的经济危机，资本主义经济遭受严重打击，瑞典经济遭受严重经济危机，这就要求社会保障制度进行适应社会经济发展的调整。但是经济危机时期往往又是人们对社会保障要求和依赖程度更加强烈的时期，社会保障发展的刚性原理也使社会保障水平难以及时下降，这就使社会保障

---

① 许飞琼. 瑞典公务员养老保险制度及其特色 [J]. 中国公务员，2000 (7)：47.

制度与经济发展之间处于"两难"境地。瑞典社会保障制度发展与社会经济发展的协调关系难以维持,不仅工业品的国际竞争力受到影响,也使资本增加占国内收入的比例不断下降,从而使经济发展所需要的国内资本十分缺乏,不利于经济的复苏和发展。另外,高待遇给政府也带来了沉重的财政压力。社会保障水平的提高使瑞典公共支出占 GDP 的比例急剧扩大,为尽可能地实现财政收支平衡,瑞典政府只好增加税收,这又使瑞典的税率在 80 年代不断提高,成为主要西欧国家中税率最高的国家之一。根据经合组织公布的数字,瑞典 1997 年的税收收入占整个国内生产总值的 53%,位居经合组织之首。过高的税收不仅使企业因而失去了国际竞争力进而影响经济发展,也使人们的可支配收入减少,影响人们的购买能力导致国内消费市场疲软,这又不利于经济的复苏与发展。这样,瑞典社会保障制度就面临"两难"的尴尬局面,即人口老龄化带来的社会保障需求的扩大与经济发展缓慢带来的社会保障基金来源难以扩大之间的矛盾。

20 世纪 80 年代中期以后,瑞典各党政府所实行的社会保障支出紧缩政策,到 90 年代中期开始收到一定的效果。瑞典政府社会支出不断增长的的势头得以节制,社会保障支出占 GDP 的比例稳定在 30% 左右的水平,瑞典社会保障水平不断增长的趋势也停滞下来,1985~1995 年的 10 年间,瑞典社会保障水平的增长幅度在主要西欧国家中变为最低的国家(见表 5-1)。

表 5-1　　1985~1995 年主要欧洲国家社会保障水平增长速度比较

国家	类别	1985 年	1995 年	国家	类别	1985 年	1995 年
英国	水平	24.5	29.8	丹麦	水平	29.1	32.2
	5 年增长	1.0	3.3		5 年增长	0.1	2.4
瑞典	水平	33.5	35.8	德国	水平	31.5	33.9
	5 年增长	-2.0	1.2		5 年增长	0.8	1.9
芬兰	水平	23.9	32.7	法国	水平	28.8	32.9
	5 年增长	2.9	7.6		5 年增长	4.9	6.4

资料来源:丁建定. 瑞典社会保障制度的发展 [M]. 北京:中国劳动社会保障出版社,2004:165.

同时,高福利与平均主义还助长了懒惰思想,改革势在必行。改革的目标就是打破平均主义，使养老金分配与每个人一生的收入与纳税情况挂钩，让个人为自己将来的养老负起更多的责任来，这样，一方面去除惰性，激励人们的劳动积极性；另一方面减轻政府的财政负担。

20世纪90年代中期以后，瑞典开始对社会保障筹资模式进行改革。瑞典政府于1998年初向议会提交了一项要求全面改革养老金制度的议案，1999年6月8日获得通过，2001年开始实施。这次改革立足于救助弱者、保障公平的理念，注重维护低收入群体的利益，基本年金由过去人人享有变成了只向无收入和低收入群体，同时待遇标准相比原来还有所提高，这显然就是对于弱势群体的一种政策倾斜和关照。通过改革实现了两个转换：一是实现基本年金由普惠型向残补型转换；二是由DB制向DC制转换，实现收入关联养老金（ATP）。改革前实行的是只要在其国内居住满一定年限到了65岁的退休年龄后人人都可以不受歧视的领取相等数额养老金的普惠型养老保险制度，改革后就转为残补型了，主要着眼于无收入和低收入的老年弱势群体，当收入达到一定水平后就没有资格再享受国民年金了。就收入关联养老金的模式改革而言，改革前实行的是DB型现收现付制筹资模式，改革后实行的是DC型收入关联养老金制度，由名义账户和实账积累两部分构成，通过其中的名义账户实现账户的"虚拟"积累，最终实现从完全的现收现付制平稳过渡为部分积累制。

改革的原则是收入增加国民年金则不断递减。对于改革后养老金低于44000克朗的退休者，财政负责补足到70000克郎（改革前的标准），对于养老金在44000～105000克朗之间的财政按一定比例给予补助，养老金超过105000克朗的则不再享受任何国民年金。相当于原来的均一养老金这部分，虽然依然是一个均一比率的待遇，但不同的是领取资格要通过家计调查来确定。这样，瑞典社会养老保险体系由旧二元结构，即全民平等共享的基本养老金以及与退休者工资收入密切挂钩的补充年金，转变为新二元结构即最低养老金和收入关联养老金体系。一般最低养老金或称为国民年金的对象包括无收入和低收入群体，如果退休时名义个人账户和个人账户的积累达不到一定标准，由政府负责向没有收入关联养老金或收入关联养老金不足的这些老年人口提供基本生活保障，其资金来源于财政，新的养老保险制度相当于提

第5章 国际社会养老保险财政负担模式比较与借鉴

供一条最低保障线。

瑞典本次改革的重点和创新是收入关联养老金,也是社会养老保险体系的主要部分。收入关联养老金由雇主和雇员分别按照工资总额和缴费工资各缴纳9.25%来共同承担。这部分现由两块组成:一是名义账户部分,雇主和雇员所缴纳养老保险费或税之和为缴费工资的18.5%,其中的16%计入每个参保人的账户,这个账户的名义积累额只是作为将来个人退休时领取养老金的依据,在财务模式上仍然是现收现付制,即当期缴费并不用于积累而是用于支付现有退休者的当期养老金;二是实账积累部分,另外的2.5%将作为储备保险金存入自己的账户,由PPM(即养老基金管理局)负责将这缴费的2.5%划出来投资到私人基金和共同基金公司开展投资运营,并努力实现保值增值。当然个人可以选择不同的基金公司,并可以决定投资或储蓄,经营后的资金累积计入个人的收入养老金。当退休开始领取养老金时,个人账户上积累的总价值将转换成年金发放,初始年金由个人账户总价值和体现预期余命的年金除数决定。显然,工资高工作时间长的人,会获得更多的退休养老金。个人账户的两部分之间的最大的区别是,积累账户由个人缴费并由个人选择投资公司进行资金运营,以期实现保值增值,而名义账户中并没有实际的资产积累,只将所缴费用名义性地计入个人的账户,再根据每年社会平均工资增长率对账户余额进行指数化计息,这样,就建立起退休的一代分享经济增长成果的机制了。这就是新制度框架下安排的政府、企业和个人三方负担的社会养老保险筹资模式,如图5-1所示。

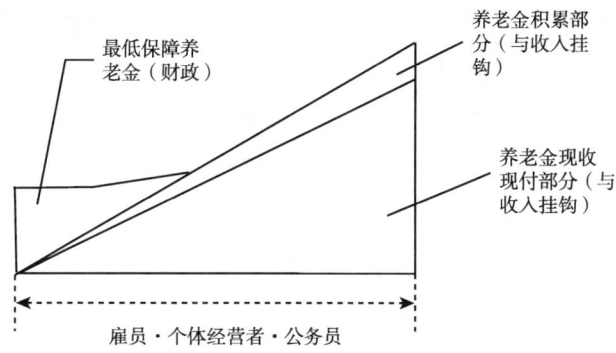

图5-1 瑞典社会养老保险结构示意图

从图 5-1 中可以看出，公务员所领取的养老金额，也必须与他一生所缴纳费用的多少相对应衔接。

5.2.2 日本

日本 1941 年制定的《劳动者养老保险法》，是政府对工业劳动者养老承担相应责任的社会养老保险制度的开始。经过战后的恢复，日本经济起飞并保持数年的高速增长，到 20 世纪 50 年代末已经积累了比较雄厚的物质基础，在此背景下于 1959 年日本推出了《国民年金法》，财政承担了国民年金给付金额的 1/3，另外 2/3 由被保险者保险费支付。1961 年开始实施《国民年金法》，此时所建立的社会养老保险制度也称为公共年金制度，它强制所有国民都加入国民年金制度，包括自营业者和无工作者全部纳入"国民皆年金"制度框架，开始实施全民皆保险计划。国民年金保险是以个人缴纳的形式出现的，由于个体经营者收入的不稳定性而采用了定额缴纳定额支付的方式。支付资金由国库负担 1/3 以保证必要的生活水准。国民年金最初主要是以基金制，但基金制难以抵制物价上涨等因素带来的实际支付能力的下降，很快就被现收现付制所取代[①]。

20 世纪 70 年代两次石油危机带来的冲击以及日本高度经济成长期的终结，而且自 70 年代开始，日本劳动力市场出现了快速变革，在变革过程中日本就业结构发生变化，进入夕阳产业的劳动者数量明显下降，但这些部门退休人员的数量非常大，养老金严重入不敷出，出现了大量赤字，唯有依靠政府大量财政补贴，此时日本社会已进入老龄化，65 岁以上的老年人口占到总人口的 7%。经济滑坡、老龄化、经济危机等多种因素使维持日本政府的社会养老保险的财政负担不断增加，日本不得不在 1985 年从财政和制度上对养老金制度进行调整。1985 年日本改革了年金制度，将原本相分离的面向个体经营者的国民年金与面向被雇用者的厚生年金和共济年金统一起来，即把之前

---

① 权彤. 老龄化压力下的日本养老保障体系及其借鉴[J]. 山西大学学报（哲学社会科学版），2009（3）.

的全体国民各种养老金（厚生年金、共济组合、农民年金等）的基础部分统一起来，取代国民年金成为第一层次基础公共年金，将职业年金（与收入关联养老金）改造成第二层次公共年金，同时规定加入保险时间满25年才能领取养老金。因此，日本经过1985年的改革，在整个国家养老保险制度体系中引入国民基础养老金（国民年金）制度，不同职业群体在此基础上再参加各自的养老金制度，即互助年金制度或厚生年金制度。从而为不同群体提供标准统一的基础养老金促进养老保障制度的公平。所以①日本的社会养老保险包括2个层次（见图5-2）。第一层次为国民年金，是强制全民必须加入的最基础的公共养老保障，中央政府除了负担行政管理费用以外还负责出资保险费的1/3（从2009年开始政府负担额提高到1/2）。

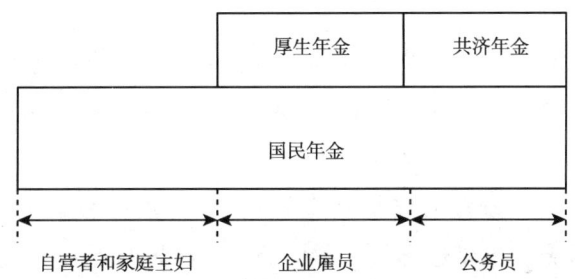

图5-2　日本现代社会养老保险制度结构图

第二层次是与收入挂钩的厚生年金（针对大中型企业员工）和共济年金（针对公务员），中央政府只提供全部的行政管理费用。国民年金和厚生年金由政府运营，也称为公共养老保障，有强制色彩且覆盖人口也是最多的。近30年来，由于人口老龄化加速再加上经济不景气，公共养老保障基金日渐收不抵支，为了保证制度的可持续性，日本政府于2004年开始大力进行改革，从保险的缴费和给付标准两个方面进行了修改，明确了未来100年内养老金的最低替代率要高于50%，从2004年起厚生年金费率每年提高0.345%，2017年费率提高到18.3%，国民年金则从13300日元逐渐提高到2017年的

---

① 原新，刘士杰. 日本公共养老保障体系的财政困境及对我国的启示 [J]. 现代日本经济，2010（2）.

16900 日元（按不变价格），此后保持不变；同时养老金调整机制也改革为动态调整方式，与以往只根据工资增长率和物价指数进行养老金给付调整有根本区别是，将增加公共养老金制度的参保人员减少率、平均寿命的增加程度因子，只要在职职工减少，即使平均工资增长养老金也将下调[①]；四是提高国民年金中的国库负担比例，2004~2009 年逐步从 1/3 提高到 1/2。为了确保国家财政负担基础养老金的比例能够从 1/3 上升到 1/2，2004~2009 年，通过税收渠道扩大国家财政的收入来源，从 2004 年开始改革一系列税制，2004 年开始增收年金税，2005 年开始增收个人所得税，从 2007 年开始增收消费税。

2001 年 12 月日本颁布的《公务员制度改革大纲》，对公务员制度进行了诸多改革，例如，取消公务员终身制废除年功序列制，将企业的"能力主义"思想引入人事管理制度，公务员考录制度实行多元化，促进政府部门与企业的人才交流，加强官民人才交流的同时，建立有助于不同就业岗位的顺畅转换的配套制度，加强公务员养老保险制度改革就是其中的一项[②]。

关于农业劳动者的养老问题。1984 年，日本内阁决定实行公共年金一体化，以国民年金为基础打通农业劳动者、工业劳动者和公务员年金的通道，促进城乡养老服务一体化进程。为了调动农民积极参保社会老年保险，政府以财政补助资金为引导，农民 65 岁以后得到的待遇由自己交纳的保险费和政府财政补助共同组成，提高了农民的养老待遇水平。2001 年，日本政府又对《农业劳动者年金基金》进行大幅度的修订，颁布《新农业劳动者年金基金法》并在 2002 年 1 月开始推行。新法律强调农业结构已发生了巨大变化，需要建构持续发展农业和农业劳动者的年金基金，政府增加财政补贴幅度以体现农业保护政策，财政补贴在 2 成到 5 成之间。

另外，在农村社会养老中，日本政府还不断更新农村社会养老保险理念。最初，政府只是扮演经济的供养者角色，根据农民的要求加强财政资金的筹集，不断提高财政给付的标准；实践中发现农村社会养老问题不单单是资金问题，它还涉及农村老年人的生活质量和精神抚慰问题。于是，政府开始重

---

① 柳清瑞. 基于人口老龄化的日本养老金调整机制分析 [J]. 东北亚论坛, 2005 (7).
② 龙玉其. 日本的国家公务员养老保险制度及其改革 [J]. 现代日本经济, 2011 (6).

视农村老年人的社会保健设施建设,加强农村老年设施基础建设。自 20 世纪 80 年代以来大部分地区的农村设施设备齐全、条件优越的养老院基本普及,边远农村的养老保健设施也有较大改善。截至 2002 年年底,日本全国保健设施达 2.86 万所,当年利用人数 48.2 万人。在履行农村社会养老责任上,政府较好地实现了由经济供养者向社会服务者转变。

日本公务员与其他国民一样参加国民养老保险制度,国民年金制度是一项面向全体国民的基础养老保险制度,在缴费和待遇方面与其他群体同等对待,体现了国民完全平等的原则。而且建立了政府与个人共同分担责任的筹资机制,国家公务员年金的缴费由公务员和政府缴费组成,总缴费率为 15.2%,其中个人和政府各负担一半,即 7.6%。此外,日本公务员养老保险制度还通过公务员共济年金制度体现公务员群体的不同特点。所以日本的公务员养老保险制度的国民年金与共济年金相结合的制度模式,既体现了不同群体之间的平等性,也体现了公务员职业的特殊性,较好地兼顾了社会养老保险制度的公平与效率。

还有其他一些国家也是明确财政出资比例的。例如,塞浦路斯总缴费率为 16.5%,其中政府缴 3.5%,而且实行全覆盖的养老保障原则,公平问题解决得比较好。

5.3 财政兜底型:负担沉重

财政兜底型就是当社会养老保险出现支付缺口时,财政才出资以弥补该缺口,当保险自身的收支能平衡时财政就不出资。德国是比较典型的财政兜底型社会养老保险。

德国法定养老保险起源于 1889 年俾斯麦时期,现行的社会养老保险制度经过多次补充修订演变而来。1957 年以前,德国法定养老保险采用的是所谓"资本积累模式",即缴纳的养老保险费先存放并计息,退休后从积累起来的资金中支付养老金,这时的养老金待遇最高只相当于在职职工收入的 40%,所以仅仅是一种基本的生存保障。由于这种资金运行模式难以经受经济危机,特别是国家难以承受长期的大量资金的储备,于是该模式 1957 年后被淘汰,改为现在德国所采用的以收抵支同期发放养老金的现收现支模式。除了少量留存相当于一个月的支出外,养老保险资金基本上没有积累,每个时期收缴的养老保险费马上就作为养老金发放出去了。这种模式又被称作"代际协议",即老一代退休人员靠新一代从业人员养活,今天的从业人员退休后又将由已步入职业生涯并开始缴纳养老保险费的下一代来"赡养"。这种现收现付模式从财政政策及经济发展的角度看比较合理。后来经过养老金"活化"等一系列改革,实现了养老金保障生活水平的功能,能使一个平均收入的雇员投保 45 年后,领取的基本养老金相当于在职职工平均净工资的 70%。德国公共养老金体系有着很高的替代率(2001 年改革前,私人部门雇员约为 70%,公务员约为 75%)[1]。

德国的养老保险体制由三大支柱组成:法定养老保险、企业养老保险及私人养老保险。其中第一支柱法定养老保险是由国家强制国民参加的法定养老保险,即由政府举办的社会养老保险计划,也是德国所有保险中占据分额最大的保险,第二和第三支柱即后两项企业补充养老保险和个人自愿养老保险,只是商业保险性质的补充养老保险。法定养老保险为绝大多数德国居民提供老年生存保障,不仅覆盖面广而且在退休人员总收入中占比大。截至 2009 年 12 月 31 日,德国共有 5220 万人参加了法定养老保险,占德国总人口的近 70%;根据德国老年保障研究院统计数据,1999 年法定养老保险占退休人员总收入的 85%,其余 10% 来自个人自愿养老保险,5% 来自企业补充养老保险;2012 年,法定养老保险占德国退休人员总收入的 82%,另外 12% 来自私人养老保险,6% 来自企业补充养老保险。[2]

德国养老保险的一个原则是养老金与工资缴费挂钩,即养老保险的缴费额与退休后领取的养老保险金,原则上都与投保人的工资收入挂钩,只有缴费者才有权利领取养老金,且缴费额度大时间长则养老金越多,这实际上是保险的基本原则的体现,另一个是活化养老金原则,即养老金随社会平均工

---

[1] 潘新胜,吉昱华. 德国公共养老金体系特征及发展脉络[J]. 中国社会保障,2006(2):31.
[2] 王学东. 德国养老保险制度的现状和趋势[J]. 当代世界与社会主义,2001(4):51-52.

资水平的提高而调整,以保证社会成员共同分享经济进步带来的繁荣。最初是1957年将养老金与平均毛工资的增长幅度挂钩,从20世纪70年代末期以来,德国经济步入了低速增长阶段,60~70年代平均增长率为4.4%和2.7%,到80~90年代的年均经济增长率只有2.2%和2.0%。工资收入的增长速度自然随之下降,每个从业人员毛工资收入实际年增长从60~70年代平均5.7%、2.7%跌至1.05%、0.9%,这使养老保险缴费的增加减速;就业率从1980年84.4%滑落到1998年的80.2%,同期的失业人数从88.9万猛增到428万人[1],再加上人口结构老龄化以及两德统一养老保险等诸多因素,共同促成和加剧了德国养老保险体制的危机。

由于实行现收现付制,巨额的养老保险开支只能依赖于不断提高参保的从业雇员及其雇主养老保险缴费额和扩大国家财政补贴来平衡。导致养老保险缴费率从1957年14%逐年爬升至1997年的20.3%。预计2030年将达25.5%。为使1998年缴费率维持20.3%不变,政府为了解燃眉之急,1997年4月1日被迫将增值税提高1个百分点(15%至16%)以弥补缺口,国家对养老保险的财政补贴一路上扬,1998年达9632万马克,是1970年的9.1倍,这期间养老保险补贴占国家总支出的份额也从19.4%增到了24.1%。通过提高养老保险费率和增加国家补贴,在一定程度上缓解了养老保险费征收缩减和支出急剧增长导致的资金紧张问题,但由于保险费率和国家补贴不可能无限制地提高,缴费诸方如雇员、雇主和公共财政均不堪重负,几乎接近极限。

人口结构的变化使养老金收支缺口越来越大,给联邦财政带来了沉重的负担。国家补贴占养老金支出比重已由先前的1/4上升到1/3,对国家财政造成沉重负担[2]。必须进行改革,政府提出要部分地实现养老保险的私有化并提高退休年龄,原来法定养老金待遇是根据毛工资水平指数化的,1992年改为根据平均净工资水平指数化,这样,人们领取的法定养老金减少了,为了保障生活水平,决定依靠额外的私人养老金来弥补降低的法定养老金水平。为此联邦议会和联邦参议院通过了一项关于建立个人自愿的由国家提供资助的

---

[1] 丁纯. 德国养老保障体制的改革 [J]. 国际经济评论, 2000 (Z2): 45-48.
[2] 褚福灵. 社会保障国际比较 [M]. 北京:中国劳动和社会保障出版社, 2005:280.

资本积累式的额外私人养老保险的改革法案，以减轻德国人口结构逐渐老龄化对采取现收现付筹资模式的法定养老保险构成的财政压力。为此国家以提供补助和税务优惠的形式支持的私人辅助养老保险，雇员从2002年起先从自己的毛收入中拿出1%，2008年后长期投入4%，联邦政府提供约200亿马克的资助来建立私人养老保险。关于推迟退休年龄的改革方案，默克尔政府2007年颁布了《法定养老保险退休年龄调整法》，2012~2029年逐渐将法定退休年龄从65岁延长到67岁。具体方案是：1947~1958年出生的人，出生年份每增加1年退休时间延长1个月；1959~1963年出生的人，出生年份每增加1年退休时间延长2个月；1963年后出生的人，退休年龄统一为67岁。

在将近40年的养老金支付年度内，德国养老金缴费率基本稳定在18.3%~21.8%，替代率基本稳定在68%以上。① 在德国政府联邦财政预算中，对法定养老金的补贴规模1991年为法定养老金支出的21%，1998年养老保险补贴份额增长到了24.1%。到2006年上升为33%，2006年的转移支付总额已达770亿欧元，这其中还不包括550亿欧元的对于参保人的附加支出以及110亿欧元的对于私人养老储蓄的津贴，在2010年德国法定养老保险的总收入中，政府财政补贴占25.83%。多年来德国政府对法定养老保险系统提供的财政补贴，一直约占每年政府总支出的30%。

虽然德国养老金制度从2000年开始引入了"私有化"成分，但也并没有从根本上影响退休老年人的生活质量，在基本稳定的缴费水平上同样提供较高水平的养老金供给。当然，法定养老保险支出的增加或维持，使国家财政负担不断加重。为了可持续发展必须改革，改革的目标是法定养老保险不再是养老体系中的最强支柱，而是仅扮演基础性养老保障的角色，企业补充养老保险和个人自愿养老保险将成为保障老年生活不可缺少的两大层次。

养老保险的改革发展是没有止境的，必须不断地调整改革以适应经济社会的发展变化。但无论社会经济条件发生什么变化，德国在处理养老保险的问题上，始终以"公平优先"作为指导原则。在德国《社会福利法导论》中，前联邦劳动部长诺·布吕姆是这样阐述的：凡是能用公平来解决的问题

---

① 李勇，王一峰. 战后德国养老金制度变迁对我国的启示 [J]. 行政与法，2013 (6)：51-56.

就不该用怜悯来解决,在社会保障制度中,只要有可能,公平总是处于优先地位。养老金不是国家可以随心所欲地赐予或者夺走的施舍。越是坚定不移地坚持公平原则,需要救济的人就越少,那么,国家救济资金就越能更加合理地被用于真正需要救济的人身上。

德国农村养老保险体制实行现收现付模式,资金部分来源于投保人缴纳的保险费,但很大一部分支出由联邦资金(联邦政府的补贴)来筹集①。

5.4 启示与借鉴

5.4.1 公平优先原则

一元化的全覆盖制度是公平的制度基础。社会基本养老制度覆盖全体国民,无论是公务员群体还是农民均应纳入统一的制度中来,当然制度内会略有层次差别。公务员群体社会养老可以借鉴日本的做法,日本的公务员养老保险制度体现了全体国民之间的平等性,同时也突出了公务员这个职业的特殊性,无论就制度的形式还是内容来看都拉近了公务员群体与其他群体之间的距离。

在平等享有公共养老金的基础上,还有与个人劳动收入挂钩的养老金层次,兼顾了平等效率两大原则。例如,日本面向所有国民建立社会养老保险的基础性层次,瑞典社会养老保险制度就是面向全体国民的统一的社会养老保险制度,公务员也不例外,无论是 20 世纪 90 年代中期以前的"基本养老金+补充养老金"结构模式,还是 1999 年改革以后的"最低养老金+收入关联养老金"模式,全体国民均一致参加。

在社会养老保险制度的建立发展过程中,基本一直秉持公平优先原则,调整优化财政补贴的养老金支柱结构。世界银行认为多重支柱的设计方案是养老保险改革的最佳方案,灵活性强能更好地解决不同养老保险体制面对的

---

① 郑春荣. 德国农村养老保险体制分析 [J]. 德国研究,2002(4):37–40.

不同风险。目前多数国家的养老金体系是由国家强制性的公共养老保险计划（第一支柱）、职业养老金计划（第二支柱）和个人自愿养老储蓄计划（第三支柱）共同构成。一般第一支柱是财政补贴最多的，也是越来越偏向低收入人群的支柱，如德国法定养老保险每年的国家财政补贴约占其支出的1/5，更突显救助弱者保障公平的理念。公共部门与私人部门的养老保障制度体系，基本做法是第一支柱通常是一致的，不同部门、职业或地域在养老保险上的区别主要体现在第二支柱上。

对于农民群体，有些福利型养老发达国家，如英国、丹麦、荷兰、瑞典、加拿大等，普遍原则下的全体国民养老保险制度自然包括农民在内，资金主要来自国家税收。有些偏重效率的发达国家建立的缴费型社会养老保险制度，如德国、日本等，农民主要是自保公助型养老保险制度，强调农民养老保险首先而且根本上是个人义务，以个人缴费为主要资金来源，大约有1/3来自国家财政补贴，且是在缴费不足时予以资助①。对自雇农民德国政府的资金支持比例可达2/3②。

当然，发达国家的一元社会养老保险制度，有经济实力雄厚、工业化程度高而农业人口比例低等有利条件的支撑，发展中国家一般农村人口比例较大，呈现二元经济社会结构，社会保障制度一般采取城镇与农村分离的二元养老保险路径并行模式③，将二元结构整合为统一的养老保险制度确实存在一定难度，但可以不求一步到位，分步进行下去。

5.4.2 名义账户制

大多数国家的社会养老保险制度都采用的是现收现付制，一方面积累制给基金投资带来极大压力；另一方面从现收现付制度转向积累制度需要巨额

---

① 陈桂华，毛翠英. 德、日农民养老保险制度的比较与借鉴［J］. 理论探讨，2005（1）.
② 毕小龙. 中国社会养老保险制度：经济转型、人口老龄化和社会养老保［M］. 广州：暨南大学出版社，2009：49-50.
③ 毕小龙. 中国社会养老保险制度：经济转型、人口老龄化和社会养老保［M］. 广州：暨南大学出版社，2009：53.

的转制成本,对许多国家来说不具政治和经济上的可行性,也加剧了财政压力。瑞典建立了名义账户模式,期望在稳定的费率下实现长期的财务稳定,费率确定的情况下,名义账户基金的计息率盯住工资增长率,由于劳动力规模和预期寿命以及基金投资风险等因素的影响,短期内可能出现的资产负债不平衡问题,就可以通过名义账户自动平衡机制解决。这样,人口老龄化情况下养老保险的长期财务平衡问题,通过降低或提高名义账户的计息率,就能达到制度财务稳定的目标[①]。从化解人口老龄化风险的角度来说,积累制的个人账户制度和名义账户制度对两者并无太大的差异,但考虑到我国当前资本市场发育不健全、国际金融市场变幻莫测、储蓄和经济状态等具体国情,采取做实个人账户不是最优选择,不仅每年需要投入大量的财政补贴,即使个人账户能逐步做实,由于时间跨度大会导致已做实的个人账户基金面临严峻的通货膨胀风险,养老基金保值增值压力很大。在没有稳健的投资渠道的情况下[②],不宜对个人账户实行积累制。我国应该借鉴瑞典的做法,实行名义账户制养老金计划,不仅可以化解上述做实个人账户的压力,还可以通过名义账户制所拥有的缓冲基金增强制度的可持续性。

5.4.3 财政配比出资

财政全包型社会养老保险最终都难以为继,到目前为止要么随国家政府的消亡而自然消亡,如苏联;要么由于经济体制的转型,旧制度与新经济体制不相适应而不得不转型,如东欧的原社会主义国家;有些国家由于财政压力和效率损失等也不得不改革,如英国,英国1908年建立起来的免费养老金制度,使得养老金制度在实施中陷于"两难"境地。一方面,免费性必然给政府财政带来巨大压力,并有可能导致个人对国家养老的过分依赖,影响养老金制度的社会意义和作用的发挥;另一方面,免费性使养老金制度的覆盖

---

① 李珍,周艺梦. 社会养老保障制度的瑞典模式——瑞典名义账户制度解决了什么?[J]. 经济学动态,2010(8):127.

② 郭林,丁建定. 中国企业职工基本养老保险名义账户制度研究[J]. 保险研究,2010(8):79.

面极为有限,免费性使养老金支出全部由政府承担,为了尽可能控制或减少支出,必须限制养老金制度的覆盖面,只有70岁以上的、收入低于一定标准的老人才有资格领取养老金,并尽量使养老金津贴保持较低水平。要使免费养老金制度摆脱既扩大养老金制度的覆盖面又提高养老金津贴标准的"两难"境地,唯一的办法只是能放弃养老金制度的免费性原则,实行交费养老金制度。财政配比出资的国家,政府的责任一直非常明确,财政出资的比例和范围界限就比较清晰,不仅有利于实现公平分配,也有利于控制社会养老保险中的财政负担规模。财政兜底型要求制度设计比较精准,但随着老龄化的加剧财政负担越来越重,也不得不想各种办法加以控制。目前我国社会养老实缺实补的财政补贴办法,缺口漫无控制,补贴之后虽然解决了一时一地的问题却不是长久之计,极不利于控制财政负担风险,应该借鉴瑞典财政明确出资以及名义账户的做法,利于制度的可持续性和公平性。

5.4.4 各方负担和养老待遇水平要适度

社会养老保险待遇水平的确定是社会养老保险制度的核心,只有把待遇水平放到适度的位置上,才能更有效地利用有限的资源实现既促进社会公平和稳定,又促进经济发展的目标。可供社会养老支配的资源总是有限的,必须根据可以投入的资源总量来设计待遇水平,并尽量保证这种待遇水平要有利于社会公平又能促进效率提高,否则就不是"适度"水平。除了注意待遇水平要适度外,还综合考虑政府、企业和个人等多方的经济承受能力,即各方的负担也要讲求"适度",因为待遇水平必须建立在社会承受力的基础之上,即要以政府、企业和个人都能承受为前提。总起来看,各国养老保险制度的不断改革,所围绕的基本轴线是随着经济社会的变化调整费用负担和待遇水平的适度问题。如果缴费率过高而且监管法律缺失,会助长逃缴现象的发生,使制度缴费率形同虚设。[①] 根据《2004年全球社会保障》统计,发达国家养老保险缴费率大体处于10%~20%之间,例如,德国法定养老保险资

---

① 沈建,张汉威. 德国社会养老保障制度及其启示 [J]. 宏观经济管理,2008 (6).

金的主要来源是投保人所缴纳的保险费，交费以每个雇员的毛收入为计量基数，费率约为职工总收入的 18.6%，由雇主和雇员各交一半即 9.3%。另外，采取活化养老金措施使养老金待遇水平与经济社会发展水平相适应，如日本公共养老保障体系每 5 年进行一次预算和调整，使养老金和养老金资格定期分享经济进步带来的繁荣，从而养老金每年随雇员收入变化的幅度而变化。通过活化养老金制度，打破僵化状态，社会养老可以穷养也可以富养，"穷则穷养、富则富养"，养老制度就能够适应各种变化的社会状况。

从西欧各国的养老金体系来看，由多支柱共同构成是其养老保险体系的主要特征，从政府强制到个人自愿依次是：第一支柱公共养老保险，第二支柱职业年金，第三支柱个人养老储蓄；欧洲养老金体系也被学界分为以下两种模式：一种是德国、瑞典等国家的俾斯麦模式（Bismarck system），另一种是英国、瑞士等国家的贝弗里奇模式（Beveridge system），在养老保险体系中，第一支柱和第二支柱所占的地位不同是两大模式的最大区别。俾斯麦模式的国家，一般第一支柱的待遇水平较高，其支出占 GDP 的比重也较大，而其余两个支柱则规模较小；而贝弗里奇模式的国家恰好相反，第一支柱待遇水平较低所占 GDP 的比重也较低，而其余两个私人养老支柱则规模较大。人口老龄化日益严峻的趋势，维持第一支柱屹立不倒西欧各国政府均面临较大财政压力，俾斯麦模式的国家政府的压力更大[①]。

总起来说，各国对社会养老保险制度的结构性改革的原因大体为两种，一是经济体制的转型，养老制度与新经济体制不相适应，如俄罗斯、中国、波兰等；二是财力不可持续、人口老龄化以及效率的损失等，如英国。总趋势显示，老龄化压力下未来像西欧国家那样降低国家基本养老金待遇水平将是改革的可能选择。

人们已经越来越清楚地认识到，如果不坚持适度原则，走向不适度或"超度"，那么，引致的后果是严重的，不仅财政负担加重、企业成本上升效益下降而生产活力受挫，也会使社会惰性滋长、懒汉思想泛滥，那将会严重削弱社会前进的动力，所有这一切都将使历史走向倒退。

---

① 杨娟.21 世纪西欧国家养老金改革述评 [J]. 公共管理学报，2009（4）.

5.4.5 养老金体系结构：多支柱

早在1994年，世界银行就提出一个国家的养老金制度必须同时提供储蓄、再分配以及保险三个功能。为此可以建立三个支柱体系模式：第一支柱是国家建立的公共养老保险，功能上应该仅限于缓和老年人的贫困，财务方式上应该采用现收现付制方式；第二支柱是企业年金，由国家给优惠政策，利用社会力量建立；第三支柱是个人在保险市场购买年金。随着经济社会环境的变化，制度赡养率出现了恶化，直接影响保费征缴，以及给付水平较高等导致财政压力加剧，这造成了财政和企业负担双重的负面影响，使现收现付制的融资模式变得非常困难，并日渐失去吸引力。世界银行又建议多支柱养老金由五个支柱组成，在三支柱体系基础上增加了两个支柱，即非缴费型养老金和家庭内部向老年人提供的非正式的资金或非资金的支持，非缴费型养老金待遇形式为国民养老金或社会养老金。

目前，各国均根据自己的国情设计本国的养老金支柱体系。一般情况是：第一支柱是普惠式的，主要目的是收入再分配，以保护低收入的老年人，采用现收现付制筹资模式，实行社会统筹账户管理，但规模上缩减；第二支柱是与收入相关联的完全基金积累的筹资模式，缴费一般由单位和个人共同承担，资金运行采用个人账户制，基金一般由有资质的基金管理公司投资运营，筹资规模有放大趋势，如瑞典的这两个支柱缴费率总共是18.5%，由雇主和雇员平均支付，其中16%记入个人名义账户中，2.5%用于风险基金储备；第三支柱是自愿的，有养老储蓄、商业养老保险或企业年金等形式，作为有更多消费需求人士的补充养老保险。中国的养老保险改革也拟定了"三支柱"体系，但首先是这种"三支柱"的内容与他国不同。中国的第一支柱是强制性的与收入相关联的社会基本养老保险，即本书所研究的部分积累筹资模式下的统账结合基本养老保险制度，亦即"实账积累的统账结合"；第二支柱是自愿式的企业年金，采用完全积累的个人账户制；第三支柱是自愿的个人储蓄或商业养老保险。第二个不同是"三支柱"目前在中国发展极不平衡，第一支柱做为"擎天柱"重点培养（尽管其因自身缺陷，一直没能发挥其"擎天柱"作用），第二支柱因第一支柱占用了过多的缴费资源而没有多大发展空间，国民自发的储蓄做为第三支柱却畸形发展。第三个需强调的不同是中国在作为"一支独大"的基本社会养老保险制度内部，采用了部分积累筹资模式和统账结合（预设的是个人账户实账积累的统账结合）的资金运行管理方式，"多支柱"在西方发达国家是一种平衡发展关系，而在中国则不然。国外的第一支柱规模较小，虽一般是全民共享，但目的是通过这种收入再分配来保障一些低收入群体，而中国是将第一支柱的基本养老保险直接做成与收入相关联的制度，且作为整个养老保险体系的重要支撑。

从养老金来源结构上考虑，根据我国国情需要创建一个城乡统一的基础养老保险作为零支柱，基本原则应该由政府运作，可以是低水准但必须广覆盖，以保障国民的最低生活，也体现基本的平等生存权。

中国社会养老保险
财政负担研究

Chapter 6

第6章 优化社会养老保险财政负担机制改革方案设计

我国社会养老保险改革的基本初衷是为国有企业顺利改革铺平道路，为了给企业"减负"，使企业能够甩开社会包袱积极投身国内外市场竞争中，所以建立了权利与义务相对应的缴费制社会养老保险制度，"十一五"规划期间，中国基本完成了社会养老保险体系框架的搭建，但还存在很多问题。由于制度在执行过程中，地方本位思想严重，管理部门执行力度小把关不严，导致企业逃缴、欠缴、瞒报基数，个人设法提前退休等行为普遍发生，制度的收支平衡被破坏，导致除了财政负担加重之外，最终企业的名义缴费率也极高，诚实缴费企业的养老负担非但没有减轻反而更加沉重了，因此，当初养老保险改革所面临的问题现在依然要面对，党的十八届三中全会提出，建立更加公平和可持续的社会养老保险制度是改革的目标。

20世纪80年代末90年代初提出向市场经济转轨，计划经济体制下的企业养老制度难以为继了，很多企业不复存在，出现了退休人员无处领养老金的情况，只能进行制度改革。将企业职工的养老金与社会平均工资挂起钩来，设计的最高替代率为70%，病退者40%~50%，机关事业单位养老金的计算方法是根据工龄，工龄在30年以上的可以拿到其原工资的80%，40年以上的则为90%，这样越来越大的差距便产生了。目前，企业职工养老金不到2000元而机关事业单位的一般在4000元以上，保证公平成了中国当前阶段社会养老改革的关键。现阶段，在我国社会养老保险存在城乡分割、制度碎片化等诸多问题中，最受诟病的就是属于机关事业单位还是企业单位的社会身份不同而导致的养老待遇差别，正如社科院专家所言，目前保证公平才是中国养老的关键。要实现基本社会养老保险制度的公平目标，财政以什么样的方式投入是其中的一个重大问题，必须通过养老保险制度的改革健全公共财政投入制度，优化社会养老保险财政负担机制。

6.1 社会养老保险制度改革方向选择

概括起来，目前我国养老保险制度存在的主要问题是：一是公平性，二是可持续性。解决这两个方面的问题，就要建立健全社会养老保险制度的体

第6章 优化社会养老保险财政负担机制改革方案设计

制机制,下一步如何改革?是采取对制度的微调方式还是通过对制度进行结构性改革方式更合适呢?

如果保留制度框架不动只采取微调的改革方式,如提高缴费率和最低缴费年限或延长法定退休年龄等,那么,在当前国情下,期望通过提高最低缴费年限或延长法定退休年龄等措施微调制度参数的方式,来实现制度的可持续性和公平性应该是不现实的。就延迟退休而言,从2004年至今,多次提出延迟退休年龄,每次提出来之后就跟着一片强烈的反对声,媒体也进行了若干次调查,基本上70%以上的老百姓反对,反对者最多达90%。一般来说,延迟退休,办公室人员比较好接受,但是一线的蓝领工人就比较难接受。发达国家延迟退休年龄的动议,最早其实是为了增加劳动力供给,而且发达国家和发展中国家的阶层结构有别,[①] 中产阶级在发达国家要占到60%以上,蓝领阶层人数比重一般占不到20%,这样政府就不怕得罪蓝领阶层议案可以强行通过。中国的情况相反,中产阶级很少,大部分都是蓝领工人,其占比约在60%甚至70%,所以媒体的各种调查结论都是70%以上的人反对,与我国的阶层构成情况是吻合的。另外,发达国家尤其是欧洲的发达国家,工会力量强大,如果公司减员也会先辞退新员工而留下老员工,职业歧视较少而且工作制一般是6小时;在我国年龄和性别歧视普遍存在,蓝领工人中的"四零""五零"人员即40岁以上的女性和50岁以上的男性很难找到工作,养家已很困难还要继续缴纳养老保险费就更加力不从心了。再者我国今后相当长一个阶段就业压力是最大的社会问题,劳动力过剩带来总量性失业,如果大龄劳动力不退出劳动力市场,青年人就业就会受到影响。从经济理性角度考量一个政策,主要是在有限的资源条件下所展现出来的效率,但所有政策都是政治决策,需要兼顾多方面因素,公共政策不能把经济效率作为衡量的唯一尺度,还要考虑社会公平,即在社会分配过程中,以无数个具有平等权利的个体的人为本的公平分配,以及在整个社会经济发展中,以无数个具有平等权利的群体的人为本的共享与参与,延迟退休年龄,实际上是注重经济效率,忽视社会公平和人文关怀;提高缴费年限、延迟法定

---

① 延迟退休无实际意义 应保证公平 [EB/OL]. http://www.qlwb.com.cn/2013/1124/60741.shtml, 2013-11-24.

退休年龄可能会对制度的财务平衡有些作用，但也会使公平问题更加严重，无助于解决公平问题，而当前社会公平问题最为突出。

虽然一直说未来中国老龄化最高峰时有 4 亿老人，只有 8 亿劳动力，也就是 8 亿劳动力缴费来养 4 亿不缴费的，两个人养一个人，但这只是从保险的框架里来看问题。养老并非简单的几个人养几个人的问题，养老问题实际上是社会分配问题，本质上取决于两个条件：首先，退休时社会经济能够创造多少财富，就是劳动生产率的问题。中国现在的劳动生产率非常低，只有美国的 1/11，日本的 1/12。中国经济要继续发展，只能提高劳动力素质，提高劳动生产率。其次，这些财富怎么分配，老龄化高峰时期可以多给老年人一些优惠，通过分配政策的倾向性选择，问题是可以解决的。另外，我国离老龄化最高峰还有 22 年，要真正解决和缓和中国老龄化高峰，需要调整计划生育政策，现在已经推出了"单独二胎"政策。

从制度框架改革的大方向来说，实账积累制不应该是中国当下的选项，因为中国不具备完全基金制或只对个人账户实行实账积累的部分积累制所要求的资本市场条件，而且完全基金积累制不具备社会互济和再分配功能，再说收入分配公平也是当前需要调节的重点，所以实账积累制在"构建和谐社会的大环境下不合时宜，更不符合基本社会养老保险的建制理念。……中国十几年的运行实践也证明实账积累不可取，名义积累的统账结合将是中国现实条件约束下基本模式的必然选项。"[①] 养老保险制度需要大改，选择结构性改革应是正确的方向。

6.2 改革方案设计的目标、原则和内容

6.2.1 目标和原则

6.2.1.1 目标

社会保障的基本目标是促进社会公平和维护社会稳定，以人为本构建和

---

① 蔡向东. 统账结合的中国城镇职工基本养老保险制度可持续性研究 [M]. 北京：经济科学出版社，2011：226 - 227.

第6章 优化社会养老保险财政负担机制改革方案设计

谐社会是经济社会发展的目标和检验是否健康发展的标准之一,也是执政党的核心理念,公平、正义、共享经济社会的发展成果已成为新时期的主流价值取向。当前,收入差距问题已成为社会不和谐不稳定的主要因素之一,迫切需要建立健全社会保障制度来缓和并化解,在养老保险方面需要建立一个与经济、社会以及文化发展水平相适应的社会养老保险制度,使人人都有基于权利与义务相对应的社会公正基础上的养老保障。二次分配以公平为主要原则,社会养老保险制度应把实现社会公平作为首要目标,在保证公平的基础上尽量兼顾效率,不养懒人,以保证制度的可持续性。我国社会养老保险制度的最终发展目标,就是要是建立城乡一体化的多层次统一模式,首先改革机关事业单位养老保险制度,使机关事业单位实行与企业总体一致的统账结合的基本养老保险制度模式以体现公平;最终实现全体国民公平而又有效率地享有社会养老的保障;除了保障公平以外,新的改革方案还必须做到自身的可持续,通过对比缴费收入和支出便可以判断是否具有可持续性。偶尔在某个时段出现少量赤字也是正常的,但像现在这样,每年必有缺口,过去十几年财政对基本养老保险的补贴基本维持在总收入的13%~14%,这就是系统性的收支缺口,也是系统性的养老保险财政负担。从收支平衡的角度来说,这样的制度就不具有可持续性,消灭系统性收支缺口是制度改革的又一个基本目标。

十八届三中全会提出的"建立更加公平可持续的社会保障制度",意味着要消除身份和地位带来的养老体制隔离性的差别。[①] 社会保障是保障公民基本安全的制度体系,应该消除人的身份和地位的痕迹,在基本养老保险制度方面应该消除制度性隔离,包括城乡之间以及工作单位属性之间的差距。具体政策的设计上,本着"公平、正义、共享"的核心价值理念,结束碎片化状态,实现社会保障的公平性、持续性和流动性的基本目的,改革现行社会基本养老制度,城乡整合把所有国民都纳入统一的社会基本养老保险制度体系中来,再根据缴费情况设计待遇支付的合理差距才是公平而有效率的。即使

---

① 郭晋晖. 养老金改革定调:公平、可持续 [EB/OL]. http://www.yicai.com/news/2013/11/3109387.html, 2013 - 11 - 14.

相同的财政支出负担,以什么样的机制支付给什么样的群体才是公平的是一个重大问题。近年来,财政每年的社会养老保险补贴达2000多亿元,而且未来的缺口还是个"无底洞",需要财政填补。这个不确定的巨额支出除了给财政带来潜在的风险之外,还带来了一个经济社会的负效应,即加剧了收入的不公平,拉大了社会收入差距。我们不禁要问:财政究竟以什么样的方式投入社会养老保险,才是既公平又有效率的呢?强调公平与效率兼顾,既要保证每一个公民都能享有一定的社会保障待遇,又不能影响市场竞争活动,重新构建统一的新型社会养老保险制度是非常有必要的,只有这样才是当下解决问题的最佳途径。

6.2.1.2 财政出资的原则及定位

(1) 普惠制原则。

居民养老权均等,是社会基本养老保险的公平目标以及公共服务均等化目标的一个基点;来自一般税收的财政资金是公共资源,公共资源基本属性要求其支出要保证基本公平,因此应该按照普惠制原则实行全民共享。而在现行基本养老制度下,财政资源的分配,从表6-1中可见一斑。表6-1的数据表明,机关事业单位和企业职工退休后人均享受公共财政资源的差距在数倍以上,显然有违社会公平原则。

表6-1 各群体享受社会养老保险财政补贴情况 单位:万元、万人

年份	机关事业单位职工		城镇职工基本社会养老保险	
	公共财政支出	离退休人数	公共财政补贴	退休人数
2000	478.57	870.0	337	3169.9
2001	624.72	917.5	349	3380.6
2002	788.83	934.7	408.2	3380.6
2003	894.97	1010.3	530	3380.6
2004	1028.12	1038.0	614	4102.6
2005	1164.83	1113.8	651	4367.5

资料来源:2006年中国劳动统计年鉴。

如果再把"新农保"考虑进来,群体之间人均享受公共财政补贴的差距

第6章　优化社会养老保险财政负担机制改革方案设计

就更大了。即使就"新农保"参保者群体内部而言，就地方政府只对已参保的少数人进行补贴，未参保人没有任何好处的做法而论，也是有悖公共支出的公平原则的；公共支出如果只给那些有能力参保的人，只会进一步拉大收入的差距。另外，地方政府的补贴方法各地迥然。有补入口的即补保费，有补出口的即补基础养老金。即使同一个省份也有不同的补助办法，有的是对参保农民实行普惠制补贴，有的是对贫困区域实行倾斜性补贴，也有对特殊群体实行重点补贴，各种各样的做法难以做到公平。在社会基本养老保险的改革方案设计中，本着公共支出应当秉持公平第一的理念，实行对所有居民的"广覆盖"，采取普惠制的方式让人人都能享受基本均等的财政补贴，而不因社会身份的不同存在巨大差别。养老保险制度改革不仅要体现公平性，更要着眼于可持续性，建立健全制度可持续发展的体制机制，包括健全养老保险的财政投入制度。

如果不实行普惠制，就必然会涉及家计调查，那么社会成本就会加大；而且公共养老金大致以"新农保"的基础养老金为发放标准，数额并不算大，又去除了社会身份属性产生的制度阻隔，所以综合起来考虑，在现阶段改革中实行公共养老金普惠制是比较合理的。

（2）财政出资确定原则。

在社会养老中财政出资应坚持基本确定性的原则，通过财政出资机制的设计，使财政在社会养老中的负担做到"有数"，有利于财政管理和风险控制。在现行社会养老保险制度中，财政的参与环节在制度的"出口"，当支付环节出现资金缺口时，财政便出资补齐。如图6-1所示。这种方式也称为"前端不补、后端兜底"的财政出资方式，这种财政补助方式的缺点就是"财政风险是敞口的"[①]。

尤其像我国这样，待遇水平实行DB方式，且企业和职工缴费率是确定的，剩下的收支差额全由财政负担，在这个制度中财政的定位是在支付环节，而且资金的平衡模式是以支定收的模式，所以财政补缺的数额是不确定的。

---

① 郑功成. 中国社会保障改革与发展战略（养老保险卷）[M]. 北京：人民出版社，2011：318.

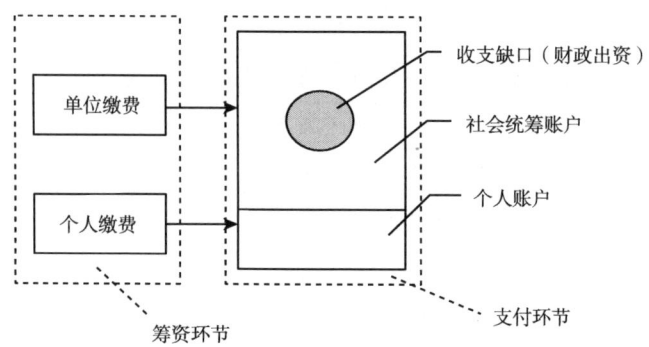

图 6-1 现行社会养老保险制度中财政参与的环节

在政府、单位和个人三方出资中，财政相对于个人和单位而言是被动出资，在这里称其为"暗补"模式。这种模式或机制导致自从社会养老保险制度建立以来财政补贴的数额就以不可控制之势逐年大比例上升，制度呈现出难以持续的态势。从发展趋势上看，财政要兜的这个"底"是无底洞的"底"。所以必须改变财政出资的方式或模式，重新给财政出资的机制进行定位。

许多国家的做法是把财政出场的环节放在制度的"入口"端，即财政与单位、个人同步出资，在征缴社会养老保险税或费的收入的同时，财政也同步拨付一定额度的资金加入，以主动出资替代被动补缺，在支付环节"以收定支"自求平衡。这种方式也称作"前端补助、后端自求平衡"。这样，财政可以摆脱被动而能够触摸到"底"在哪里，对支出的责任进行主动控制，如图6-2所示。财政对社会养老保险的支持方式，就从"暗补"模式变为"明补"模式，出资环节由支付环节提前到最初筹资环节，财政补助的数额以及

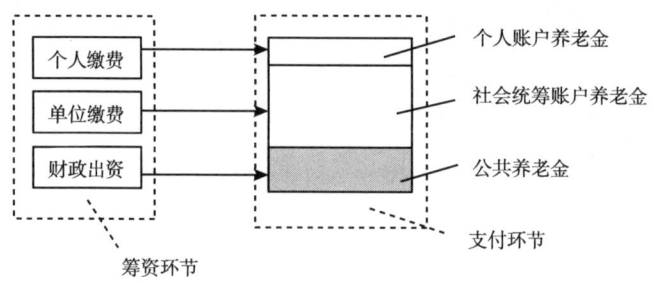

图 6-2 "明补"模式的财政出资环节定位

补助对象等不仅明确而且确定，践行财政公平原则。

虽然在实践中可能还会有一些小缺口需要财政弥补，但做好精算平衡的条件下缺口应该极小，因此财政出资以明补模式为主的方式改变，不仅使国民"看得见""摸得着"，最主要的是出资数额可以预先基本确定。

6.2.1.3 个人账户名义化原则

中国养老保险制度改革初期经过多方论证，依据社会互济和自我保障相结合的原则选择了统账结合模式，可以兼顾公平与效率，集宏观抗风险能力和微观缴费激励功能于一身，从世界养老保险发展的趋势来看，该模式的大方向是正确的。现行制度在运行中出现拖累财政或不可持续的倾向，主要是统账结合制度的个人账户实账积累不适合当下的中国国情。制度建立之初选择对个人账户实账积累，意味着不仅需要做实个人账户，还会形成巨额转制成本，而作为一个新制度，无力承担这种"双重压力"，因此制度自身的财务平衡难以实现。即使做实了个人账户，中国的资本市场也不具备保值增值所要求的条件。

从沿着最初养老制度改革设计对个人账户进行实账积累道路而进行的十几年的实践困境来看，养老保险制度越来越背离预设轨道陷入难以自拔的困难境地之中。反思其原因寻找解脱的良策，借鉴瑞典等国对个人账户的名义制处理方式的创新实践，发现个人账户既可以"做实"也可以"做虚"，"做虚"的账户即名义账户才是更适合中国现实国情的，是一种基于现实的理性选择。所以下一步改革仍要坚持社会统筹和个人账户制，只是个人账户要名义化。

（1）个人账户名义化的含义。

个人账户名义化，就是现行社会基本养老制度设计的对个人缴费形成个人账户资金实行完全实账积累的模式，改为在个人账户中只记录个人的缴费及其利息额，也称为名义账户制。在筹资模式上与社会统筹账户的资金一起用于当期支付，所以个人账户实行名义账户制以后，社会基本养老保险的筹资模式就从"部分积累制"转变为现收现付制模式了。所有的制度收入中无论是来自社会统筹账户的资金还是来自个人账户的资金都统一使用，但在账目管理上仍然按照原来的方式分别管理,社会统筹账户的管理方式不变而个人账户的管理变得简单了,因为名义化的个人账户里只记录个人的缴费及其增值情况即利息收益,省去了对实账积累资金进行投资的复杂精细投资操作和风险担忧,待遇计发的办法依然沿用现行方案,只是要采用名义积累额除以平均生命余岁。

养老制度改革之初采用个人账户实账积累,主要目的之一是应对未来的人口的老龄化,基金制比现收现付制更能应对人口老龄化的情况是不确定的。其实这是目的与手段的不对称。因为从社会和谐视角看,在职者与退休者的收入必须协调。在家庭养老中,全家人有福同享有难同当,子女与老人或者说养者和被养者同甘共苦,无论穷富都一起度过,穷则穷过富则富过;而社会养老是家庭养老的向外延伸,如果把家庭养老中全家老少同甘共苦的做法向外延伸为社会养老的基本指导思想,工作的与退休的社会成员之间的收入要适度协调。如果在职者工资收入普遍很高而退休者养老金收入普遍很低,或者反过来在职者工资收入普遍很低而退休者养老金收入普遍很高都是不恰当的,两者必须协调才能促进社会和谐和养老保险制度的可持续运行。如果养老金过高与工资水平不对称,这样的养老待遇水平是难以长久维持下去的,而且会导致提前退休等不良现象;如果养老金与工资水平相比过低,则可能导致老年生活的普遍贫困,这也会使人们失去对养老保险制度的信心,也不利于制度的良性运行。所以社会养老保险待遇水平要始终保持与社会工资水平相适应,这样也破解了人们对养老金水平的刚性预期以及由此造成的财政压力。

采用名义个人账户就可以通过记账利率与当期社会平均工资水平更紧密挂钩,建立起老年人分享经济发展成果的制度机制,不仅能使在职者与退休者的收入容易协调起来,也便于协调新退休者与老退休者养老金收入,从而促进社会各群体的利益和谐和制度的良性运行。事实上,著名经济学家 Colin Gillion, Lawrence H. Thompson 和 Nicholas Barr 的研究成果早已证明,不论哪种筹资模式都是工作的人创造经济价值来支付退休者的养老金,当期的经济总产出总在工作和退休的人之间进行分配,退休人员所消费的商品都是当期整个社会所生产产品的一部分,从实物意义上说,养老品的供给与消费都是

第6章 优化社会养老保险财政负担机制改革方案设计

现收现付的。因此，如果当期社会产品不足，哪种筹资模式都将无法正常运行，即使转向完全基金制，老龄化危机也不会自动消除，制度同样面临难以持续的问题。关键是经济和产出要增长，只要当期社会产品充足，现收现付应对老龄化危机也是没有问题的，所以采用哪种模式的选择标准就在于哪种模式更能促进经济的增长。

（2）名义个人账户制是现实国情下的理性选择。

第一，从基金增值保值角度来说[①]，是否要实行积累制主要在于宏观经济所处的状态，我国当前的宏观经济环境是处于动态无效的状态。如果国民储蓄不足，个人账户做实可以提高国民储蓄，给投资报酬率提供保障前提，那么资本边际产出就可能会大于经济增长率，即所谓动态有效的经济；如果已经是储蓄过度的状态，个人账户做实会进一步加剧过度储蓄，投资报酬率更加难以保证。自20世纪中期以来中国经济一直处于动态无效状态，投资难以保证基金的保值增值，基金积累的风险巨大。一个人从缴费到退休会有20～30年的跨距，而且随着制度覆盖面的扩大，基金积累额不断增长将导致未来养老保险的主要问题由现在的"融资"转变为将来"投资"，在已经预期未来投资风险很大的情况下，再选择实账积累就是非常不明智了。就全国社会保障基金而言，其理事会精心选择专业投资公司进行运作，如果没有中国史上少有的2006～2007年股市大牛市的成全，在扣除通货膨胀后其净收益率可能还不足2%[②]。个人账户要实行实账积累，首先要考虑基金保值增值所要求的资本市场条件是否具备？要做实个人账户，一个重要前提是需要一个比较成熟和发达的资本市场，必须清楚资本市场发育成熟需要很长时间，欧美发达国家资本市场已有200多年而中国才仅有十几年时间，资本市场还远远谈不上规范和成熟，在中国的资本市场不具备基金积累所要求的条件的情况下做实了个人账户，必将难以应对巨大的潜在金融风险，有可能导致制度陷于财务危机的境地，在这种情况下，政府作为最后责任者，必将承担最后出资

[①] 蔡向东. 统账结合的中国城镇职工基本养老保险制度可持续性研究 [M]. 北京：经济科学出版社，2011：228.

[②] 蔡向东. 统账结合的中国城镇职工基本养老保险制度可持续性研究 [M]. 北京：经济科学出版社，2011：212.

人角色,从而把国家财政也带入危险境地,面临经济、政治和社会的危机。总之,在资本市场发育成熟之前,社会养老保险最好不要与资本市场挂钩,以免这些养命钱受资本市场和金融风险的侵蚀和影响。

养老制度改革之初决定个人账户采用实账积累,主要目的是应对未来的人口的老龄化,但基金制比现收现付制是否更能应对人口老龄化,结果是不确定的,要看资本市场条件。在资本市场不成熟的状况下,即使做实个人账户最后的积累也会非常惨淡,难以真正达到积累的目的。如果一定要做实个人账户,那么"做实个人账户的资金均由中央和地方财政共同承担,而作为最终的出资者,财政部门并不支持立即做实个人账户。理由很简单,因为按照现行制度设计,做实的个人账户资金只能以一年期活期利率存在财政专户,白白贬值"①,如果采用名义账户自然规避了投资的风险;② 社会科学院世界社保研究中心主任郑秉文也表示,在中国目前的高增长条件下,实账上的个人账户基金投资几乎不可能取得高于社会平均工资增幅的投资收益,甚至连 CPI 都跑不赢,个人账户基金越大,福利损失就越大。可见现阶段采用"非积累"的现收现付筹资模式更合理有效。

第二,从储蓄消费与经济增长的角度看,做实个人账户就会进一步增大现有储蓄而降低当期消费率,我国一直以来的情况是储蓄过旺而消费不足,拉大内需的动力远远不够,因储蓄而资本存量巨大又难以转化为有效投资,中国经济高速增长真正需要的是养老保险能发挥刺激消费拉动内需的功能,实账积累反而会更加加剧经济增长方式调整的困难,在中国现实国情下选择现收现付制更有效率。一是经济环境不支持。众所周知,我国当前的情况是储蓄率过高而消费严重不足。③ 作为全球储蓄率位居前列的国家之一,中国的储蓄率超过 50%,这被普遍认为是导致国内消费动力不足的原因之一。尤其是在当前,中国面临国际金融危机和调整经济结构的双重挑战,提振内需、

---

① 王晓慧. 3800万人弃保"怪现状"中断缴社保将加大个人账户"空账"压力 [EB/OL]. http://www.chinatimes.cc/hxsb/news/hongguan/131127/1311272028 - 132188. html.

② 王羚. 基本养老保险扩面放缓 个人账户空账超 2.6 万亿 [EB/OL]. http://www.yicai.com/news/2013/12/3218032. html, 2013 - 12 - 13.

③ 中国居民储蓄率有点高 储蓄余额破 18 万亿人均储蓄过万 [EB/OL]. http://news.xinhuanet.com/politics/2012 - 11/21/c_113742919. htm, 2012 - 11 - 21.

第6章 优化社会养老保险财政负担机制改革方案设计

扩大消费已成为促进经济转型的重要手段，只有这样才能推动中国经济转型。国际货币基金组织公布数据显示，中国的国民储蓄率从20世纪70年代至今一直居世界前列，90年代初居民储蓄占国民生产总值的35%以上，到2005年中国储蓄率更是高达51%，而全球平均储蓄率仅为19.7%。2009年我国居民储蓄余额已经突破了18万亿元，储蓄率在全世界排名第一，人均储蓄超过1万元。以国家统计局的数字进行分析，中国的储蓄率高达52%，这在世界上是绝无仅有的。过度储蓄阻碍了经济增长，中国居民的储蓄率居高不下，而消费意愿却在减弱。由于消费不够，不足以消化产能，因此过高的储蓄率对企业的发展是不利的。国务院发展研究中心研究员吴敬琏认为，长时期存在的过度储蓄和消费不足这种不平衡已成为中国经济增长的阻碍，保持GDP的持续平稳增长，缺乏内在动力，就是最终需求不足。

从拉动经济增长的"三驾马车"——消费、投资和出口的比重来看，我国过去长期依赖"出口+投资驱动型"经济增长模式，导致中国经济增长外贸依存度高达80%，而美、日、德仅在20%以内。因此，相比之下，我国目前的现实情况是消费严重不足，需要刺激消费降低储蓄，将现行养老保险制度统账结合的个人账户"做实"，都必将进一步增大现有储蓄，降低消费率，这不仅无助于拉动内需，反而会加剧经济增长方式的失调和流动性过剩。因此，当前的经济大背景不支持个人账户实行实账积累。

应对人口老龄化，一般认为基金制是依靠自我缴费的积累养老似乎不受人口年龄结构的影响，事实上未必如此，只有在动态有效的经济中，基金收益率才有可能会高于工资增长率或通货膨胀率，基金积累筹资模式才会比现收现付模式更有效率，否则基金积累模式将是无效率的。在今后若干年内，中国经济仍将处于动态无效率状态[①]，选择基金制只会进一步恶化资本市场环境，所以基金制不可取，选择现收现付制更能提高经济效率，这是基于中国现实国情的理性选择。社会基本养老保险制度自建立以来，始终存在两个难题，个人账户难以完全做实和统筹账户存在巨大缺口，依靠挪用个人账户部

---

① 蔡向东. 统账结合的中国城镇职工基本养老保险制度可持续性研究 [M]. 北京：经济科学出版社，2011.

分资金以及财政补贴才能保证养老金的发放,现实的窘境只能说明选择个人账户实账积累是行不通的。

第三,制度无力承担起巨额的转制成本,当初选择的个人账户实账积累模式,不仅需要做实当下的个人账户,还存在转制前几十年的个人账户空账即转制成本问题,这个数额是巨大的,作为一个新制度难以承担转制带来的"双重压力",因此制度的收支难以平衡,年年存在巨额缺口等待财政弥补,看不到制度自身能够可持续生存的希望,这只能说明个人账户实账积累不适合中国当下国情的。

企业职工社会养老保险自建立以来,一直是收不抵支,存在巨额养老金缺口,每年各级财政给予补贴才得以维持。例如,2000年各级财政补贴金额为338亿元,2006年为971亿元,2010年1954亿元,2011年新增补贴高达2272亿元,财政累计补贴金额达1.2526万亿元。[1] 如果做实个人账户,财政除了要补齐当期养老金发放缺口以外,还要再拿出资金补到个人账户,财政压力可想而知,实践证明行不通。2001年曾在辽宁省进行试点,按个人缴费工资的8%做实基本养老保险个人账户。在辽宁省试点结束后,2004年又把试点扩大到黑龙江和吉林两省。此后,还是无法完全做实个人账户,随着缺口的增大,个人账户还是不得不或多或少的空账运行。

第四,借鉴他国经验。在国际上,瑞典名义账户养老金制度值得我国借鉴。瑞典的具体做法是:每个人缴纳其收入的一定比例,记入记账式个人账户,同时政府将为账户注入名义利息;退休时,则将账户中所有账面积累换算成年金。其运行与一般的银行储蓄活动相似,每年参保者、雇主以税收的形式向名义个人账户供款,这些供款以养老金信用的形式记录在参保者的银行存折即名义个人账户之内。参保者每年都会收到包括他们名义账户明细的橙色信封。当参保者个人一旦退休,其名义个人账户的名义资金将会在其退休期间按月发放,实际资金来源于当期劳动者的供款。从表面上看,名义账户与个人账户制相同,但其账户无需做实而是以名义簿记为基础,资金运行

---

[1] 养老金缺口到底有多大? 人社部:延迟退休近期不推行 [EB/OL]. http://society.people.com.cn/GB/18248154.html, 2012-06-20.

仍是以现收现付为主。名义账户制的采用，减轻了财政的转制压力，也使制度改革顺利进行。

其实，目前我国养老保险制度的空账运转，事实上就是一种准名义账户制，世界银行以及西方一些经济学家也是这样认为的[①]。

(3) 个人账户名义化的制度功效预见。

第一，可以缓解转制的财政压力。由现收现付制向基金制转变必然带来转制负担，已退休的"老人"和制度转轨以前就工作若干年的"中人"，在转轨时无积累，转轨后只有依靠财政补齐那些该有的积累额，即学界所谓转制成本或隐性负担，是非常庞大的数额，尽管学者们测算的数目有差别，但最少的也在十几万亿元以上，这对财政而言压力巨大。因此，个人账户名义化，有利于两种制度之间的平稳对接，顺利过渡。

第二，可以降低缴费率。由于不需要积累，只需缴纳当期发放所需数额，因此可以把用于积累的那部分缴费额免掉，从而降低缴费率，减轻参保者的缴费负担。有利于提高企业的国际竞争力并促进企业的发展，而且有利于提高国民的消费能力，有助于经济结构的调整和升级。现行制度被广为诟病的问题之一就是缴费率过高，甚至被认为是导致逃费的主要因素，严重威胁到制度的可持续性。财政学中拉弗曲线的原理就是这个道理。实践证明，自20世纪80年代以来，世界范围内的低税率政策就促进了各国经济的发展与繁荣。

第三，可以促进劳动力合理流动。建立社会养老保险制度的初衷和最终目标，都是为市场经济制度的顺利建立及发展保驾护航。建立全国统一的劳动力市场，就需要尽可能消除一切阻碍劳动力自由流动的因素，社会养老保险制度是影响劳动力自由流动的主要因素之一。名义账户制利于劳动力随地携带进而便于提高统筹层次实行全国统筹，各地能够余缺互济，不仅缩小支付缺口减轻财政负担，而且不存在基金安全隐患及投资难题，管理成本大大降低。

---

① 郑秉文． "名义账户"制：我国养老保障制度的一个理性选择 [J]. 管理世界，2003 (8)：33－45.

综上所述，我国社会养老保险制度应该采用现收现付模式，统一筹集三方资金统一用于当期支付，当然账目管理要分成不同的部分分别记录，来自单位的缴费仍进入社会统筹账户，来自个人的缴费及其年度利息全部记录在个人账户上，个人账户只以名义的形式存在，对于缴纳个人账户的个人来说，个人账户只有记账意义，相当于一种记账式账簿，来自财政的资金进入公共养老金账户，三个账户的资金统一用于当期养老金支付。名义账户下的统账结合与瑞典的名义账户制类似，"社会互济"与"自我保障"可以兼顾，注重公平同时也兼顾到效率。其实，个人账户只是给个人的一种保证，解决的是个人缴费激励问题，做实与否对个人来说意义不大，只要能保证养老金的缴纳和支取一一对应即可，就像把资金存入银行，无须保证自己存的钱一定在钱柜里，只要保证取款时能取出存款时约定的金额就可以。实行名义账户制可以与原制度自然衔接，改革的阻力应该不大，是可以得到支持的。所以个人账户名义化应该是一种可行的制度选择，也基于中国国情约束下的一种理性选择，不仅操作更加简便而且破解资金缺口、公众担忧、转型负担等诸多难题，完全是符合中国国情的。

6.2.2 改革方案设计的具体内容

在改革方案的设计中，本着切合国情实际的基本理念，确立社会养老三根支柱体系。最初，我国企业职工养老保险改革设计的也是三支柱模式，其第一支柱是基本社会养老保险，设计统账结合的目标替代率为59.2%，社会统筹账户和个人账户的缴费率28%；第二支柱是补充养老保险即企业年金；第三支柱是自我储蓄。事实上，我国"三支柱"比例严重失调，养老保险体系畸形发展，支撑退休老人生活的社会养老支柱主要就是基本社会养老保险金一根支柱。因为第一支柱缴费率太高，企业想方设法逃还来不及，更不会想到给员工建立补充养老金，对于员工来说，在目前的就业压力下，企业能给自己参加基本社会养老保险就不错了，哪里还敢奢求企业年金；另外，基本社会养老保险设计过高的缴费率，确实已给企业带来比较沉重的人工成本负担，使居于多数的中、小、微企业能生存下来就不容易了，对于企业年金

第6章 优化社会养老保险财政负担机制改革方案设计

已没有足够的经济承受能力,因此,尽管最初企业年金制度的制定已过去20多年,但除部分垄断性国有企业职工参保了第二支柱外,其余职工参保得很少,所以普通企业的退休职工不可能指望得上第二支柱。至于第三支柱,也形同虚设,在通货膨胀、工资增长、经济增长、利率较低的多种因素综合作用下,即使在储蓄等到若干年退休后很难依靠,更何况收入差距不断拉大广大国民并无太多积蓄可储,所以这根支柱也与第二支柱一样难以依靠。在改革社会养老金体系的设计中,应坚持每一根支柱都要有可落实性的原则。

(1) 框架结构。

根据前面分析的框架结构设计基本原则,新方案下的出资方依然是政府、工作单位和个人,但三方出资责任明确,主要是政府出资的责任不再以最后兜底的方式体现,即不再等到支付环节有缺口时才出资,没缺口时不出资,缺口大多出资,缺口小少出资,而是在筹资环节与单位和个人一同出资,作为公共基础养老金的主要资金来源;个人缴费在个人账户进行记录,个人账户以名义账户形式存在,不进行实账积累,只是缴费、利息和退休后计算待遇的凭据;工作单位缴费进入社会统筹账户,所有的三方出资均实行现收现付。

新方案下社会养老保险的结构是:第一个层次是普惠式的公共养老金,类似于"新农保"中北京市普惠制基础养老金的"补出口"办法,资金筹集主要由中央和地方财政分担,当然中央和地方财政之间如何分担可以根据不同地区经济发展状况而定。

社会养老金的待遇支付由三支柱四个层次构成,如图6-3所示。

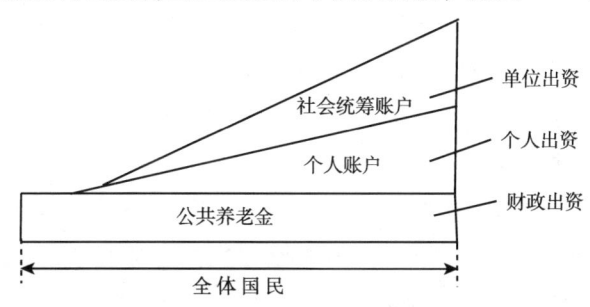

图6-3 社会养老保险层次结构新方案

建立公共养老金的主要目的是通过收入再分配保护低收入的老年人,在公共养老金建立之后,"新农保"的基础养老金及老年人的低保金就可以取消了,其保障功能就可由公共养老金来替代了。第二个层次是个人账户,主要根据个人的缴费及其利息记录折算得出具体的应得数额,发放办法依然延续现行制度的支付办法。第三个层次是基础养老金,来源于单位缴费的社会统筹账户,待遇计发办法也同现行制度"38号文"的规定一样。其中第一和第三层次主要采用DB模式,体现社会公平原则;第二层次则采用DC模式,以激励个人缴费的积极性,体现效率原则。第四层次的补充养老保险,是否设立由单位内部自愿自主决定,政府不做统一强制性要求,有些单位为职工设立,有些单位就没有为其职工设立,即使同一个单位,也可能有些职工有而另一些职工没有,所以这一层次在图6-3中用虚线表示。

这样,社会养老保险金体系就由普惠式的公共养老金和社会统筹账户及个人账户构成的强制性基本社会养老保险构成。退休人员领取的养老金在原来计发方式的基础上,增加公共养老金层次,即:$I = I_0 + I_1 + I_2$,其中,I=养老金总额;I_0=公共养老金,由财政统一制定待遇水平;I_1=基础养老金,沿用现行企业职工社会养老保险社会统筹账户计算方法而得;I_2=个人账户养老金,沿用现行企业职工社会养老保险个人账户计算方法而得。

因此,该方案可以与现行社会养老保险有效衔接过渡,兼容城乡居民社会养老保险和城镇企业职工社会养老保险的层次结构和计算方法,可以保证在统一改革过程中的平稳性。

(2)财政出资机制。

现行的社会养老保险待遇支付办法基本上是依据2005年"38号文件",规定缴费年限(含视同缴费年限,下同)累计满15年的人员,退休后按月发给基本养老金。基本养老金由基础养老金和个人账户养老金组成。退休时的基础养老金月标准以当地上年度在岗职工月平均工资和本人指数化月平均缴费工资的平均值为基数,缴费每满1年发给1%。个人账户养老金月标准为个人账户储存额除以计发月数,计发月数根据职工退休时城镇人口平均预期寿命、本人退休年龄、利息等因素确定(目前的计发月数为139个月)。为了尽可能与现行制度最大限度地衔接,改革方案设计中把这些规定完全继承下来,

第6章 优化社会养老保险财政负担机制改革方案设计

分别对应地作为第二和第三层次的养老金发放办法,在此基础上再增加完全由财政出资提供的公共养老金层次。

根据第 5 章的分析,2005 年颁发的这个决定设定一个缴费 35 年的参保者,退休待遇的目标替代率为 59.2%;假设一个社会平均人,缴费年限为最高和最低年数的均值 25 年,工资水平也为社会平均水平,则其退休待遇的目标替代率也是社会平均替代率,可以计算出来为:$25\% + 8\% \times 25 \times 12/139 \approx 42.3\%$。如果设定平均目标替代率为 45%,则在此基础上,财政建立的公共养老金替代率应为 2%~3%,占养老金的比重为 5%~7%。当下养老金平均水平约为每月 1500 元,假设财政出资的公共养老金占养老金总额的比重为 5%,则换算成金额就是每月 75 元。2010 年第六次全国人口普查,全国总人口为 1339724852 人,60 岁及以上人口数约为 1.64 亿人,如果无论城乡所有 60 岁以上老人,财政提供的公共养老金为每人每月 75 元,每人每年 900 元,财政公共养老金支出则为 1476 亿元。根据表 6-1 的数据可以看出,2010 年,城镇职工基本社会养老保险和"新农保"的财政补贴合计为 2165.2 亿元,2011 年为 2903 亿元,2012 年为 3616.84 亿元,都远远大于以每月 75 元为所有 60 岁及以上老人建立公共养老金所需的财政支出额;如果再加上机关事业单位高出正常养老金水平的财政支出,数目更大甚至翻倍,而且巨额的财政支出也只覆盖到部分人群,[①] 在北京大学第八届中国老龄产业高端论坛上,国务院参事马力透露:"在城市,领取退休金的人群大概占 86.8%,而农村领取退休金的人群仅占 18.7%。"显示出制度的极度不公平。假如把 2012 年城镇职工基本社会养老保险和"新农保"的财政补贴额,用于建立公共养老金,则每位 60 岁及以上老人的公共养老金可达每月 184 元左右,可占退休城镇职工平均领取养老保险金的 12% 左右,而且惠及城乡所有老人。

综上所述,覆盖全体国民的公共养老金应该适时建立,公共养老金占城镇职工平均养老金的比重在 5%~10%,不会增加财政在现行制度下的补贴负担,而且数额确定,这样才真正践行了社会养老保险制度建立之初确定的

---

① 农村养老:55 元养老金只够买几盒感冒药 [EB/OL]. http://www.yicai.com/news/2013/11/3106887.html, 2013-11-13.

"低水平、广覆盖"的基本原则,真正体现了社会的公平和正义。为了给将来留下调整的空间,本着"低起点、小步走"的原则,在一开始可以把公共养老金的社会平均工资替代率设定在 3% 左右,占城镇职工平均养老金 7% 左右的比重。因为我国 60 岁以上人口多半属于农村人口,而且社会平均工资水平的统计偏高,这样的待遇水平对于低收入群体而言应该是比较满意的。

(3) 下调企业缴费率。

现行制度缴费率定得很高但缴费基数定得很低,目前缴费基数一般在工资总额的 50%~70%,如果以实际的工资总额作为真正的缴费基数,在社会保险征缴收入维持不变的情况下,缴费率可以降低 6%[①],在费率不变的情况下则养老保险征缴收入可以增加 30% 左右,那么建立了公共养老金之后适当下调缴费率就更有把握。根据社会统筹账户的平均目标替代率及赡养率,可以测算出企业的缴费率为:缴费率 = 替代率 × 赡养率,目标替代率的合理取值为 25%~30%,人力资源和社会保障部公布,2012 年基本养老保险制度内平均 3.09 个在职者养一个退休者,即制度赡养率约为 1/3,所以满足社会统筹账户收支平衡的企业缴费率是 8.33%,不妨适度提高到 10%。大多数国家的企业缴费率也都在 10% 左右,如瑞典总共 18.5% 的缴费率,雇主雇员各支付 9.25%。[②] 社会保障资金筹集与管理研究课题组 (2004) 认为,社会保障基金征收基数不实,养老保险的缴费率实际只有工资总额的 13% 左右,还不到所设计的雇主雇员总缴费率 28% 的一半。这可以进一步证明,在个人账户完全名义化之后不需要实账积累,且个人缴费率依然为 8%,公共养老金由财政拨付的情况下,企业缴费率调整为 10% 足可以满足当前待遇水平的支付需要,实现制度的自给性和可持续性。

通过降低缴费率可以减弱企业的逃费动力,自然提高遵缴率,不仅可以跳出"高费率—逃费—高费率"的怪圈,也为诚实缴费认真履行社会养老责任的企业营造一个公平竞争的社会环境,免去社会养老保险诸多负面舆论的压力。同时,也给收入很低的职工或有意参保的职工降低了门槛,有助于扩

---

① 蔡向东. 统账结合的中国职工基本养老保险制度可持续性研究 [M]. 北京:经济科学出版社,2011:248.

② 秦增元,彭雪梅. 关于养老保险逃费欠费率的测算 [J]. 上海保险,2012 (7):40.

大制度的覆盖面。降低社会基本养老保险的缴费率，也给企业年金的发展留出空间，有助于第三根养老支柱的发育。

6.3 改革方案实施后的财政负担预测分析

在新方案体系设计之后，需要清楚财政负担的变化和结构分布，以便做好改革的全面准备工作并顺利推进制度的转轨。

6.3.1 机关事业单位社会养老财政负担分析

把机关事业单位养老制度向企业职工养老保险制度统一称为"并轨"，分析并轨的财政负担压力需要确定并轨的具体策略办法和参量。

（1）"老人"的待遇处理方式。

"并轨"的同时建立起职业年金平抑养老待遇的落差，但总的待遇水平还是会比不并轨要低一些，如何处理机关事业单位那些在并轨时点之前已退休的职工"老人"呢？制度并轨后，待遇的水平和来源结构等都会有些变化的，那么，"老人"的待遇是跟随新制度走还按照现行的办？或是其他的处理方式呢？假如把老人留在旧制度中，即老人的退休金按照原办法由财政统一发放，只把并轨时点之前未退休的在职者归并到现行企业养老保险制度中去，显然各级财政除了要支付原来的离退休人员的退休金外，还要为在职者缴纳基本养老保险费，按照企业现行基本养老制度规定，单位要缴纳当期就业人员工资总额的20%到社会统筹账户，那么，单单这一项就要纯增加在职人员工资20%的财政支出，而且使制度的执行比较凌乱。

为了整齐统一起见和财政支出的合理性，对"老人"的养老金待遇可以这样处理：待遇水平保持不变，但对资金来源结构进行调整。并轨前原来全部来自财政，并轨后可以来自城镇职工社会养老统筹账户和职业年金，与原来的待遇水平之间的差额部分由财政补齐。所以并轨后老人的待遇来源结构是社会统筹账户、职业年金和财政补贴，如图6-4所示。

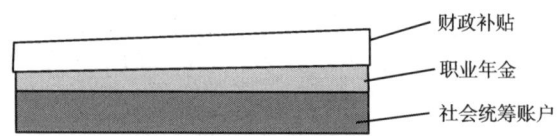

图 6-4 机关事业单位"老人"退休金来源结构

（2）并轨产生的财政负担测算。

在前面论述的基础上，通过比较机关事业单位和企业职工社会养老制度并轨前后的财政总支出额，进行并轨的财政压力分析。

并轨前的财政负担结构为：一是机关事业单位离退休费财政支出 P_1；二是企业基本社会养老保险金缺口 P_2；并轨后的财政负担结构为：一是为机关事业单位职工向基本社会养老保险统筹账户缴费 F_1；二是向职业年金账户缴费 F_2；三是企业基本社会养老保险金缺口 $\overline{P}_2$；四是保持机关事业单位"老人"待遇不变，财政对差额的补贴 B。因此，并轨产生的财政压力可用公式表示为：$[(F_1 + F_2 + \overline{P}_2 + B) - P_1 - P_2]$，其中，新方案设计的雇主或单位缴费率为 10%，职业年金缴费率为 3%，所以 $F_1 = \overline{W}_1 \times 10\%$，$F_2 = \overline{W}_1 \times 3\%$，$\overline{W}_1$ 为机关事业单位工资总额，$\overline{W}_1$、P_1、P_2 的数据均可直接从统计年鉴或相关部门官方网站中查询。下面对 B 和 $\overline{P}_2$ 的数值进行推算。

机关事业单位与企业养老制度并轨后，机关事业单位的"老人"在基本社会养老制度中领取的养老金待遇与企业职工的待遇水平不会悬殊太多，要保证机关事业单位老人的待遇不受制度并轨影响，财政就要补足差额，这一部分财政补贴支出为：B = "老人"离退休金总额 - 基本社会养老金支付额 - 职业年金支付总额。

假设并轨前机关事业单位退休待遇是企业的 n 倍，则并轨后财政为保证老人待遇不变而补贴的金额为：

$$B = P_1 - \frac{P_1}{n} - F_2 = \frac{(n-1)P_1}{n} - F_2 \tag{6.1}$$

那么，有

实际财政压力 $= (F_1 + F_2 + \overline{P}_2 + B) - P_1 - P_2$

第6章 优化社会养老保险财政负担机制改革方案设计

$$= F_1 + \overline{P}_2 - \frac{P_1}{n} - P_2$$

$$= 10\% \overline{W}_1 + \overline{P}_2 - \frac{P_1}{n} - P_2 \qquad (6.2)$$

两种养老制度的待遇水平相差越大，则 n 的值越大，那么并轨时的财政压力也越大；而且机关事业单位在职职工的工资越高，那么 $\overline{W}_1$ 的值越大，则财政压力也越大。

关于 $\overline{P}_2$ 的取值应该很小基本可以忽略，因为机关事业单位工资水平相对较高，一般要高于社会平均工资水平而且缴费规范，制度统一后，机关事业单位职工缴费注入基本社会养老保险总资金中的数额，应该会远远大于"老人"从基本社会养老保险制度中领取的基本养老金总额，而且个人账户实行名义账户，资金用于统一支付。这样，养老金缺口在并轨后会大大缩小，甚至会被完全抵消而且还有余额。因此，可以认为社会基本养老保险的缺口在并轨后基本就不会出现了，即 $\overline{P}_2 \approx 0$。

以 2009 年数据为例计算并轨的财政压力。假如 2009 年机关事业单位退休待遇是企业的 2 倍，即 n = 2，则机关事业单位养老制度并轨后，财政支出的增加额是：$F_1 - \frac{P_1}{2} - P_2$（其中 $B = P_1 \times 0.5 - F_2$）。

由表 6-2 可知，2009 年，$\overline{W}_1 = 14009.9$ 亿元，$P_1 = 2092.95$ 亿元，$P_2 = 1534.44$ 亿元。假如 2009 年实行养老制度并轨，根据前面推导的公式，可以计算出财政支出的名义增加额是：$14009.9 \times 10\% - 2092.95 \times 0.5 \approx 1400.99 - 1046.48 = 354.51$ 亿元，可见远小于并轨前财政对企业社会养老金缺口的兜底支出额 $P_2 = 1534.44$ 亿元。

表 6-2　机关事业单位并轨后财政负担测算（以 2009 年数据为例）　　单位：亿元

机关事业单位职工工资总额	机关事业单位离退休支出	基本社会养老保险财政补助支出	并轨后财政缴费（工资总额*10%）	并轨后职工个人缴费（工资总额*8%）
14009.9	2092.95	1534.44	1400.99	1120.792

资料来源：根据《中国财政年鉴2010》和《中国劳动统计年鉴2010》有关数据整理。

并轨后机关事业单位在基本社会养老的统筹账户和个人账户的缴费总额

是$\overline{W}_1 \times 10\% + \overline{W}_1 \times 8\% \approx 2521.78$亿元,从中减去机关事业单位"老人"从中领取的养老金$2092.95 \div 2 \approx 1046.5$亿元,相当于并轨后基本社会养老的总账中得到纯增加资金1475.28亿元(2521.78亿元−1046.5亿元),这笔资金与并轨前财政对企业社会养老金缺口兜底的支出P_2(1534.44亿元)基本相抵,因此可以认为并轨后原来的养老金缺口被机关事业单位的缴费弥补,即使有资金缺口,其规模也非常小,基本可以忽略不计。因此,在新方案中,虽然降低了单位的缴费率,机关事业单位与企业社会养老保险制度并轨依然没有对财政构成压力。

当前社会舆论普遍呼吁尽快废除养老金双轨制,如果一再回避和拖延这个问题的解决只会激化社会矛盾,消除现行养老保险"双轨制"是必须要解决的重大社会问题。而且环顾其他各国,财政供养的劳动者群体,与其他就业者养老待遇水平如此悬殊的绝无仅有,只有落实双轨制养老制度改革,才能彰显社会的公平。根据前面的分析和测算,就财政支出而言,机关事业单位养老制度并轨,对财政并不会构成太大的压力,这说明养老双轨制改革不存在难以克服的客观困难,主要是勇于面对这个问题的决心。并轨不仅有利于增进社会分配的公平性,更是开启应对人口老龄化的一系列劳动和社会保障制度改革的重要环节。例如,建立城乡一体化的养老保险制度、建立公共养老金、延长退休年龄等,双轨制问题不解决,其他改革都难以启动。所以养老制度并轨是个关节点。

6.3.2 建立公共养老金的财政负担

在改革方案设计中,公共养老金制度最能体现社会公平、城乡一体、低水平、广覆盖的社会基本养老保险的指导思想,也是政府社会养老责任的明确体现。公共养老金的筹资全部来自财政拨款,只要是60岁及以上的老人,不带任何附加条件都可以领取相当于社会平均工资5%的养老金,如果社会基本养老保险的平均替代率为45%左右,那么公共养老金占没有企业年金普通退休人员社会养老金总额的10%左右。当然,今后随着经济社会的发达,可以逐步提高标准。

根据统计数据,可以粗略估算公共养老金的财政支出额。可以采用的估算公式为:60 岁及以上的老年人口×平均社会基本养老保险金×5%;2010年第六次人口普查的 60 岁及以上的老年人口数据是 1.64 亿人,现在平均社会基本养老保险金约为 1500 元/月,公共养老金的待遇水平相当于每人每月 75 元左右。所以财政的公共养老金支出大约为每年 1476 亿元。

6.3.3 优化方案与现行制度的财政负担结构及规模比较

为了对两种社会养老保险制度的财政负担进行比较,现行的社会养老保险制度与本书所设计的改革方案,两者的财政负担来源结构完全不同,而且数额也会有差别,当然产生的社会经济效应也不同。

现行制度下的财政负担结构如图 6-5 所示。在图 6-5 中,财政负担的大头首先来自机关事业单位职工的离退休费,其次是社会基本养老保险统筹账户的缺口,少量来自城乡居民的基础养老金。

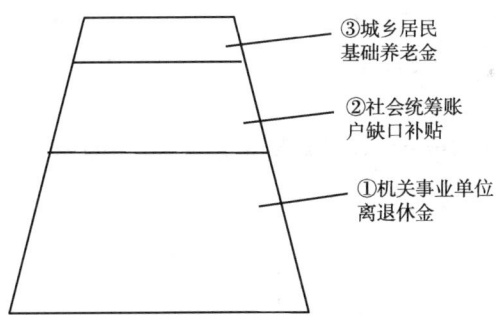

图 6-5 现行社会养老保险财政负担结构

新方案的财政负担结构如图 6-6 所示。在图 6-6 中,财政负担来源的比重从大到小依次是,公共养老金和政府作为雇主身份为其雇员(即机关事业单位职工)缴纳的社会基本养老保险费,以及职业年金缴费,社会基本养老保险收支缺口,因为缺口会很小或不存在,所以图中标注称为"或有缺口补贴"。

对比起来,两种制度的财政负担结构相差很大。结构不同意味着从财政中享受公共资源的受益群体的差别。在现行制度下,受益群体首先是机关事业单

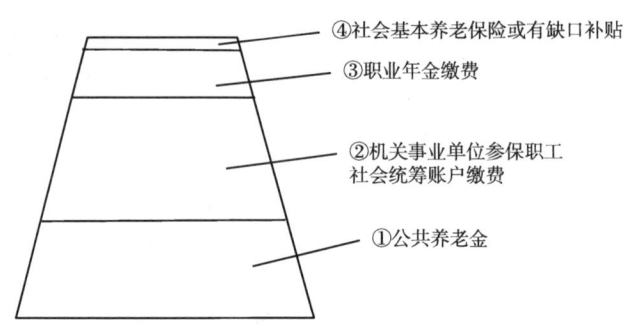

图 6-6 新型社会养老保险财政负担结构

位职工,其次是城镇参保职工,其余群体受益很少。而在新方案下,财政补贴的受益者群体是全体国民,而且做到了均等化,另外两项支出等同于企业为员工缴费,是正常的支出。相比之下,新方案的安排更充分体现了社会公平,而且其第四项支出会很少或为零,说明这个制度的可持续性,使财政得到松绑。

按照新方案改革并不会使总财政负担加重。首先,在现行制度中,计算近几年机关事业单位的离退休费与其工资总额的支出比例在15%左右;新的改革方案实施后,财政应向社会统筹账户缴纳职工工资总额的10%,另外,假如职业年金缴费全部由财政负担,财政再向职业年金账户缴费3%,所以总共缴费为机关事业单位职工工资总额的13%,低于上述15%的比例。其次,在现行制度下,近年来的社会统筹账户财政补贴数额都在2000多亿元,而且增速很快。例如,《人力资源社会保障事业发展统计公报》数据显示,2011年各级财政补贴基本养老保险基金2272亿元,2012年财政补贴基本养老保险基金2648亿元,预计2013的财政补贴会突破3000亿元。可见这部分财政支出与前面测算的建立公共养老金的财政支出额基本相当。所以总起来看,新方案下财政总负担差不多相当于原来的一半,而且负担结构得到了优化,发挥了促进社会公平的制度功能。

6.4 优化改革方案下财政负担能力的可持续性分析

国家统计局数据显示,1978~2009年职工平均工资年均递增13.68%,

第6章 优化社会养老保险财政负担机制改革方案设计

但统计范围未包括大多数私营企业和个体户的收入,如果扩大统计口径将农民工群体和其他灵活就业者纳入统计范围,职工平均工资递增速度会下降20%多[①],所以估计全社会平均工资增长率在8%~10%。综合前面对新方案结构和参变量的设计分析,测算新方案财政负担的假设条件是[②]:

(1) 测算的基年选为2012年,基年的人口数据为2010年全国人口普查数据《中国2010年人口普查资料》表3-1所提供的"全国分年龄、性别的人口"。

(2) 死亡率:参照国内权威刊物最新文献资料[③]。

(3) 人口动态预测:根据每个年龄段的死亡概率对于2050年以前的每年1~100岁的人口进行预测,预测公式为:

$$L_{t+1,1} = (1 - d_0)L_{t,0}, \cdots, L_{t+1,n} = (1 - d_{n-1})L_{t,n-1} \tag{6.3}$$

其中,$L_{t+1,1}$为t+1年1岁的人口,$L_{t,0}$为t年0岁的人口,d_0为0岁人口的死亡率,$L_{t+1,n}$为t+1年n岁的人口,$L_{t,n-1}$为t年n-1岁的人口,d_{n-1}为n-1岁人口的死亡率。

(4) 假设平均工资和GDP年增长率都保持在8%。

(5) 假设为来公职人员占到总人口的3.5%,我国目前公职人员占人口总量的3.3%左右。

(6) 公职人员的平均工资是社会平均工资的1.2倍。

(7) 财政支出占GDP的比重为25%。

(8) 假定公共养老金待遇水平为社会平均工资的3%。

(9) 财政为公职人员向基本养老保险统筹账户缴费的费率为10%,向职业年金账户缴费的费率为3%,缴费率共计13%。

(10) 基年相关统计数据:根据2012年度人力资源和社会保障事业发展统计公报,2012年全国城镇非私营单位就业人员年平均工资为46769元,全

---

① 郑功成. 中国社会保障改革与发展战略(养老保险卷)[M]. 北京:人民出版社,2011:307.
② 郑功成. 中国社会保障改革与发展战略(养老保险卷)[M]. 北京:人民出版社,2011:27.
③ 王晓军,任文东. 有限数据下Lee-Carter模型在人口死亡率预测中的应用[J]. 统计研究,2012(6):92.

国城镇私营单位就业人员年平均工资为28752元，统计范围的城镇私营和非私营单位就业人数基本相当，所以社会平均工资取其算术平均值37760.5元/年；其中公职人员平均工资2011年为42062元，2012年城镇非私营单位就业人员工资平均增长率11.9%，所以公职人员2012年平均工资约为47067元。另外，据中国统计局数据，2012年国内生产总值GDP为519322亿元。

根据以上假设和统计数据，得到2012~2050年社会养老财政负担占全国财政总支出比重预测结果，如表6-3所示。

表6-3　2012~2050年社会养老财政负担占全国财政总支出比重预测　　单位：%

年份	比重	年份	比重	年份	比重
2012	3.79	2025	4.916	2038	6.14
2013	3.89	2026	5.04	2039	6.17
2014	3.98	2027	5.16	2040	6.19
2015	4.085	2028	5.26	2041	6.21
2016	4.18	2029	5.39	2042	6.22
2017	4.27	2030	5.51	2043	6.25
2018	4.36	2031	5.64	2044	6.25
2019	4.43	2032	5.75	2045	6.25
2020	4.478	2033	5.85	2046	6.25
2021	4.53	2034	5.94	2047	6.265
2022	4.55	2035	6.01	2048	6.30
2023	4.64	2036	6.07	2049	6.32
2024	4.79	2037	6.12	2050	6.36

资料来源：人口数据根据申曙光、彭浩然《中国养老保险隐性债务研究》（中山大学出版社2009年第1版104-105页）、国家统计局官方网站（http://www.stats.gov.cn/tjsj/pcsj/rkpc/6rp/indexch.htm）2010年全国人口普查数据"表3-1全国分年龄、性别的人口"以及人口死亡率预测最新文献资料（王晓军，任文东．有限数据下Lee-Carter模型在人口死亡率预测中的应用［J］．统计研究，2012（6）：92．），推算而得。

自2002年以来财政的社会养老总负担占全国财政总支出比重，如表6-4所示。对比表6-3和表6-4的数字，可以发现新方案下财政的社会养老负担，基本上要比现行制度财政负担低1%以上。

第6章 优化社会养老保险财政负担机制改革方案设计

表6-4　　　2002~2012年社会养老各项财政负担及其
　　　　　　总额占全国财政支出的比重　　　　　　单位：亿元

年份	企业	机关事业	"新农保"	"城居保"	财政负担	财政支出	占比（%）
2002	408.2	624.72	—	—	1032.92	22053.15	4.68
2003	530	894.97	—	—	1424.97	24649.95	5.78
2004	614	1028.12	—	—	1642.12	28486.89	5.76
2005	651	1164.83	—	—	1815.83	33930.28	5.35
2006	971	1330.2	—	—	2301.2	40422.73	5.69
2007	1157	1566.90	—	—	2723.9	49781.35	5.47
2008	1437	1812.49	—	—	3249.49	62592.66	5.19
2009	1646	2092.95	—	—	3738.95	76299.93	4.9
2010	1954	2353.55	240.09	—	4547.64	89874.16	5.06
2011	2272	2737.75	649.41	—	5659.16	109247.79	5.18
2012	2648	2848.84	932.91	107.82	6537.57	125952.97	5.19

资料来源：根据财政部官方网站公布的统计数据整理。财政部官网：http://yss.mof.gov.cn/zhengwuxinxi/caizhengshuju/.

虽然预测在2030年以后的负担比重超过现行制度过去运行十几年的情况，这主要是因为我国老龄化逐渐加大，到2030年以后渐渐接近高峰的缘故。

著名中山大学教授申曙光对中国养老保险隐性债务进行研究时，也认为通过调整财政支出结构，"即使在最近几年，我国也完全有能力将财政支出的7%用于养老保险的补助支出。"[①] 随着政府机构、公共财政体制等改革的深入，"这个比例肯定还可以不断提高"。贾康等（2000）的研究就认为，"2010年后我国能用于养老保险补助支出占财政支出的比重最高可达到18.5%。这一水平大体上与日本目前用于养老、医疗保险补助支出的水平相当。"

可见，以上改革方案在充分体现公平的情况下，也适度减轻了财政负担，即使到了老龄化的高峰阶段负担也不算太大，财政对这个制度的运行应该具

---

① 申曙光，彭浩然．中国养老保险隐性债务问题研究 [M]．广州：中山大学出版社，2009：85．

有足够的支撑能力。因此，新方案的实施和将来的发展具有可持续性。

6.5 改革方案实施的配套措施与步骤

6.5.1 统一养老保险制度

目前我国的社会保险制度呈现为"碎片化"状态，不仅城乡之间社会养老保险制度差别很大，而且机关事业单位与企业部门之间也存在难以衔接差别巨大的问题。在社会养老保险制度的几个大碎片，即机关事业单位、城镇企业和农村等之外，还有各种小碎片制度，目前是城市与农村分割、私人部门与公共部门分立的多种退休制度并存。城镇职工基本社会养老保险制度、农村和城镇居民社会养老保险制度以及机关事业单位养老制度等多种社会养老保险制度的碎片化模式，产生的自然结果之一是固化了社会福利倾向，在城镇职工中造成私人和公共部门之间的壁垒，也导致养老金待遇在相互攀比中加剧财政压力，使财政负担连年居高不下；在城乡之间，更加速了城乡福利分化倾向，加重城乡福利二元特征，等于在户籍制度背后一系列福利差别的基础上又增加了一层，这将严重影响着全社会的统筹发展、和谐稳定、公平正义和市场效率，也不利于提高社保资金的运用效率以及财政风险的控制等。就最受诟病的"双轨制"而言，事实上一般公务员也就是普通的劳动者，只不过工作的对象是社会公共事务，工作单位在公共部门，很难说对社会有多少特殊贡献，本质上与其他的从业者应该没有区别。这种因身份不同而导致的待遇差别是显而易见的制度层面的不公平，不仅不利于社会的和谐发展，而且给财政带来巨大隐形负担，而且从发展趋势看，双轨制运行的时间越长，企业人员养老金与机关事业单位的差距就越大，而且这种差距也必然引领企业养老金跟着连年上涨，那么，企业基本社会养老的资金缺口就越大，弥补缺口的财政支出压力也越大，同时企业和在职员工的缴费压力也越大，将会对企业的国际竞争力、在职者的劳动积极性、代际公平等方面产生消极影响。

第6章 优化社会养老保险财政负担机制改革方案设计

从另一方面看,社会割裂的后果是严重的,如法国①,碎片化社会养老保险制度的缺陷逐渐显现,人们对待遇水平的差距必然要求攀高拉齐,由此致使财政不堪重负,福利的固化也使历届政府试图向下拉齐的做法始终没有成功,而且每次改革都引发全国性的示威游行,享有养老保险特权的主动发起全国性的大规模社会运动以迎击政府的改革念头,小规模的与福利待遇有关的罢工和游行示威经常不断;相比法国,英国对碎片化状况整合的时间较早,第二次世界大战时就依据贝弗里奇模式建立起一个大一统的社保制度,统一国民资格、统一待遇比例、统一管理机构,彻底摒弃碎片化,除少许遗留问题以外英国基本上完成了碎片整合的历史任务。而美国从1935年社会养老保险制度建立时,就是一个统一的养老保险制度,并没有存在每个州高低不平的养老制度,这无疑对全国统一的有效率的大劳动力市场的形成有巨大的推动作用。

可见,从世界各国的实践来看,法国式"碎片化"制度就是一个深刻的教训,多种退休制度必然引起攀比,改革遭到利益群体的反对,不改革财政负担大社会不公平,而且时间越久,待遇差距越大,福利刚性越大,改革越困难,甚至引发社会动荡。法国最近十几年尤其是近几年来的社会动荡、社会骚乱、街头政治等全国范围的群体性事件,一多半都是由社保制度"碎片化"造成的。相比之下,美国公务员采取的统一制度,而且项目只有一个基本养老保险制度,其优势是:尽管其退休金替代率比法国低一半,但从未因此而引发过一次全国范围社会运动的记录,并且市场环境发育良好。国外的经验教训已经十分明确,我国公务员和事业单位统一参加养老保险改革,这是大势所趋;我国养老保险制度现在呈现碎片化状态,但只要下决心改革就能建立起统一的养老保障制度,提高全民福祉。2003年十六届三中全会提出要"积极探索机关和事业单位社会保障制度改革",到2006年六中全会又进一步强调要"加快机关事业单位养老保险制度改革",党的十七大报告再次指出要"促进企业、机关、事业单位基本养老保

---

① 郑秉文. 中国社保"碎片化制度"危害与"碎片化冲动"探源[J]. 甘肃社会科学, 2009(3): 53.

险制度改革"。

统一的社会养老保险制度是一个为人人带来安全的社会保障网,但碎片化的社会养老保险制度也是一个引起社会动荡不安的"火药桶"。欧洲国家的经验教训说明,整合碎片时间越早就越容易成功,整合的时间越晚难度越大甚至成为几乎不可能完成的事,而最理想的做法就是像美国那样,一起步就建立一个统一的制度。无论着眼于当前还是长远,我国社会养老保险制度都应该尽早从碎片走向统一,无论城乡也无论什么行业什么职业什么部门,都应纳入一个统一的社会养老保险制度中来。否则,待遇差别、社会歧视、财政压力等引起的社会无效率,将绵绵无尽地继续下去。

在各种单位性质的员工及城乡居民的社会养老保险制度统一以后,如何妥善处理农村和城镇居民与城镇职工的缴费和待遇差别问题,也是考验制度公平与效率的一个关键问题。为了能与现行制度基本平滑过渡,在制度统一后,由于参保的农村和城镇居民缴费全部进入个人账户,在统筹账户中没有缴费,因此,在计发待遇时,他们的养老金只有两个层次,即公共养老金和个人账户计发的养老金,与原来的"基础养老金 + 个人账户"结构基本"无缝"对接。在统一的制度下,体现的是机会和过程的公平,虽然最终待遇有些差距,但这个结果是合理的也是公平的。纳入基本养老保险统筹范围的机关事业单位以及企业退休职工的平均退休金统计数据显示,在统一制度下养老金差距越来越趋向合理范围,没有出现双轨制下不同单位之间养老金3~4倍的差距而且机关事业单位还无须缴费,如表6-5所示。

表6-5 统筹范围内不同单位性质退休人员基本养老保险待遇水平比较

年份	企业(元)	机关(元)	事业(元)	机关是企业的倍数	事业是企业的倍数
2002	599	1022	1009	1.706	1.684
2003	621	1069	1069	1.721	1.721
2004	647	1162	1129	1.796	1.745
2005	700	1196	1180	1.709	1.686
2006	818	1294	1262	1.582	1.543
2007	925	1639	1543	1.772	1.668
2008	1100	1740	1628	1.582	1.48

续表

年份	企业（元）	机关（元）	事业（元）	机关是企业的倍数	事业是企业的倍数
2009	1225	1876	1778	1.531	1.451
2010	1362	1982	1895	1.455	1.391
2011	1511	2167	2073	1.434	1.372

资料来源：根据《中国人力资源和社会保障年鉴》（2012工作卷）统计资料整理。

当然，实行全国统筹，在管理操作方面还需要建立全国性社会保险结算中心、预算管理等配套措施，在现代信息技术条件下，这些都不难解决。

6.5.2 建立职业年金

6.5.2.1 建立职业年金的必要性

众所周知，当前在我国社会养老保险制度的碎片化中，最受国民诟病和关注的就是城镇企业和机关事业单位的养老保险"双轨制"问题，"双轨制"导致企业员工和机关事业单位员工退休后领取的养老金差距巨大，而且由于缴费、计发依据以及调整机制等诸多方面的不同，养老金数额的差距会继续扩大；结果是社会的和谐度大受影响，而且制度的相关方包括企业、财政都承受着巨大的压力。为了平抑这种制度造成的显而易见的不公平，政府只有连年增加企业职工退休养老金给付水平，2005~2013年，企业职工养老金年均增长10%以上；尽管如此，仍然难以弥补成倍数计的差距，而我国"未富先老"的国情，决定了养老金过高是不现实的，筹资各方都将难以持续承受，如此下去会拖垮整个养老制度，机关事业单位养老制度与企业人员的并轨改革势在必行，甚至可以是迫在眉睫的。

从2008年开始，山西、上海、浙江、广东、重庆五省市先期开展事业单位养老保险制度并轨试点，5年过去了几乎毫无进展，基本没有实质性动作，被业内称为"失败的试点"。原因主要在于试点方案对事业单位退休人员采用"向下并轨"的方式，替代率从80%~90%下降为40%~50%，金额减少一半当然阻力会很大，而且事业单位人员和公务员之间的待遇差距一下子就产生了新的攀比矛盾。要使改革顺利推进必须化解阻力，需要相关的配套措施。

首先实行事业单位和机关单位"联动",改革的本来目的是要通过建立统一的社会保障制度实现社会公平,解决公私部门之间的养老公平问题,促进社会养老保险制度的"去碎片化",而且从财政负责的角度看,两者有很强的一致性,所以应该考虑机关事业单位同时统一改革,如果 1000 万公务员不与 3000 万机关事业单位人员一起进行并轨改革,公务员不进去只把事业单位和企业合并,养老保险制度的改革将很难有效推进;其次是建立职业年金,社会基本养老保险统一化改革,把机关事业单位的国家养老制度并入城镇职工社会养老保险体系,养老收入会降低不少,通过建立职业年金制度可以补回来一部分,把收入的降低控制在适度范围内,阻力自然会减小很多。因为实现不同社会养老保障体制的"并轨",最大难点在于群体间的利益协调①。机关事业单位改革必须与建立职业年金一起进行,以弥补参加改革后降低的那部分,旨在给出预期,减少阻力,维持生活水平尽量不要降低,给所有人良好和明晰的预期。对于退休者和在职者分别采取不同的办法,实现平滑转型,这是减少社会震动的最好办法,也保证改革的最优方案途径。设立职业年金制度是"并轨"改革的重要配套措施,当然无论是从改革的短期过渡之需还是从长计议——提高公共服务的水平和效率以及减轻财政压力来看,这都是必要的;而且与企业年金最早于 1997 年政府就出台相关文件推动建立相比,我国机关事业单位职业年金制度的建立确实已明显滞后。

职业年金制度的建立对完善中国养老保险制度具有重要的意义。尤其是事业单位(或政府机关)与企业之间养老金的有效转换,有利于增强劳动力的流动性,增强养老金的既得收益权的流动性。可携带的职业年金更有利于实现公职人员劳动力与企业劳动力的有序合理流动,这对完善劳动力市场、促进劳动资源的优化配置具有重要影响。

6.5.2.2 职业年金制度设计

在职业年金制度建立之前,需要按照市场经济的理念重新界定公共部门

---

① 周蕊等. 事业单位养老改革试点:多数地方毫无进展 [EB/OL]. http://news.xinhuanet.com/mrdx/2013-08/07/c_132609600.htm,2013-08-07.

第6章 优化社会养老保险财政负担机制改革方案设计

的范围,加快事业单位分类改革。由于题域的限制,这里不便赘述,仅对职业年金的制度参量作进一步的设计。

(1) 模式选择。

目前,世界各国的职业年金计划运作模式主要有给付确定型计划和缴费确定型计划两种。我国建立职业年金是为了发挥其弥补或衔接社会基本养老保险替代率水平的功能的,因此公职人员的职业年金给付模式最好采用 DB 模式,只有 DB 模式才能保证稳定的替代率水平。由于 DB 模式的缴费与待遇之间关系受多种因素的影响且难以预测,一般只能通过建立数学模型作一个大致预测,因此,在 DB 模式中资金一般由单位全部缴纳。在我国职业年金是为财政供养的公职人员设立的,资金筹集的主要来源当然由财政出资,即使个人缴纳一定比例的资金,综合考虑基金积累制的管理成本大,基金保值增值难等多种不利因素,目前筹资模式采用现收现付制应该更为合适。

(2) 待遇水平设计。

并轨后机关事业单位的养老金层次结构是公共养老金、社会基本养老保险金和职业年金,如图 6-7 所示。研究表明,由于职工退休前的工资收入中包含一定比例的与工作相关的消费(如交通费、餐费等)以及供养子女、老人等支出,其净收入也就在 70% 左右,而老人退休后不会有什么税收等负担,因此国际公认为养老金替代率在 60% 左右比较合理[①]。按照国际经验,养老金的总替代率如果在 70%,即可维持退休前的生活水平,因此,假如把机关事业单位职工社会养老制度并轨改革的目标替代率设定不低于 70%,那么,再根据各层次的目标替代率即可计算出职业年金的目标替代率。

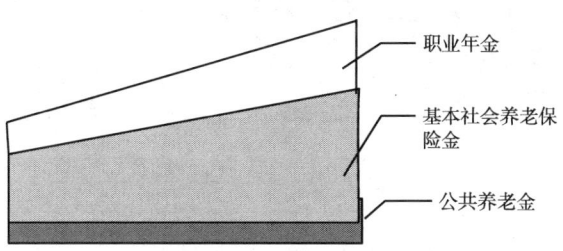

图 6-7 机关事业单位"老人"退休金层次结构

---

① 穆怀中. 社会保障国际比较 [M]. 北京:中国劳动社会保障出版社,2007:182.

按照前面的论述，公共养老金替代率可以设定在3%左右，参照国外的做法，基本养老保险待遇水平替代率普遍在40%左右[①]，可以设定基本社会养老金（包括社会统筹和个人账户）平均替代率在40%～50%，由于机关事业单位的员工一般素质较高，工作年限会比较长，工资收入也会高于社会平均工资水平，这个群体的基本社会养老金替代率总体上会高于社会平均替代率，可能会接近制度设计的最高替代率，应该可以达到60%左右，所以职业年金的目标替代率可以设定其员工工资的10%左右。

为了进行精算，假设一个机关事业单位"标准"职工，其工资以及工龄等指标均是这个群体平均数。假设职工参加工作的最低和最高年龄分别为20岁和30岁，则参加工作的平均年龄为25岁，男60岁退休工作35年，女55退休工作30年，男女平均为32.5年即缴费32.5年，去除病退等微量因素影响，"标准"职工的工作年限可以假设为32年，工作期间其工资额为W1，一般情况下机关事业单位职工的平均工资W1会略高于社会平均工资w，如根据国家统计局官方网站公布的统计数据[②]，2011年公共管理和社会组织国有单位人员平均工资为42230元，2012年人力资源和社会保障事业发展统计公报[③]显示，"2012年全国城镇非私营单位就业人员年平均工资为46769元，与2011年的41799元相比，增加了4970元，同比增长11.9%，增幅下降2.5个百分点。2012年全国城镇私营单位就业人员年平均工资为28752元，与2011年的24556元相比，增加了4196元，同比增长17.1%，增幅降低1.2个百分点。"可以粗略估算出2011年机关事业单位平均工资水平大约是社会平均工资的1.27倍，2012年不到1.24倍，所以可以合理假设W1 = 1.2w，则退休后养老金由社会统筹账户支付的基础养老金可达32% w，个人账户提供的养老金，依据现行发放办法计算：

$$32 \times 8\% \times 12 \times 1.2w/139 = 26.52\% w \approx 26.5\% w。$$

即个人账户的养老替代率在26.5%左右，所以基本社会养老保险的总替

---

① 王延中. 中国企业年金的制度设计与政策选择 [J]. 经济管理, 2003 (22): 34.
② http://data.stats.gov.cn/workspace/index? m = hgnd.
③ 2012年度人力资源和社会保障事业发展统计公报 [EB/OL]. http://www.mohrss.gov.cn/. SYrlzyhshbzb/dongtaixinwen/shizhengyaowen/201305/t20130528_103939.htm, 2013 - 05 - 28.

第6章 优化社会养老保险财政负担机制改革方案设计

代率,社会统筹账户和个人账户加起来可以达到58.5%(32% +26.5%)左右的替代率;如果设定总的目标替代率为70%的话,那么公共养老金替代率按3.5%计,基本养老金按58.5%计,则职业年金的替代率在8%(70% - 58.5% -3.5% =8%)左右就可以;或者为了与企业年金20%左右的目标替代率相衔接,职业年金替代率也可以设计为社会平均工资的20%~30%,这样机关事业单位的退休养老金替代率就可达社会平均工资的80%~90%,这应该可以维持较好的退休生活。

目前企业年金在我国还不普遍,[①] 2012年年末全国有5.47万户企业建立了企业年金,参加职工人数为1847万人,而2012年年末全国就业人员76704万人,可见有企业年金的职工只占到2.4%左右,基本上除了部分大型国企职工有机会参加企业年金外,其余97%以上的职工都没有企业年金。在新方案实施后企业职工可预期的养老金来源基本只有公共养老金和基本养老金,合计起来替代率或可达社会平均工资的45%~60%,公共部门的员工退休后养老金比他们优厚1/3左右是符合公平而有差别的指导思想的,这样的养老金收入差距基本在社会可以接受的合理范围内,也符合国际上的普遍规律。如果职业年金设计得太高,不仅会增加财政负担,也会出现改革前的不公平问题,因为职业年金制度的资金来源主要是财政资金,如此的改革就没有意义了。

当然,从内部的微观方面看,职业年金制度的待遇水平计发办法,可以把员工的工作年限、工资水平、工作岗位及级别,甚至工作态度和绩效等因素都综合考虑进去,实行有差别的待遇支付水平,以此激励员工的积极性,提高公共服务的效率和水平。

新方案设计的这些账户都是以现收现付制模式运行的名义账户,因此账户记账的利息率并不是实际的投资所得,只能是由制度设计时确定一个记账利率。为有效扩大覆盖面和激励个人缴费,确保个人账户一定水平的相对稳定的记账收益率是非常有必要的。考虑到便于在职者与退休者收入的协调,

---

[①] 2012年年度人力资源和社会保障事业发展统计公报[EB/OL]. http://www.mohrss.gov.cn/SYrlzyhshbzb/dongtaixinwen/shizhengyaowen/201305/t20130528_103939.html, 2013 - 05 - 28.

采用社会平均工资增长率作为名义记账利率不失为一种较好的可行办法。因此，在研究过程中，就把社会平均工资增长率设定为个人账户和职业年金账户的记账利率（以下精算模型中的假设均同）。

(3) 缴费率测算。

假设条件上，根据前面测算出养老金总替代率要达到70%，职业年金的补充替代率达到10%即可。缴费率的测算有三种思路：

思路一：根据职业年金现收现付筹资模式的收支平衡原则，缴费率＝替代率×赡养率；目前情况下我国的赡养率为1/3，即三个在职者养一个退休者，机关事业单位也大体类似，则测算公式为：

$$\because 3 \times Y = 8\%, \therefore Y \approx 2.67\%;其中Y为职业年金缴费率。$$

可见，根据这一思路计算的缴费率为2.7%左右。

思路二：根据职业年金账户名义积累额与支付的平衡公式测算。假设职业年金账户的设计与基本养老保险的个人账户一样，发放时以账户积累总额除以生命余岁（现在一般是按139个月计），得出每月的支付金额，那么可以由职业年金10%的替代率倒推出职业年金的缴费率。即：

$$(32 \times 12 \times W1 \times Y)/139 = 8\% w, W1 = 1.2w, \therefore Y \approx 2.4\%$$

其中，(32×12)是缴费月数，w、W1、Y的含义同上。

所以由此思路测算的职业年金缴费率大约是职工缴费工资的2.4%。

思路三：职业年金的额度已经测算出基本为社会平均工资的8%，即8%w，这是一个直接可以确定的数额，每个时点机关事业单位退休职工总数n也是一个确定数，所以职业年金的支付总额就是两者的乘积，即8%w×n，则缴费率Y为：

$$Y = 8\% w \times n/(W1 \times N1) \tag{6.4}$$

其中，N1为缴费者即在职者总人数，W1＝1.2w，n/N1为赡养率，目前约为1/3。

$\therefore$ 可以计算出：$Y \approx 2.22\%$。

由以上三种思路的计算结果可以基本确定职业年金的缴费率在2.5%左右

就可以，实践中可以适当放大到 3%。

6.5.3 实行全国统筹

城镇职工基本养老保险制度存在的最大问题之一是统筹层次低。统筹层次低必然会导致地区分割，进而出现地区之间的不平等，不利于统一的市场环境的形成，就会损害社会的公平和效率，违背了保险制度的大数规律，当然就不利于社会养老保险制度的可持续发展以及降低社会管理成本和减轻财政压力。

由于目前我国各地区社会经济发展不平衡，各地区之间养老保险政策不统一，单位和个人缴费和待遇水平参差不齐，各地养老保险基金收支与结余不平衡，地方财政负担也不均衡，养老保险关系在跨省份之间转移接续方面受到多种因素制约，也不利于在养老保险方面实现社会公平。2012年全国职工养老保险基金累计结余约2.4万亿元，但各地之间基金积累畸轻畸重现象非常严重，全国一半以上的结余资金主要集中在东部少数几个省市，而中西部地区都要靠中央财政提供不同程度的补助资金来确保养老金按时足额发放。为此，加快推进城镇职工基本养老保险的基础养老金全国统筹势在必行。社会养老保险只有实行全国统筹，才能调剂不同地区的余缺，有利于实现制度的自我平衡，降低财政补贴资金缺口的压力；也才能使制度促进公平与效率的优越属性得以充分有效地发挥出来，以促进公平市场环境的形成。如果社会基本养老金制度的统筹层次过低，各地制度参量不同，地区间的企业缴费率和养老负担就会存在较大差别，如东北等老工业基地与东部沿海地区吸引年轻劳动力的城市，人口结构明显不同，社会养老的负担自然不同，这种负担不均等的状况除了破坏养老保险制度的自我平衡机制和良性运行之外，也直接加重财政的养老负担，如由于养老金存在缺口的地区需要中央财政补贴，而养老金有结余的地区又无须上缴中央，区域间资金无法调剂使用，于是出现了某些地区财政要对养老金缺口进行巨额补贴和另一些地区出现结余的非正常现象，数额也同时增加；各地养老保险的财政负担不均当然不利于区域间提供公共服务的均等化。在财政被深深拖累的同时，企业以至于经济整体都受影响,因为这会破坏企业之间的公平竞争,从而扭曲资源分配的效率,阻碍地区间产业和劳动力生产要素的合理配置,社会养老保险制度的全国统筹与全国统一劳动力市场的形成关系十分密切。

就劳动力本人而言,统筹层次低无疑会损害劳动力在流动过程中的养老保障权益,尤其是大量的外出务工的农民工,各地的养老保险关系无法转移接续只能退保,拿走个人账户的资金,虽然2009年年底政府出台转移接续办法,但具体操作中仍然不顺畅,不能带走全部所缴费款额,这不仅使流动的劳动力权益受损,也增加了制度的管理成本,决非治本之策。

目前无论在理论界还是实际工作部门,都普遍认识到社会基本养老保险实行全国统筹才是正确的选择,也是破除诸多困局的必由之路。[①]"养老保险全国统筹是全世界养老保险制度发展的一般规律。在全世界实行养老保险的160多个国家里,几乎所有国家都实现了全国统筹。"

养老金全国统筹可消除劳动力流动壁垒。养老金进入全国统筹有利无弊。首先,会使基本养老体系的筹资能力、供给能力提高一个层次。原来是省统筹,就好像三十几个小蓄水池,现在全国统筹,汇成一个大蓄水池,原来有些省有结余,有些省有亏空,无法互相调节,现在总共还是这么多资源,但是调节能力提升了,这就是社保互济、共济能力方面的升级换代。另外,全国统筹后,原来低层统筹时形成的壁垒被消除了,劳动力能跨区域自由流动,这本是市场经济最重要的人力资本发挥其潜力的一个配套条件。如果能让劳动力无壁垒地在统一的市场里自由流动,那么这就成为一个十分值得重视的能激发活力与创新创业潜力的机制。当然,还可以趁势理顺相关的管理关系,降低整个管理成本,从全社会和长远角度看问题,追求各变量组合的优化方案,通过改革优化制度。因此,劳动力流动日益频繁,应该尽快推进社会基本养老保险的全国统筹改革,只有实行全国统收统支,才能保障劳动者的权益、减轻财政的养老负担、推进市场的统一发挥市场经济的效率优势。

另外,全国统筹有利于采用现代化信息手段提升管理水平,堵住养老资金的漏洞。由于离退休人员80%左右处于"无单位"的社会化管理状态,居

---

① 郑功成. 尽快推进城镇职工基本养老保险全国统筹[J]. 经济纵横, 2010 (9): 28.

住地分散,且很多人并不常住本地,很难准确掌握离退休人员的生存信息和真实身份。因此,近年来利用虚假资料非法套取养老金的现象普遍存在。全国统筹后,可以整体化提高社会化管理水平,推进养老金领取资格审核工作,建立统一的社会保障信息共享平台,通过现代化的网络监管手段,对离退休人员实现指纹远程采集和上传,经与信息库内指纹比照,让退休人员在任何地方都可自主完成认证,推进人性化服务,能对退休老人进行"居家认证、异地认证",使冒领养老金者无机可乘,破解养老金流失的管理难题。

我国金保工程建设已多年,在现代信息时代,实现全国统筹的难点不在于技术而在于制度整合下的利益调整。20世纪70年代以来,瑞典社会保障局就通过电脑信息系统实现信息完全共享,我国可借鉴瑞典的做法,建立全国统一的社会保障信息网络,全国统筹无疑会推进全国统一信息平台的建设。

6.5.4 实施步骤

前面设计的社会基本养老保险新方案,需要一系列配套措施,如养老金的全国统筹、公共养老金制度的建立、养老制度的并轨、职业年金的建立、缴费费率的调整等,这些需要在现行制度的基础上有先有后分步实施。

首先,需要进行养老制度的并轨,并轨的同时建立职业年金制度。养老保险制度双轨制是计划经济时代向市场经济转型的过程产物,企业职工养老保险制度要进入市场经济时代而机关事业单位还停留于计划经济时代,两套体制并行产生的弊端还会越来越明显,因单位性质不同,同等学历、职称、职务、技能等对社会贡献基本相同的人退休时的养老金有数倍之差,这是不能被社会平静接受的。为了有利于增强养老保险制度的公平性和劳动力的流动性,机关事业单位与企业应当实行统一的基本养老保险制度,取消"双轨制"。同时,要吸取过去机关事业单位养老保险制度改革试点,特别是2008年国务院确定的广东等五省市进行事业单位工作人员养老保险制度改革试点陷入困境的教训,在今后推进机关事业单位养老保险制度改革方面,对机关和事业单位同步实施养老保险制度改革,同时建立职业年金制度,妥善处理改革之后退休人员的养老保障权益问题。当然机关事业单位有其特殊性的一面，可以通过建立职业年金体现这一点。

其次，要完成全国统筹、建立公共养老金制度并调整缴费费率。由于目前我国各地区社会经济发展不平衡，各地区之间养老保险政策不统一，单位和个人缴费和待遇水平参差不齐，各地养老保险基金收支与结余不平衡，地方财政负担也不均衡，养老保险关系在跨省之间转移接续方面受到多种因素的制约，也不利于在养老保险方面实现社会公平。实行全国统筹，就是在全国各地区实现职工基本养老保险政策的基本统一，并根本解决跨地区流动就业人员的养老保险关系转移及其权益保障问题；同时，可以进一步扩大养老保险基金调剂范围，逐步改变各地区养老保险基金收支与结余不均衡的状况，提高基金承受能力和资金使用效率。完成了全国统筹之后，就可以建立公共养老金制度，然后就可以适当降低单位养老保险费率。目前，我国城镇职工用人单位承担的养老保险费率为20%，目前绝大多数地区的单位费率都按这一标准执行。多年来，许多企业特别是中小微企业反映单位缴纳的社会保险费率总体负担较重，特别是养老保险费率偏高，企业难以承受。从调查情况来看，社会保险费率偏高确实导致企业人工成本上升，加重了企业的财务负担，影响企业的市场竞争力和生存能力，同时加剧了逃费现象，造成恶性循环。因此，应当适度降低用人单位缴纳的养老保险费率，以减轻企业的人工成本负担，这样将有利于企业发展和促进就业。实行养老金全国统筹和公共养老金制度之后，为适度降低用人单位缴纳的养老保险费率提供有利的条件，适当降低单位费率并不会导致退休人员养老金待遇降低。

当然，全国统筹意味着养老金的支付权益收归中央，但还须由地方执行收缴费任务，必须激励并监督地方足额征收养老保险费，并且严格控制提前退休的条件，为了确保收缴资金的管理安全，对中央执行部门也要进行有效监管。因此，必须建立一套行之有效的基金监管体系，完善社保基金监管的相关法律法规等，通过完善监管体制以形成有效的监管机制。

中国社会养老保险
财政负担研究

Chapter 7

第7章　进一步提升社会养老保险中
　　　　财政支出公平与效率的思考

7.1 城乡居民基本社会养老保险可采用"城保+福利"模式

所谓"城保+福利"模式，即有条件的农户入城保，未入城保的发基础养老金福利。目前城乡居民基本社会养老保险制度，是复制了以个人和单位缴费为主的城市企业职工养老保险模式，没有充分考虑到城乡居民内部存在的贫富分化，以及城镇化迅猛发展带来的社会态势变化。

目前，农村贫富差别较大，一方面是发达地区和欠发达尤其是贫困地区的收入存在较大差距。例如，2006年中国农村居民家庭人均纯收入中，上海为9138.65元，贵州为1984.62元，两者相差近5倍。2009年上海农村居民人均可支配收入11385元，贵州2796.93元，相差还是4倍多。另一方面，即使在同一地区，由于农民从业和收入来源已呈多元化态势，农户间贫富相差也已十分悬殊。有资料显示，依靠特色种植、养殖、第三产业和劳务输出的农户相对富裕，依靠传统种植业和打零工谋生的普通农户相对贫穷，那些纯粹以种地为生的农民或年老体弱者收入更低，其基本收入还是来自季节性的农产品收获，其特征是靠天吃饭，水平低且不稳定，依托土地，勉强维持低水准的日常生活尚可，而满足子女教育或大额医疗开支则明显力不从心，往往要背负较长时期的债务，根本无力顾及若干年后的养老问题。贫困户家庭收入更低，特别是中西部欠发达地区的许多农民以务农收入为主，家庭年收入不过千余元人民币，甚至连温饱还没解决，承担养老保险的缴费更是无从谈起。按农村绝对贫困人口标准低于785元测算，2007年年末我国农村贫困人口为1479万人；按低收入人口标准786~1067元测算，2007年年末农村低收入人口为2841万人。2010年3月5日国务院总理温家宝在十一届全国人大二次会议上作政府工作报告时，说今年（2010年）将实行新的扶贫标准，对农村低收入人口全面实施扶贫政策。新标准提高到人均1196元（原标准786元），扶贫对象覆盖4007万人。对贫困人口和低收入人口，除非政府财政代替他们缴费，否则他们是无法依靠自身缴费参加农村社会养老保险制度的。

第7章 进一步提升社会养老保险中财政支出公平与效率的思考

因此也有可能出现最需要养老保障的低收入农民家庭,因为资金顾虑而无法惠及的现象。目前来看,在我国不发达农村地区推行缴费型的社会养老保险制度困难很多,这些地区不具备任何开展社会养老保险的条件,社会养老只能实施政府主导的"社会救济"式养老模式。

因此,同是农村地区,经济发展存在很大的差异性,这决定了在全国范围内实行统一的农村养老保障制度不符合现实情况,解决农村养老问题需要根据农户的经济差异进行制度整合。可以让有条件的农户直接入城保,参照城镇灵活就业人员的缴费及待遇标准,没入城保的以福利形式发放基础养老金。例如,在东南沿海,农村地区经济发达,生活已初步实现了小康,村民的职业及收入水平、生活方式等与当地的城镇居民差别不大,城乡基本一体化,他们的社会养老已没有必要再单列到农保体系中去,完全可以直接并入城镇养老保险制度体系里去。另外,每年还有300万左右的失地农民也应并入城保体系中去。对于其他普通及贫困农户,可以广泛实施福利模式,提升相对低收入群体的生活水准,在相当程度上减少农村贫困人口数量,促进农村社会经济发展,体现极强的收入再分配功能,也是公共服务均等化的具体体现,有利于缓解社会矛盾。现在各地都对60岁以上没有养老金的城乡老人,按月发放福利性的基础养老金和一定的高龄津贴。

另外,从城乡居民基本养老保险的基金收入结构来看,70%以上来源于财政补贴①。例如,2015年城乡居民基本养老保险的基金收入中,财政补助收入2019亿元,占基金总收入的70.7%,个人缴费收入700亿元,仅占总收入的24.5%,还不到四分之一。而且从发展态势来看,自2010年以来,个人缴费占基金收入的比例逐年下降,财政补助所占的比例逐年增加。从城乡居民基本养老保险的基金支出来看,将近90%用于基础养老金支出,个人账户的养老金支出仅为9%左右,随着基础养老金的调整,其比例关系将更为悬殊。城乡居民基本养老保险中隐含的极强福利性,可见一斑。这是无论贫富,只要参加城乡居民基本养老保险都可以获得的,这是对公平的损害。同时,

---

① 人力资源和社会保障部社会保险事业管理中心. 中国社会保险发展年度报告2015 [M]. 中国劳动社会保障出版社,2016:21-28.

财政还要负担专门为城乡居民基本养老保险而设立的各级管理机构的人员和办公费用等。如果城乡居民群体实行"城保+福利"模式改革，能力强的富裕者直接参加城镇职工养老保险，能力弱的贫困者直接享受政府发放的基础养老金，可以大大提升这一领域财政支出的公平和效率。

7.2 城镇职工社会养老保险筹资模式改革思考

7.2.1 社会养老保险项目的独特性分析

在城镇职工五项社会保险中，养老保险一支独大，从任何一个指标来看，城镇职工养老保险都居于最显要的地位。与之相比，除医疗保险外的其余几项几乎微不足道。养老保险项目不仅参保人数最多，而且其费率及征缴收入都占到社会保险总费率及总收入的70%左右。同时，养老保险要面对诸多难题，如地区差异大、时间跨度长、平衡难度高、财政负担重等。从管理来说，首先是收支平衡的管理时间段长，从参保缴费到退休金发放，要跨越职工30年左右的职业生涯以及退休后几十年的生命余岁，时间跨度长必然要面对更多的收支平衡扰动因素，管理难度无疑会大大增加。其次是地区情况差异大，单单从抚养负担来看，各地抚养比就存在较大差异，如2015年广东省抚养比为9.74，而黑龙江省抚养比仅为1.33，因此各地基金收支的余缺不均问题比较严重。最后是对财政负担产生的影响不同，为了社会保险制度的正常运转，每年各级财政都给予补贴，其中98%以上的财政补助资金都用在了养老保险项目上，其他四项保险自身基本能够收支平衡，甚至有的项目还有一定的结余。2015年财政补贴养老保险一项的资金达3970亿元，其余四项保险的财政补助总共还不超过78亿元。历年数据显示，每年财政补贴养老保险项目的资金基本占到该项总收入的15%左右，可见财政补助已是其正常运行不可或缺的资金来源之一。另外，虽然还存在城乡居民基本养老保险项目，与城镇职工养老保险相比，其基金体量极小，如2015年的基金收入为2855亿元，仅为城镇职工养老保险的十分之一左右，而且运行体系也不同。所以中国社会保险改革的主要目标,就在于解决城镇职工养老保险项目所存在的问题。

7.2.2 社会养老保险项目的现实困境与问题

(1) 弃缴、断缴问题日益严重。

根据 2016 年 9 月人力资源和社会保障部发布的《我国社会保险发展年度报告 2015》,2015 年断缴、弃缴的人数高达 3887 万,2006~2015 年,10 年间职工养老保险缴费人数占实际应缴费人数的比例下降了近十个百分点[①],而且中途放弃养老保险缴费的比例还在呈现不断上升的态势。相当一部分参保人员在缴满 15 年的最低年限以后,即选择停止缴费。参保人口的弃缴、断缴,加之人口结构中适龄劳动力不断减少的趋势,必然使城镇职工养老保险实际缴费人数占参保人数比例的下滑态势加剧。虽然短期来看还不会对养老制度的正常运转带来较大影响,加上财政补助能保证养老金的按时足额发放,但长期来看这将会为未来养老以及财政安全埋下严重隐患。2015 年,河北、内蒙古、辽宁、吉林、黑龙江、陕西和青海均已出现养老保险基金当期收不抵支的情况,以后无论在收不抵支的程度上或省份数量上,筹资问题可能更加严峻。

(2) 不规范缴费普遍存在。

根据 2016 年 8 月我国第四届企业社保高峰论坛会发布的《2016 我国企业社保白皮书》(以下简称"白皮书"),2016 年完全按照政策规定的缴费基数履行社会保险缴费义务的企业单位仅占 25%,而且 2016 年与 2015 年相比,规范缴费的企业比例下降了 13 个百分点,呈大幅下滑趋势。白皮书还显示,约 20%的单位存在未及时参保甚至漏缴问题,尤其是对处于试用期的职工未按规定及时参保问题十分突出,而且还存在一些单位一直都未参保缴费的情况。尤其是企业按最低基数履行缴费义务的问题特别突出,在未按职工实际工资缴纳社保费的企业中,超过 3 成以上将其全数职工统一按最低基数缴费。

---

① 王晓慧. 谁在"抛弃"养老保险?人社部:职工养老保险缴费人数占比十年降了 10 个点. [EB/OL]. 2016-09-09 [2016-09-22] http://www.chinatimes.cc/article/60566.html.

从近年来的实际情况看,各地区一般每年都会出台一个社会保险最低缴费基数标准,一般而言,最低缴费基数的发布,主要是为了简便征缴灵活就业者等以个人身份参保人员的社会保险费,但由于相关部门无力具体甄别参保者身份是职工还是个人参保,最后很多地方只能默认最低基数"一刀切"的简单征缴方式。企业为了节省人工成本,当然会选择以最低标准为其员工缴费,甚至鼓励员工以个人身份参保,因此导致缴费基数的"短斤少两"现象非常普遍。早在2009年,南京市40%以上的社保参保人员按社保最低基数缴费,由此可见一斑。

(3) 难以覆盖所有应参保的劳动者。

作为社会安全网,社会保险应该尽可能覆盖所有劳动者。根据国内大型网站赶集网所发布的《2014年O2O自由职业者分析报告》,自由职业群体虽然收入较高,但他们很少选择主动参保,社保意识普遍淡薄,加上我国社保制度对自由职业者并无强制参保要求,所以他们缴费参保的比例并不高[①]。从收入水平来看,O2O自由职业者群体的收入已远远高于以职工身份参保的普通工薪阶层的月平均工资。2014年,O2O自由职业者税前月收入高于5000元的要占到68%,其中有9%的人超过1万元,而低于3000元的仅占14%。平均月收入达到8312元[②],比上海市的白领收入还要高(2014年上海市的白领收入平均月收入为7214元)。从自由职业者群体的发展趋势来看,随着现代服务业需求的不断增加、社会分工的细化以及互联网信息时代的到来和就业观念的转变,这个群体会不断壮大。目前自由职业者几乎覆盖了各个服务领域,如律师、汽车评估师、独立经纪人、自由撰稿人、专车司机、摄影师、家教老师、化妆师、洗衣工、保洁员、送餐员、维修工、代驾、月嫂保健、装修工、洗车保养师、按摩师、美容师、足疗师、美甲师、美容美发师等;[③]由《小康》杂志社联合清华大学媒介调查实验室,以及有关专家和机构所进行的2015我国幸福小康指数调查也显示,灵活就业中的自由职业者在所有职

---

① 2014年O2O自由职业者分析报告 http://tech.hexun.com/2015-01-07/172147207.html.
② http://news.xinhuanet.com/tech/2015-01/12/c_127377549.htm.
③ 最具幸福感职业调查:自由职业者居榜首 http://business.sohu.com/20160404/n443270673.shtml.

业中排在第一位,成为公众眼中最具幸福感的职业;对18~25岁人群的调查发现,其中82.6%的受访者想成为O2O自由职业者。可以预见,未来自由职业群体具有极大的扩张潜力。但这个群体的社会保险尤其是养老保险的参保问题堪忧,政府应引起重视并从制度方面加以强化,尤其是养老保险项目,因为其他几项保险可以在缴费后的较短时间,如次月就可以享受该项保险的待遇,而养老保险需要累积缴费数年才具备按月领取养老金的资格,因此需要强化参保制度,促使劳动者早缴费并尽可能坚持缴费。

7.2.3 养老保险项目实行费改税的优效性分析

(1) 有效提高征缴效率。

在以费筹资模式下,由于社保部门征收力量弱、征收手段软等而导致拖欠、不缴或少缴等问题普遍发生而且很难克服。"费改税"以后,征收业务自然会由原来的社会保障部门全部移交给税务部门,凭借税务部门专业的征管队伍、遍及全国的征收网络及对纳税人的信息优势,完全有能力遏制各种逃费行为的大面积发生。而且社会保障税与个人所得税本来就存在着天然的联系,税务部门可以通过个人所得税、企业所得税等相关税种的征管资源,掌握着充分的个人和企业的收入成本信息,加以丰富的征管经验,不仅能有效降低征收成本,而且能精准征缴。不仅可以有效堵住企业利用个人与职工不同参保身份的费率差别逃缴费款的制度漏洞,也能有效解决中途弃缴和断缴问题,以及通过税的强制性把大量参保意识淡薄的自由职业者强制纳入参保范围,因而扩大制度覆盖面;同时由税务部门原有征管力量替代社保部门的一套征管机构及征管人员,取消重复设置也大大降低了征缴成本。而且"税改"以后,征缴业务交给专业的税务部门,社保部门主要做好养老金发放工作,从而优化各部门的职能搭配,提高整体效率。

根据《中国社会保险发展年度报告2015》,截至2015年年底,城镇职工养老保险参保人的主要构成是:70.1%为企业职工,6.3%为机关事业单位职工,23.6%为城镇个体工商户和灵活就业人员等以个人身份参保的人员。可见,以职工身份参保的占绝大多数,但以个人身份参保的人员虽然不到总参保人数的四分之一，但对这个群体的征缴问题不可小觑，通过费税改革至少可以有效阻止这个群体缴满15年即不再续缴现象的普遍发生，这对于城镇职工养老保险制度的平稳运行具有重大意义。

（2）有利于促进收入分配公平和中小企业发展。

社会保障制度是实现社会公平的重要举措，只有遵循收入高者多缴，收入低者少缴的"量能缴纳"原则，才能通过参保人员之间的互济而缩小社会收入分配差距。在目前以费筹资模式下，各地普遍采取划底线的简单征缴办法，即每年以当地社会平均工资作为最低缴费基数，所有参保单位、职工和灵活就业者都可以依据此标准计算缴费数额，因此出现了前面所述的缴费"一刀切"现象，这极不利于较低收入者，也不利于中小企业发展。由于中小企业职工以及许多低收入者的实际工资收入一般普遍低于社会平均工资，因此这部分参保者所负担的实际缴费率要高于名义缴费率，而那些实际工资水平较高的企业、职工及其他较高收入者，其实际缴费率则要低于名义缴费率，这不但损害了社会公平和企业公平竞争的环境，显然也违背了通过社会保险实现社会成员互济的功能初衷。另外，把社会平均工资作为最低缴费基数，必然导致缴费基数随着社会平均工资连年上涨，而事实上很多企业和职工的工资可能几年都不增长，这也造成有些参保单位和个人的实际负担率高低不均。只有实行费改税，税务部门利用其专业优势实现精准征缴，这一矛盾才能自然化解。

（3）有利于改善地区平衡。

缴费制模式下地区之间难以余缺调剂。从历年统计数据来看，各地区城镇企业职工养老保险基金收支状况差异很大，有些地区存在大量结余，但有些地区收不抵支，而且资金缺口很大。例如，2015年，辽宁省收入1499亿元，支出1604亿元，收支缺口105亿元，而广东省收入2418亿元，支出1398亿元，资金结余1030亿元，但由于制度阻隔难以调剂使用。这种余缺共存现象不仅在省际之间存在，在省以下的县市之间同样也存在类似情况。在"以费筹资"模式下，资金调剂非常困难，迫使财政不得不通过转移支付对收支存在缺口的地区给予支持。一方面，结余较多的地区担忧结余资金的保值和增值问题，采取措施降低本地区实际缴费率；另一方面，入不敷出的地区为了减少资金缺口,不得不提高本辖区缴费率,这样地区间的费率差别也导致地区间的经济发展差距越来越大。实行费税改革以后,财政部门可以按统一标准实行统一征收和统一管理,既利于地区间余缺互济和地区间平衡发展,也利于减轻财政负担。

7.2.4 社会养老保险费税改革方案设计

城镇职工养老保险的税改方案设计,原则上应尽可能与现行城镇职工养老保险的缴费制度相衔接,但有些要素必须进行调整。

(1) 税率测算。

现行养老保险制度规定的名义费率是 28%,其中企业与个人分别承担 20% 和 8%,但在执行过程中各地普遍存在缴费基数不实的情况,为了减轻缴费负担,不少企业少报、瞒报职工人数和工资或按最低基数缴费等,最终导致实际缴费与应缴费额相距较远。例如,据世界银行调查,1994 年我国城镇职工养老保险的名义费率在 23.5% 以上,但实际缴费比率大约只相当于工资总额的 13%,即实际费率只有名义费率的一半左右。根据《中国社会保险发展报告 2014》的数据,可以计算出 2014 年实际缴费基数大致为单位就业人员平均工资的 65%[①],意味着单位的实际费率为 13%(即 20% × 65%),个人的实际缴费率为 5.2%(即 8% × 65%)。多年来,学者们的研究结果以及统计数据都表明,用人单位的实际缴费基数不足实际工资水平的 70%[②]。封进(2013)以四省份制造业企业为样本,对企业缴纳社会保险情况进行研究,发现江苏、浙江、福建和广东四省参保企业的实际缴费率分别为 14.99%、10.17%、8.7%、9.37%,企业实际缴费率平均为 10.82%。可见,企业的养老保险实际缴费率远远低于 20% 的名义费率,由于单位缴费与个人缴费具有

---

① 李唐宁. 目前平均实缴基数不足工资七成 [EB/OL]. http://www.jjckb.cn/2016-03/28/c_135227882.htm.

② 徐婷婷(2015)数据为"50%~60%",陈伟诚,郭席四(2005)数据为"60%~70%",王延中(2001)"抽查发现 1999 年广东省企业用于缴纳养老保险费的基数,只占职工实际工资总额的 70% 左右"。

联动关系，因此个人的实际缴费率也远远低于8%的名义费率。根据清华大学教授杨燕绥依据2010~2050年人口预测数据的测算，现收现付平衡模式下，满足社会养老保险金需求的最高税率应不超过10%，即便到2050年，社会养老总税率也只须按照社会平均工资的14.93%征收即可满足收支平衡。另据《城镇企业职工基本养老保险关系转移接续暂行办法》规定，所有参加城镇企业职工基本养老保险人员，其基本养老保险关系随就业跨省转移时，单位缴费按12%转移，依照前面的分析，如果将不实的缴费基数折算为实际费率，则实际转移接续费率最高不超过实际工资水平的8.4%。以上分析表明，实际所需和所缴的费率都远低于现行名义费率，费改税不能沿用原来的名义费率。

综合以上分析及参考国际经验，我国城镇职工养老保险实行费改税以后，总税率可以确定为18%，其中个人承担8%的税率，雇主承担10%的税率。灵活就业人员因没有雇主或没有稳定的雇主，18%的税率全部由参保者个人承担。这样，可以维持原来的实际征缴收入水平，也没有增加企业的实际缴费负担，有利于平稳推进改革，同时与其他国家该项社会保障税税率基本相当，有利于提高原来诚实缴费企业的国际竞争力。

(2) 纳税人。

按照我国社会保险法的规定，对城镇职工实行强制参保，由单位和职工共同履行缴费义务，无雇工的个体工商户、未在用人单位参加基本养老保险的非全日制从业人员以及其他灵活就业人员自愿参保，由参保个人承担全部缴费。为了与缴费制制度平稳衔接，城镇职工养老保险实行费税改革以后，纳税人范围应依然以城镇劳动者及其单位为主，包括城镇所有企业、机关事业单位及其职工，以及没有参加城乡居民养老保险的无雇工个体工商户、非全日制从业人员和其他灵活就业人员等城镇劳动者。

(3) 课税对象与计税依据。

社会保险税一般是以劳动所得作为课税对象。对于单位和职工，计税依据分别是用人单位的职工工资总额和职工个人的工资额，其中"工资"的内涵等同于个人所得税的"工资、薪金所得"。对于无雇工的个体工商户、非全日制从业人员以及其他灵活就业人员等，因纳税人的具体收入来源情况比较复杂，难以统一确定计税依据，依据以"劳动所得"计税的原则，大体可以按照以下三种方法确定其课税依据：一是将其缴纳个人所得税时所核定的各项应税所得进行归类，将其中与劳动所得有关的收入额合并作为计税依据。例如，可以将其"劳务报酬所得""稿酬所得"等各项与劳动有关的收入合并作为计征依据。二是参照国际通行做法，将个人所得税的应税所得额直接作为社会保障税的计税依据。一般个体工商户和私营业主的劳动收入核定较为困难，可以按照征收个人所得税时所核定的"个体工商户的生产经营所得"计征税额。三是对于难以确定其各项收入额的纳税人，可以采用当地上一年度社会平均工资作为计税依据。

另外，对于高、低收入群体分别设置缴费基数上下限问题，现行城镇职工养老保险制度规定工资低于当地社会平均工资60%低收入群体按社会平均工资的60%计算应缴费额，工资超过当地社会平均工资300%的高收入群体，按社会平均工资300%计算应缴费额，超出部分不用缴费。费改税以后，计税依据限额设置继续沿用此标准，但对于工资低于当地社会平均工资60%低收入群体，应考虑其税后生活水平，如果税后收入低于当地最低生活标准则应免于征税，对于工资超过当地社会平均工资300%的高收入群体，可以依照社会平均工资的300%计征，超出当地平均工资3倍以上的部分免于征税。

(4) 征收管理。

社会保险税虽然是"税"，但所征税款要专款专用，不能与一般税款混合使用，城镇职工养老保险税所征税款也只能用于发放养老金，不能挪作他用。由于社会保险税是具有返还性质的税种，养老保险参保者所缴税金与其退休后享受的养老待遇之间存在一定的关联，所以"税改"以后应继续沿用统账结合的管理模式，尤其要做好将职工缴税计入其个人账户的登记工作，当然个人账户可以改为名义账户而非实账账户，单位所缴税款则统一计入统筹账户；以个人身份参保的人员所缴纳的税款，则按照职工与单位的缴税比例同比分割分别计入两个账户。这样，可以保证后续工作的顺利开展，如待遇核算、退保或转保等。如果参保人到了法定退休年龄，缴费或税累计年限达不到15年，则可以申请转入城乡居民社会养老保险而享受相应的养老待遇，或者申请退保，退保申请成功后即退还其个人所缴全部税款。这些都依赖完备的账户信息登记，这也是不同于其他税种征管工作的一项内容。

参 考 文 献

[1] 王洪春. 社会保障学 [M]. 合肥：合肥工业大学出版社，2008.

[2] 陈佳. 中国机关事业单位养老保险改革研究 [D]. 南开大学，2009.

[3] 吴连霞. 中国养老保障险制度变迁机制研究 [M]. 北京：中国社会科学出版社，2012.

[4] 王斌，尚保红. 中国社会养老保险发展演变与启示 [J]. 金融研究，2011（12）：5-8.

[5] 葛延风. 中国机关事业单位养金制度改革研究 [M]. 北京：外文出版社，2003：151，15.

[6] 焦凯平. 养老保险 [M]. 北京：中国劳动社会保障出版社，2004：40.

[7] 安增龙. 中国农村社会养老保险制度研究 [D]. 西北农林科技大学，2004.

[8] 中国经济改革研究基金会，中国经济体制改革研究会联合专家组. 中国社会养老保险体制改革 [M]. 上海：上海远东出版社，2006：39，96.

[9] 王东进. 中国社会保障制度的改革与发展 [M]. 北京：法律出版社，2001：294.

[10] 张左己. 领导干部社会保障知识读本 [M]. 北京：中国劳动社会保障出版社，2002：98.

[11] 赵殿国. 农村养老保险工作的回顾与探索 [J]. 人口与计划生育，2002（5）：23-27.

[12] 丁煜，沈金花. 我国社会养老保险替代率的地区差异及其影响因素研究 [J]. 甘肃行政学院学报，2012（5）：81.

[13] 褚福灵. 论养老保险的缴费替代率与待遇替代率 [J]. 北京市计划

劳动管理干部学院学报，2006（1）：11.

［14］罗娟. 养老金缺口大吗？缺在哪？［N］. 工人日报，2012.06.19，（07）.

［15］朱文娟，汪小勤. 最低工资标准、社保最低缴费基数与劳动者就业［J］. 贵州财经大学学报，2013（3）：58.

［16］耿雁冰. 养老金占工资收入比重逐年下降　跌破警戒线［EB/OL］. 21世纪经济报道，http：//jingji.21cbh.com/2013/9-10/wONjUxXzc1NzcwOA.html.

［17］张立，邱长溶. 我国养老社会保险逃费行为的成因及对策研究［J］. 财贸经济，2003（9）：37.

［18］李娟. 我国基本养老保险逃费问题及治理对策探讨［J］. 科技信息，2009（20）：313.

［19］姚金海，姚建辉. 博弈论视角下的企业养老保险逃费的分析及对策［J］. 科技创业月刊，2006（10）：145-147.

［20］秦增元，彭雪梅. 关于养老保险逃费欠费率的测算［J］. 上海保险，2012（7）：43.

［21］吴旭东，周凤珍. 缩小养老金缺口：改革养老保险双轨体制［J］. 河北经贸大学学报，2013（2）.

［22］彼得·F. 德鲁克著，刘伟译. 养老金革命［M］. 北京：东方出版社，2009.

［23］周凤珍. 机关事业单位与企业养老制度并轨的财政压力分析［J］. 地方财政研究，2013（3）.

［24］卢驰文. 机关事业单位养老保险制度并轨的财政压力分析［J］. 理论探索，2008（1）：78-81.

［25］中华人民共和国财政部. 中国财政年鉴2010［M］. 北京：中国财政杂志社，2010：457.

［26］方烨. 应该把双轨制一律消除掉［EB/OL］. http：//dz.jjckb.cn/www/pages/webpage2009/html/2013-09-16/content_79771.htm?div=-1.

［27］耿雁冰. 养老金双轨制广遭诟病　事业单位曾试点并轨5年未果［EB/OL］. http：//news.dahe.cn/2013/05-07/102150509.html7. 2013-05-07.

[28] 白天亮. 养老新举措"新"在哪儿 [N], 人民日报, 2005-12-15, (002).

[29] 韩宇明. 数据显示企业和机关事业单位养老金待遇差距加大 [EB/OL]. http://finance.chinanews.com/cj/2012/09-14/4182550.shtml, 2012-09-14.

[30] 秦志辉. 全国企业负担调查报告: 超7成企业反映税负较重 [EB/OL]. http://energy.people.com.cn/n/2013/0924/c71890-23010739.html.

[31] 蔡向东. 统账结合的中国职工基本养老保险制度可持续性研究 [M]. 经济科学出版社, 2011.

[32] 王亚南. 瑞典养老保障制度的建立与发展 [J]. 社会, 2000 (12): 17, 18.

[33] 李珍, 周艺梦. 社会养老保障制度的瑞典模式——瑞典名义账户制度解决了什么 [J]. 经济学动态, 2010 (8).

[34] 柳清瑞. 基于人口老龄化的日本养老金调整机制分析 [J]. 东北亚论坛, 2005 (7): 56-59.

[35] 中国保监会编著. 养老保险国别研究及对中国的启示 [M]. 中国财政经济出版社, 2007: 442-443.

[36] 田雪原. "未富先老": 机遇与挑战 [N]. 人民日报, 2004-11-16.

[37] 朱青. 当前养老保险筹资模式不宜转向基金式 [J]. 经济理论与经济管理, 2001 (12): 18.

[38] 郑秉文. "名义账户"制: 我国养老保障制度的一个理性选择 [J]. 管理世界, 2003 (8): 33-45.

[39] 林婷婷. 现收现付与基金制的比较分析 [J]. 广西财经学院学报, 2005 (4).

[40] 高书生. 社会保障改革何去何从 [M]. 北京: 中国人民大学出版社, 2006: 212.

[41] 俞承璋. 影响我国养老保险收支平衡的因素分析及对策 [J]. 财经研究, 1999 (12): 30.

[42] 秦增元、彭雪梅. 关于养老保险逃费欠费率的测算 [J]. 上海保

险,2012(7):40.

[43] 韩宇明. 数据显示企业和机关事业单位养老金待遇差距加大[EB/OL]. http://finance.chinanews.com/cj/2012/09-14/4182550.shtml, 2012-09-14, 新京报.

[44] 游春. 事业单位推行职业年金制度的几个问题[J]. 保险研究, 2012(10):123.

[45] 蔡东方等. 我国事业单位职业年金改革研究综述[J]. 劳动保障世界, 2010(2):3.

[46] 申曙光, 彭浩然. 中国养老保险隐性债务研究[M]. 广州:中山大学出版社, 2009:54-55, 104-105.

[47] 王晓军, 任文东. 有限数据下Lee-Carter模型在人口死亡率预测中的应用[J]. 统计研究, 2012(6):92.

[48] 全国老龄工作委员会办公室. 中国人口老龄化发展趋势预测研究报告[R/OL]. http://www.china.com.cn/chinese/news/1134589.htm, 2006-02-24.

[49] 社会保障课题组. 中国养老保险覆盖面扩大及可持续性分析[J]. 统计研究, 2008(12):11-14.

[50] 曹艳春, 路锦非. 长期精算模型下上海基本养老保险制度整合的财政压力测试[J]. 华东经济管理, 2010, 24(5):153-157.

[51] 周小川. 中国社会保障模式的演变与现状[EB/OL]. http://www.macrochina.com.cn/zhzt/000028/006/20010418000716.shtml, 2001-04-18.

[52] 刘玮玮. 农民工养老保险收支与中国养老金缺口精算分析[J]. 山东社会科学, 2010(5):109-112.

[53] 陈淑君. 新型农村社会养老保险的财政支持研究[J]. 学术交流, 2009(7):83-86.

[54] 张时飞. 加大政府财政投入,加快发展养老服务业[J]. 社会福利, 2009(8):18-19.

[55] 黎民. 曾永泉. 政府与企业在社会养老保险中的博弈[J]. 华中科技大学学报, 2004(4):56-60.

[56] 周渭兵. 对中国隐形公共养老金债务测算 [J]. 统计与决策, 2000 (11): 13-15.

[57] 李丹, 王子剑. 养老金隐性债务偿付研究述评 [J]. 商业时代. 2009 (6): 51-52.

[58] 桂世勋. 中国人口老龄化和老年保障60年回顾及探讨 [R/OL]. http://www.npc.gov.cn/delegateCenter/pros cenium/2010/2010-01/27/content_1542558.htm, 2010-01-27.

[59] 民政部政策研究中心. 中国民政事业发展报告 [R/OL]. http://www.china.com.cn/info/0506mz/txt/2006-08/07/content7043500.html, 2010-11-15.

[60] 毕素华, 陈如勇. 发展民办养老机构的若干思考 [J]. 苏州大学学报, 2005 (5): 125-128.

[61] 全国老龄委. 关于印发中国老龄事业发展"十一五"规划的通知 [EB/OL]. http://www.china.com.cn/policy/txt/2006-12/12/content7493018.htm, 2010-11-16.

[62] 刘昌平. 做大社保基金事关养老制度改革成败 [EB/OL]. http://finance.sina.com.cn/money/insuran/bxsd/20051117/00052125621.shtlml, 2005-11-17.

[63] 王远委, 黎华亮. 中国财政分权问题 [J]. 合作经济与科技, 2009 (12): 126-127.

[64] 尼尔·豪尔, 理查德·杰克逊. 服务与养老金领取者: 各国准备好了吗? [J]. 金融与发展, 2011 (6): 16.

[65] 胡宏伟等. 中国养老财政支出与负担研究述评 [J]. 广西经济干部学院学报, 2011 (10): 7-14.

[66] 贾康等. 调整财政支出结构是减少养老保险隐性债务的重要途径 [J]. 财政研究, 2000 (6): 38-43.

[67] 郭永芳. 城镇职工基本养老保险制度财务平衡与可持续性研究 [J]. 经济问题, 2011 (7): 122-125.

[68] 赵福昌. 有中国特色的养老金体系研究 [M]. 经济科学出版社,

2009：155.

[69] 程凡耘. 对我国机关事业养老保险制度的思考 [J]. 天津市经理学院学报, 2006 (3).

[70] 陈雷红. 事业单位养老保险改革研究——以宁波市为例 [D]. 同济大学, 2006 (9).

[71] 郭丽. 机关事业养老保险制度改革探析 [D]. 华中师范大学, 2006 (11).

[72] 华登峰, 张洪慧. 我国事业单位养老保险制度改革及对策研究 [J]. 科技信息, 2008 (12).

[73] 贾巍. 我国公务员养老保险制度改革的政策思路研究 [D]. 西南财经大学, 2007 (4).

[74] 史燕丽. 我国机关事业养老保险改革探析 [D]. 西南交通大学, 2008 (6).

[75] 温海红, 郭新娟. 我国国家公务员社会保障制度研究综述 [J]. 兰州大学学报, 2005 (5).

[76] 王月欣. 对事业单位养老保险制度改革的几点思考 [J]. 理论学习, 2008 (1).

[77] 谢赟慧. 我国机关事业养老保险制度改革研究 [D]. 华中科技大学, 2006 (4).

[78] 张水辉. 国外公务员养老保险制度的改革趋势及其对我国的启示 [J]. 内蒙古财经学院学报, 2005 (4).

[79] 米红. 农村社会养老保障制度基础理论框架研究 [M]. 光明日报出版社, 2008：8.

[80] 郭永芳. 事业单位养老保险制度改革：基于公平的视角 [J]. 山东财政学院学报, 2013 (3)：72-77.

[81] 社科院专家：延迟退休无实际意义, 应保证公平 [EB/OL]. http：//www.qlwb.com.cn/2013/1124/60741.shtml, 2013-11-24.

[82] 耿雁冰. 2023年养老保险出现缺口 2029年结余耗尽 [EB/OL]. http：//www.21so.com/HTML/163caijing/2013/12-24-15625.html, 2013-

12－24.

[83] 国务院关于开展城镇居民社会养老保险试点的指导意见［EB/OL］. www. cnpension. net, 2011－06－13.

[84] 左永刚. 新时期社会保险制度改革敲定四件事［EB/OL］. http：// henan. hexun. com/2013－12－25/160885350. html, 2013－12－25.

[85] 张然. 中国14省份养老金缺口767亿元［N］. 京华时报, 2012－12－18：（003）.

[86] 白天亮. 3.09名职工养一个退休职工［EB/OL］. http：//finance. people. com. cn/n/2013/1127/c1004－23666977. html, 2013－11－27.

[87] 王晓慧. 3800万人弃保"怪现状"中断缴社保将加大个人账户"空账"压力［EB/OL］. http：//www. chinatimes. cc/hxsb/news/hongguan/131127/1311272028－132188. html, 2013－11－28.

[88] 养老保险个人账户空账运转［EB/OL］. http：//www. cnpension. net/yljkx/2011－11－07/news1320627097d1277383. html, 2011－11－07.

[89] 郑秉文. 中国养老金发展报告2011［M］. 北京：经济管理出版社, 2011：19.

[90] 杨燕绥. 政府与社会保障：关于政府社会保障责任的思考［M］. 北京：中国劳动与社会保障出版社, 2007.

[91] 机关单位养老金高企业2～3倍［EB/OL］. http：//www. job168. com/info/read_111194. html, 2012－11－08.

[92] 今年中央财政安排地方养老保险补助资金870多亿元［EB/OL］. http：//www. gov. cn/zxft/ft84/content_844175. html, 2007－12－26.

[93] 2011年全国各地区月最低工资标准情况［EB/OL］. http：//www. mohrss. gov. cn/SYrlzyhshbzb/ldbk/gongzishourufenpei/zuidigongzi/201201/t20120119_87287. htm.

[94] 中华人民共和国国家统计局. 中国统计年鉴2012［M］. 北京：中国统计出版社, 2013.

[95] 北京人力资源和社会保障局［EB/OL］. http：//www. bjld. gov. cn/gzcx/other/200510/t20051007_19735. html http：//www. bjld. gov. cn/gzcx/other/

200510/t20051009_19737. html.

[96] 李雯铮, 陈莹. 我国基本养老保险费基侵蚀原因研究 [J]. 法制与社会, 2008 (3).

[97] 郑功成. 中国社会保障改革与发展战略 [M]. 北京: 人民出版社, 2011: 279.

[98] 王羚. 基本养老保险扩面放缓 个人账户空账超 2.6 万亿 [EB/OL]. http: //www. yicai. com/news/2013/12/3218032. html, 第一财经日报 2013 - 12 - 13.

[99] 中华人民共和国财政部. 中国财政年鉴 2010 [M]. 北京: 中国财政杂志社, 2010: 457.

[100] 全国公共财政支出决算表 [EB/OL]. http: //yss. mof. gov. cn/2011qgczjs/201207/t20120710_665233. html.

[101] 历年《中国财政年鉴》.

[102] 简新华, 黄锟. 中国城镇化水平和速度的实证分析与前景预测 [J]. 经济研究, 2010 (3): 36.

[103] 高春亮, 魏后凯. 中国城镇化趋势预测研究 [J]. 当代经济科学, 2013 (7): 90.

[104] 王云娜, 郑秉文. 靠财政输血的社会保障制度是不健康的 [EB/OL]. http: //news. xinhuanet. com/fortune/2013 - 01/25/c_124277692. htm, 2013 - 01 - 25.

[105] 杨燕绥. 全球养老保障——改革与发展 [M]. 北京: 中国劳动社会保障出版社, 2002: 7.

[106] 雷丽平. 俄罗斯养老保险制度改革及其对我国的启示 [J]. 人口学刊, 2010 (1).

[107] 杨娟. 21 世纪西欧国家养老金改革述评 [J]. 公共管理学报, 2009 (4).

[108] 李珍, 周艺梦. 社会养老保障制度的瑞典模式——瑞典名义账户制度解决了什么? [J]. 经济学动态, 2010 (8): 126.

[109] 许飞琼. 瑞典公务员养老保险制度及其特色 [J]. 中国公务员,

2000 (7): 47.

[110] 权彤. 老龄化压力下的日本养老保障体系及其借鉴 [J]. 山西大学学报（哲学社会科学版），2009 (3).

[111] 原新，刘士杰. 日本公共养老保障体系的财政困境及对我国的启示 [J]. 现代日本经济，2010 (2).

[112] 龙玉其. 日本的国家公务员养老保险制度及其改革 [J]. 现代日本经济，2011 (6).

[113] 潘新胜，吉昱华. 德国公共养老金体系特征及发展脉络 [J]. 中国社会保障，2006 (2): 31.

[114] 王学东. 德国养老保险制度的现状和趋势 [J]. 当代世界与社会主义，2001 (4): 51-52.

[115] 丁纯. 德国社会保障体制的现状与改革 [J]. 国际经济评论，2000 (Z2): 45-48.

[116] 褚福灵. 社会保障国际比较 [M]. 北京：中国劳动和社会保障出版社，2005: 280.

[117] 李勇，王一峰. 战后德国养老金制度变迁对我国的启示 [J]. 行政与法，2013 (6): 51-56.

[118] 郑春荣. 德国农村养老保险体制分析 [J]. 德国研究，2002 (4): 37-40.

[119] 陈桂华，毛翠英. 德、日农民养老保险制度的比较与借鉴 [J]. 理论探讨，2005 (1): 67-69.

[120] 毕小龙. 中国社会养老保险制度：经济转型、人口老龄化和社会养老保 [M]. 广州：暨南大学出版社，2009: 49-50, 53.

[121] 郭林，丁建定. 中国企业职工基本养老保险名义账户制度研究 [J]. 保险研究，2010 (8): 79.

[122] 沈建，张汉威. 德国社会养老保障制度及其启示 [J]. 宏观经济管理，2008 (6): 69-73.

[123] 延迟退休无实际意义 应保证公平 [EB/OL]. http://www.ql-wb.com.cn/2013/1124/60741.shtml, 2013-11-24.

［124］郭晋晖. 养老金改革定调：公平、可持续［EB/OL］. http://www.yicai.com/news/2013/11/3109387.html，2013-11-14.

［125］郑功成. 中国社会保障改革与发展战略（养老保险卷）［M］. 北京：人民出版社，2011：318.

［126］王羚. 基本养老保险扩面放缓 个人账户空账超2.6万亿［EB/OL］. http://www.yicai.com/news/2013/12/3218032.html，2013-12-13.

［127］中国居民储蓄率有点高 储蓄余额破18万亿人均储蓄过万［EB/OL］. http://news.xinhuanet.com/politics/2012-11/21/c_113742919.htm，2012-11-21.

［128］养老金缺口到底有多大？人社部：延迟退休近期不推行［EB/OL］. http://society.people.com.cn/GB/18248154.html，2012-06-20.

［129］农村养老：55元养老金只够买几盒感冒药［EB/OL］. http://www.yicai.com/news/2013/11/3106887.html，2013-11-13.

［130］郑秉文. 中国社保"碎片化制度"危害与"碎片化冲动"探源［J］. 甘肃社会科学，2009（3）：53.

［131］周蕊等. 事业单位养老改革试点：多数地方毫无进展［EB/OL］. http://news.xinhuanet.com/mrdx/2013-08/07/c_132609600.htm，2013-08-07.

［132］穆怀中. 社会保障国际比较［M］. 北京：中国劳动社会保障出版社，2007：182.

［133］王利军. 中国养老金缺口财政负担对公共财政的影响［J］. 辽宁工程技术大学学报（社会科学版），2006（11）：592-593.

［134］http://data.stats.gov.cn/workspace/index?m=hgnd.

［135］2012年度人力资源和社会保障事业发展统计公报［EB/OL］. http://www.mohrss.gov.cn/SYrlzyhshbzb/dongtaixinwen/shizhengyaowen/201305/t20130528_103939.html，2013-05-28.

［136］郑功成. 尽快推进城镇职工基本养老保险全国统筹［J］. 经济纵横，2010（9）：28.

［137］王晓军，任文东. 有限数据下Lee-Carter模型在人口死亡率预测中的应用［J］. 统计研究，2012（6）：92.

[138] 王利军. 中国养老金缺口财政支付能力研究 [M]. 北京: 经济科学出版社, 2008.

[139] 王延中. 中国企业年金的制度设计与政策选择 [J]. 经济管理, 2003 (22): 34.

[140] 历年《人力资源和社会保障事业发展年度统计公报》.

[141] 丁建定. 瑞典社会保障制度的发展 [M]. 北京: 中国劳动社会保障出版社, 2004: 165.

[142] 王小春, 陈鸿雁. 提高我国基本养老金支付能力的对策 [J]. 现代经济探讨, 2009 (10): 53–56.

[143] 刘翠霄. 我国养老保险的历史债务问题 [J]. 法学研究, 2003 (6): 12.

[144] 林毅夫, 谭国富. 自生能力、政策性负担、责任归属和预算软约束 [J]. 经济社会体制比较, 2000 (4): 54.

[145] 刘晓梅. 中国农村社会养老保险理论与实务研究 [M]. 北京: 科学出版社, 2010.

[146] 罗伯特·霍尔茨曼, 爱德华·帕尔默, 黄念著, 郑秉文等译. 养老金改革——名义账户制的问题与前景 [M]. 北京: 中国劳动社会保障出版社, 2006: 74–78.

[147] Aaron, H. J. The Social Insurance Paradox [J]. Canadian Journal of Economics, 1966, 32: 371–377.

[148] Peter R. Orszag, Joseph E. Stiglitz. Rethinking Pension Reform: Ten Myths About Social Security Systems [J]. the conference on New Ideas About Old Age Security, September 14–15, 1999. The World Bank, Washington, D. C.: 19–20.

[149] United Kindom, Pensions: Challenges and Choices-The First Report of the Pensions Commission [J]. 2004, September, Norwich, TSO.

[150] Aaron, H. J. The Social Insurance Parodox [J]. Canadian Journal of Economics, 1996, Vol. 32.

[151] M. Feldstein. Social Security, Induced Retirement, and Aggregate Cap-

ital Accumulation: A Correction and Updating [J]. Journal of Political Economy, 1982 (6): 630 – 642.

[152] V. Gopalakrishnan, Timothy F. Sugrue. The Determinants of Actuarial Assumptions Under Pension Accounting Disclosures [J]. Financial And Strategic Decisions. 1995 (1): 35 – 41.

[153] Martin Feldstein. Transition to a Fully Funded Pension System: Five economic issues [J]. National Burden of Economic Research. 1997: 1 – 26.

[154] Taylor, L, External Liberalization, Eeonomie Performance and Social Policy New York: oxford University Press, 2000.

[155] World Bank. Old Age Security: Pension Reform in China [M]. Washington: World Bank, 1997: 28 – 33.

[156] Wang Yan, Xu Dianqing, Wang Zhi, Zuo Fan. Implicit Pension Debt, Transition Cost, Options And Impact of China' Pen-sion Reform [J]. The World Bank, Policy Research Workingpaper. 2001: 1 – 47.

[157] Solow, R. M. A Contribution to the Theory of Economics Growth [J]. Quarterly Journal of Economics, 1956, 70: 65 – 94.

[158] Feldstein, Martin. S. The Missing Piece in Policy Analysis [J]. Social Security Reform, American Economic Review, 1996, Vol. 86, No. 2, May: 1 – 14.

[159] Robert Holzmann, Robert Palacios, Asta Zviniene. Implicit Pension Debt: Issues, Measurement and Scope in International Perspective [J]. Social Protection Unit, Human Development Network, The World Bank. 2004: 1 – 38.

[160] OECD: Economic Development. Economic Survey of China 2010: Providing Greater Old-age Security [EB/OL]. http://www.oecd.org/document/57/0, 3343, en_2649_34117_44483513_1_1_1_1, 00.html.

[161] Gordon M. S, Social Security Policies In Industrial Countries, Cambridge University Press, 1998.

[162] Stanford, Ross. Doctrine and Practice in Social PensionReform [J]. International Social Security Review, 2000, 2: 5 – 6.

[163] Dalmer D. Hoskins. Thinking About Aging Issues [J]. International

Social Security Review, 2002, 1: 16 - 19.

[164] Marilyn Oliver. Assessment And Selection of Actuarial Assumptions For Measuring Pension Obligations [J]. Education And Examination Committee of The Society of Actuaries. 2009 (9): 1 -72.

[165] World Bank. Old Age Security: Pension Reform in China [M]. Washington, D. C. : World Bank, 1997: 28 -33.

[166] Richard Herd, Samuel Hill and Yu-Wei Hu. Economic Survey of China 2010: Providing greater old-age security [EB/OL]. http: //www. oecd. org/china/economicsurveyofchina2010providing greaterold-agesecurity. htm#Add_info.

[167] Steven Dunaway, Vivek Arora. Pension Reform in China: The Need for a New Approach [C]. International Monetary Fund Asia and Pacific Department, 2007 (5): 10 -12.

[168] Robert Holzmann, Richard Paul Hinz and Mark Dorfman. Pension Systems and Reform Conceptual Framework [EB/OL]. www. worldbank. org/sp. 2008 (6): 11 -13.

[169] Felix Salditt, Peter Whiteford and Willem Adema. Pension Reform in China: Progress and Prospects [EB/OL]. http: //www. oecd. org/els/workingpapers. 2007.

[170] Zvi Bodie. Managing Pension and Retirement Assets: An International Perspective [C]. Journal of Financial services Research, 1990 (4): 419 -460.